实用运动 生物力学教程

（第4版）

[澳] 布伦丹·伯克特（Brendan Burkett）著　马运超 译

人民邮电出版社

北京

图书在版编目（CIP）数据

实用运动生物力学教程：第4版 / （澳）布伦丹·伯克特（Brendan Burkett）著；马运超译. -- 北京：人民邮电出版社，2021.8
ISBN 978-7-115-54817-7

Ⅰ. ①实… Ⅱ. ①布… ②马… Ⅲ. ①运动生物力学—教材 Ⅳ. ①G804.6

中国版本图书馆CIP数据核字(2020)第169943号

内 容 提 要

本书系统、详细地介绍了与人体运动有关的基本力学原理，能帮助读者充分理解基本运动规律如何影响人体运动表现。

全书共分为 2 个部分。第 1 部分是对运动生物力学基础知识的介绍，由 10 章组成，阐释了运动生物力学与解剖学的关系，运动生物力学的基本原理和相关概念，以及线性运动、角运动和在流体中的运动的力学知识。第 2 部分是对运动生物力学应用的介绍，由 3 章组成，提供了运动技术分析的重要指南，包括综合分析步骤、识错与纠错步骤、重要运动技术的技巧和力学原理解析。

相信每一位对运动生物力学知识有学习需求的体育行业从业者和相关专业的学生读完本书后，都将更好地理解人体如何运动，进而在实践中更高效地优化运动技术、提升运动表现。

♦ 著　　　　[澳] 布伦丹·伯克特（Brendan Burkett）
　　译　　　　马运超
　　责任编辑　王若璇
　　责任印制　周昇亮

♦ 人民邮电出版社出版发行　　北京市丰台区成寿寺路 11 号
　　邮编　100164　　电子邮件　315@ptpress.com.cn
　　网址　https://www.ptpress.com.cn
　　天津图文方嘉印刷有限公司印刷

♦ 开本：700×1000　1/16
　　印张：16　　　　　　　　2021 年 8 月第 1 版
　　字数：378 千字　　　　　2021 年 8 月天津第 1 次印刷
　　著作权合同登记号　图字：01-2019-3984 号

定价：148.00 元

读者服务热线：(010)81055296　印装质量热线：(010)81055316
反盗版热线：(010)81055315
广告经营许可证：京东市监广登字 20170147 号

将此书献给探索运动生物力学知识和应用运动科学的人们。

目录

第2部分　运动生物力学的应用

前言

　　《实用运动生物力学教程（第4版）》是一本专门为本科学生创作的且较先前版本有所创新的运动生物力学图书。本书详细介绍了影响人体移动和运动表现的基本力学原理及其在不同情况下的应用。希望学习动力学、运动学和运动技巧的读者都可以从这些内容中获益。

　　本书可以帮助读者增强对人体运作方式的理解，也就是帮助读者理解人体如何对运动带来的压力做出反应。读者还可以将在这种理解的过程中获取的新知识应用到非运动场景中，如人体健康领域的损伤康复。

　　本书并没有专门介绍橄榄球、篮球等特定的运动项目或空中接球、传球、发球、击球等特定的运动技巧。本书所讲解的是基于对力学原理的理解来改善运动表现的方法和原因。

本书结构

　　本书第4版的结构较先前版本有一些改变。书中的章节与本科阶段的基本课程相对应。全书分为2个部分，共13章。

　　第1部分由10章组成，主要介绍运动生物力学的基础知识，每章都包含与实际应用有关的内容。这10章分别为应用运动生物力学简介（第1章）、运动生物力学与解剖学（第2章）、运动生物力学的基本原理（第3章）、线性运动（第4章）、线性动力学（第5章）、角运动（第6章）、角动力学（第7章）、稳定性和不稳定性（第8章）、运动动力学（第9章）及流体中的运动（第10章）。

　　第2部分为运动生物力学的应用部分，对一些运动进行深入的介绍，提供了运动分析的快速指南。第11~13章提供了关于如何应用第1部分知识的较多示例。这3章展现运动生物力学知识的实际应用，对运动中的运动员必须进行全面肌肉运动的原因及同步和协调肌肉运动的重要性进行论述。肌肉运动的同步和协调是运动员掌握高超运动技巧的基础。

本书特色

　　本书第4版还在各个章节中增添了一些有特色的部分。这些部分有利于加强读者对运动生物力学的学习和理解。

　　● 相关科技　为了与当下的生活方式同步，第4版扩充了先前版本的相关科技部分。相关科技的应用可以为理解运动带来不一样的视角。

　　● 丰富的主题　为了让读者更好地理解相关内容，本书使用了多种方式来解释和描述运动与力学的相互关系。多种方式的解读可以加深读者对力学基础原理的理解，进而使读者能在不同情况下应用这些原理。

　　● 知识小结　每章都增加了一个全新的总结部分，以帮助读者巩固这一章的关键知识，增强学习效果。

　　● 应用示例　这部分讲解运动员和教练在训练和比赛分析中对运动生物力学的实际应用，有助于读者在学习过程中做到理论联系实际。

　　● 体育应用　这一版同样扩充了体育应用部分的内容，每章都添加了具体示例和相关训练。

● *参考文献*　为了反映运动领域的具体实践和协助未来的专业人士对本领域的研究，本书还提供了经过同行评审的参考文献的信息。这些参考文献证实了书中内容的真实性与可应用性，并为读者提供了了解相关知识的窗口。

希望《实用运动生物力学教程（第4版）》能够成为学生和教师的必备学习资源，希望他们可以通过阅读本书了解运动生物力学知识、扩充自己的知识储备，并在此基础上开展自己对运动生物力学知识的研究。

致谢

在此，向我的同事马克·塞耶斯（Mark Sayers）博士和卢克·霍格思（Luke Hogarth）博士表示感谢，感谢他们为本书做出的贡献。

第1部分

运动生物力学基础知识

第 1 章

应用运动生物力学简介

本章将对以下知识进行介绍

- 运动生物力学的本质。
- 人体运动规律。
- 使用力学原理改善运动表现的方式和原因。
- 如何将力学原理应用于运动。
- 如何运用运动生物力学知识来评价运动技术。
- 如何运用这本书来获得更多关于生物力学的知识。

对于本科学生来说，了解人体是如何运动的是未来从事体育或医疗保健行业的基础。本书将力学知识与体育运动相结合，综合论述了体育运动中力学的应用，致力于为读者提供获取运动生物力学知识的新方法。本书是为本科学生和教师、教练创作的，但运动科学家、专业运动员和运动爱好者同样可以了解书中介绍的知识。本书解释了运动生物力学知识是如何帮助人们获得更好的运动表现的。教练可以在训练中参考本书内容；而那些帮助教练的人，即运动科学家，可以学习如何将与人体运动相关的力学知识应用到实际训练中去。这些专业人士所处的职业领域正是运动生物力学专业的学生未来的目标发展领域。除此之外，专业运动员也可以从本书中找到帮助他们提高运动表现的方法。

本书的潜在主题是帮助读者理解人体如何对运动带来的压力和负荷做出反应。读者还可以自然而然地在这种理解的过程中获取新知识，并将其应用到非运动型活动中，比如人体健康领域的损伤康复。虽然本书集中介绍的是运动生物力学，但是相关原理和技能都可以转化为损伤康复过程中可使用的知识。

本书对于既不是教练也没有参加过体育比赛但对体育非常着迷的非专业体育人士来说也同样具有价值。这样的体育爱好者通过对本书的学习，可以成为一名更加严谨且对运动技术具有鉴别能力的专业观众。

在阅读本书的过程中读者会发现，本书并没有集中介绍某一种特定的运动项目或运动技巧，而是对力学原理和运动表现之间的关系进行了解读。通过这样的科学解读，读者可以对运动员的运动表现进行更专业的评判，发现运动技巧需要改进的地方；可以了解错误动作的原理、改进方法、改进后的效果和最终带来的更加优秀的运动表现。

本书结构

本书分为2个部分。第1部分由第1~10章组成，主要介绍了运动生物力学的基础知识，每章都有实际应用的相关内容，包括"体育应用"和"知识小结"。第2部分由第11~13章组成，对本书的核心内容进行了更有深度的解读。

第1部分的10章涵盖了生物力学领域的传统概念。生物力学所讲的正是人体间的相互力学作用，各章的主题如下。

- 第1章：应用运动生物力学简介。
- 第2章、第3章：运动生物力学与解剖学、运动生物力学的基本原理。
- 第4章、第5章：线性运动、线性动力学。
- 第6章、第7章：角运动、角动力学。
- 第8章：稳定性和不稳定性。
- 第9章：运动动力学。
- 第10章：流体中的运动。

这10章解释了运动员、运动器械与协助

或妨碍运动员的外部力量之间的相互作用。通过阅读这 10 章的内容，读者可以了解到更多与力学相关的知识，比如跑步运动员在加速时的受力，体操运动员在空中转动时的受力和投手抛掷曲线球时的受力；还可以了解到高水平的运动技巧所涉及的力学原理及运动员在高海拔地区参加比赛的优劣势。

第 2 部分的第 11~13 章为读者提供了许多对所学知识进行实际应用的示例，帮助读者理解运动员运动时身体肌肉必须同步和协调的原因。肌肉运动同步和协调是运动员掌握高水平运动技巧的基础。

其中，第 11 章和第 12 章对于教练、体育工作者和运动科学家来说尤其有用，因为它们介绍了对运动员的运动技巧进行观察并对其中的错误进行改正的方法。第 11 章和第 12 章提供了一系列步骤，通过这些步骤，读者可以学习到如何将一项技能训练分为不同的训练阶段，以及如何对各个训练阶段进行分析。除此之外，读者还可以在这 2 章中了解到很多重要的力学原理，这些原理可以用于改正运动中技术动作的错误。

第 13 章对部分运动中包含的技巧和力学原理进行了介绍，这些运动包括短跑、跳跃、投掷、击打、举重和游泳等。第 13 章首先对这些运动的突出特点进行了介绍，接着对每项运动的技巧和力学原理进行了解析。这一章的目标是向读者展示在各项运动中运动技巧和力学原理不可分割的关系。

本书还提供了力学单位及其换算表和术语表，以帮助读者扩充运动生物力学的相关知识。术语表并没有使用枯燥的科学式解读，而是将相关的科学原理与各种运动器械相关联，如球拍、球、标枪等。

无论是为了训练、比赛，还是为了监测运动情况，了解运动生物力学对运动表现的影响都会对读者有所帮助。如果是为了训练，读者还要知道，运动生物力学只是需要使用的工具之一，其他的知识储备同样重要，如运动心理学、生理学、营养学及有关运动损伤和运动技巧的知识。

阅读本书后，读者可以通过观察运动员的表现，迅速分析出与之相关的外部作用力，可以分析运动员的动作并迅速找出不足之处并对其进行改进，进而帮助运动员掌握以力学原理为基础的高质量运动技巧。

── **体育应用** ──

世界纪录趣闻[*]

- 一些世界纪录因现代科技的改善而被屡屡打破，但有一些世界纪录已经保持了 30 年以上。
- 男子撑竿跳高的世界纪录是 2014 年的 6.16 米，但奥林匹克运动会的最高纪录为 2016 年的 6.03 米。
- 女子跳高的世界纪录是 1987 年的 2.09 米，但奥林匹克运动会的最高纪录为 2004 年的 2.06 米。
- 在 2016 年里约热内卢奥运会的所有比赛中，运动员们创造了 91 项奥林匹克运动会纪录和 27 项世界纪录。

---

[*]本书中的信息截至英文原版书出版日期，即 2019 年 1 月。——译者注

本书简介

- 本书的潜在主题是增强读者对于人体运动方式的理解，也就是帮助读者理解人体如何应对运动中的压力或负荷。
- 本书解释了力学原理帮助运动员改善运动表现的原因和方式。
- 本书最重要的内容是运动生物力学的实际应用。使用运动生物力学相关知识可以帮助运动员改善运动表现。在此过程中，应以安全为首，其次才是改善表现。

什么是运动生物力学

　　运动科学家所工作的领域被称作运动生物力学，它是一门探究各种力对人体运动的影响的学科，包括重力、空气阻力等，同时也探究人体在运动过程中向外施加的力（Rice et al., 2010）。应用运动生物力学的基本价值源自力和运动的基本规律。更重要的是，运动生物力学可以将这些运动的基本规律应用到人体运动中，包括体育运动和训练。

　　本书中所讨论的生物力学内容包括线性和角运动学分析（包括判断位置、移位、速度和加速度）、线性和角动力学、力、动作法则、重心、转矩和转动惯量。后面将对这些标准概念进行讲解。

　　众所周知，重力和空气阻力，甚至是在撞击过程中产生的相互作用力，在体育活动和非体育活动中并不会有所不同。

- 跳高运动员为了跳过更高的横杆而与重力进行抗争，正如日常生活中的爬楼梯时或飞机起飞时对重力的克服。
- 同样，汽车需要对抗的空气阻力和自行车需要对抗的空气阻力并没有什么不同。

　　这些例子足以说明，日常生活中的力学原理同样可以运用到体育运动中。图1.1展示了一个经典的生物力学例子，通过解剖后的视角展示了支撑球体时，肱二头肌所受的力。将力学原理与解剖学相结合可以帮助读者更好地理解运动生物力学。

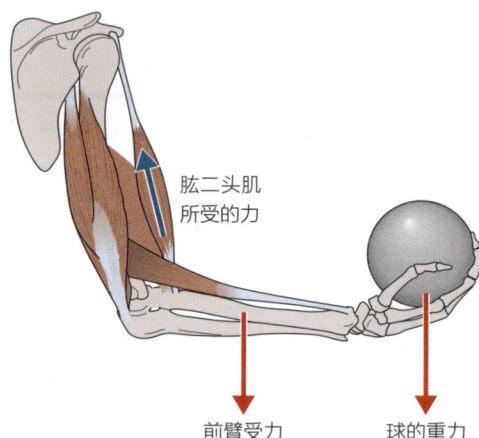

肱二头肌所受的力

前臂受力　　　球的重力

图1.1 使肱二头肌支撑球体的机械力

[源自：S.J. Hall, *Basic Biomechanics*, 4th ed. (Boston: McGrawHill, 2003), 158.]

力学原理

　　在体育运动中，力学原理只不过是支配运动员动作的基本力学和物理学规则。举个例子，如果教练和运动员对重力有所了解，那么他们就会知道如何减少重力对运动的影响，或是对其加以利用。以下是一些相关示例。

- 了解重力的垂直作用的跳板跳水运动员会对落水轨迹有更好的理解，进而在跳水时形成更加理想的落水轨迹。
- 认识到重力的辅助作用的摔跤选手可以利用重力使对手失去平衡。但是，如果他们没有保持住自身的稳定性，重力反而会有利于他们的对手。
- 跳台滑雪运动员应该知道，如果他们通过弯曲双腿和向前弯腰把身体卷成趋于流线型的形状，就可以在向下冲刺时减少自己受到的空气阻力。这种身体姿势可以使他们获取最大的加速度，为离地做好充足的速度准备。而初始速度正是做抛物线运动的关键。本书第 4 章将会对此进行进一步说明。一旦跃至半空，跳台滑雪运动员就开始利用空气阻力对抗重力。他们会伸直双腿，向前倾倒，向下挤压空气，进而使空气推举身体向上。重力和空气阻力的多种应用能够帮助跳台滑雪运动员达成 130 米以上的飞行距离。

除了重力和空气阻力外，运动中还有很多种力的存在。这些力的作用方式各不相同。在需要与对手接触的体育项目中，运动员还需要考虑对手产生的力。一名教练对力的理解越透彻，就越能更好地分析运动员的运动技巧，进而改善运动员的运动表现。了解这方面知识的运动员就可以了解最优发力点和发挥最佳运动技巧的运动动作。即使是一名观众或一名体育爱好者，也可以通过对力学原理的学习来丰富自己的知识，增强对最佳运动表现的辨别能力。

在运动中，力学法则并不仅仅作用在运动员身上，它同样可以用于改善运动器材和竞赛场地。如今的跑鞋、速滑冰鞋、滑雪板，以及游泳、骑行时使用的光滑的运动衣和安全设备，都是基于对外部力量以及对运动员运动时产生的力的理解而进行设计的。这样的知识对提升运动表现有非常重要的帮助。

应用运动生物力学的作用

大部分从事体育工作的人，例如教练或辅助人员，都不愿意对运动生物力学加以学习。根据以往的经验，他们认为这种学习意味着阅读大量枯燥无趣的文字以及成堆的公式、计算和科学术语。这些文字通常由专业学者所著，他们的文字往往无法使教练和运动爱好者产生兴趣，并且他们往往也无法运用与本科在校学生产生共鸣的方式去解读高超的运动技巧和力学原理之间的关系。

本书是一本与众不同的书，仅包含为数不多的公式和计算，且它们使用的都是人们所熟知的计算方式和公制单位。本书可以使读者迅速掌握相关知识，无论他的职业目标是成为教练、运动科学家、运动员，还是成为一名体育爱好者。

如果读者想要了解体育领域的各种力学相关知识，那应该能够在本书中有所收获。也就是说，只要抱有一定的好奇心和想要改善自身的想法，就可以从本书中获取许多有用的信息。读者从本书中获取的新知识可以帮助自身在体育和训练领域中有所建树。如果读者想要成为合格的运动和训练科学家，就需要具备与运动生物力学领域相关的能力，并且一些其他领域的能力同样重要，比如生理学、运动心理学、营养学等。

知识小结
运动生物力学的评估

在研究运动生物力学术语时，最重要的是判断如何对运动中的力学现象进行描述和评估。

- 如果使用数字进行描述和评估，如以米为单位描述距离，则为定量评估。
- 如果使用词语进行描述，例如"更好"或"更差""流畅"或"笨重"，则为定性评估。
- 初步的定量评估包括线性和角运动学、线性和角动力学两类。

这两类评估都可以描述和评估动作和技术。后面几章对技术描述将进行更深入的介绍。

读者阅读本书所能获得的最重要的收获之一是通过学习，能够观察、分析和纠正运动表现中的错误之处。并且本书会帮助读者理解力学的基础知识，读者通过学习这些知识能够分辨高效和低效的技术动作。本书还提供了详细的改善运动表现的指导说明。

1. 书中不会用类似"更用力地扔"或"试着更加用力"这样含糊的建议，因为这样的语句只会使运动员感到困惑和不解。

2. 使用现代科技是观察、分析和纠正错误的最高效的方法之一。因此，书中特意在每一章添加了对相关科技的介绍，为读者提供更多的相关信息。另外，对于没有教练陪同的运动员来说，掌握基本的运动生物力学知识有助于增强他们对自身动作的理解，也可以帮助他们理解增加或者减少训练中某个动作的原因。

读者可以更高效地使用运动器材。当来自美国的格雷格·莱蒙德（Greg Lemond）以几秒之差打败来自法国的洛朗·菲尼翁（Laurent Fignon），赢得了环法自行车赛冠军时，他成功地展示了强健的体魄和坚定的内心的重要性。同样重要的是，格雷格·莱蒙德和其辅助技术人员都深知尽可能地减少风阻的重要性，尤其是在比赛的最后一段赛时内。他们发现，如果格雷格·莱蒙德可以保持较低的上身高度，就可以使空气更加流畅地滑过身体，进而他能够花费更少的力气推开空气，也就可以为提升速度节省体力。

因此，对力学原理的学习是有用的！同样的原理可以应用到不同的运动项目中。读者需要了解运动设备设计的改进给运动带来了哪些益处，比如高尔夫球杆、网球拍、滑雪板、速滑冰鞋、山地车和泳衣等设备的改进。

本书无法介绍世界上所有的运动设备，因为运动设备的完善和改进正在以史无前例的速度进行着。但是，本书可以为读者构建起相关的知识框架。

读者可以更好地对潜在的安全问题进行相关学习。试想，一名运动员需要在肩扛杠铃的同时完成深蹲，那么，他应该将杠铃杆放在什么位置呢？应该放在肩部上方还是肩部偏下的位置呢？进行深蹲时的背部角度应该呈现怎样的状态呢？全蹲与蹲下3/4的力学效应有何不同呢？下蹲时的速度应该是怎样的呢？

1. 读者了解了杠杆和转矩的相关知识后，就能够理解在深蹲时向前弯曲身体的危险性。

―体育应用―

运动设备的改良与技术的发展

在1998年的长野冬季奥运会中，短道速滑项目的世界纪录不断被使用克莱普新式冰刀的选手刷新。克莱普冰刀的刀锋位于冰鞋的前方而不是脚跟处，这使得刀锋可以更长时间地与冰面接触，进而延长了运动员滑行的距离。这种冰鞋在冲刺的最后阶段都会把刀锋收回鞋跟处，同时发出独特的声响。运动员若想使用克莱普冰刀，则需要学习新的技术，他们需要用脚趾发力，加强指向后方的推力；而不是像之前一样用脚跟发力，并加强指向两侧的力。习惯于使用老式冰刀（刀锋固定在脚跟和脚趾处）的运动员必须学着适应新式的运动器材并随之改变自己的技术。

（源自："The Athletic Arms Race" by Mike May in *Scientific American* special issue: "Building the Elite Athlete," Nov. 27, 2000, page 74.）

同样，读者在了解了冲力的相关知识以及每个动作的同等反向作用力后，就能够了解快速下蹲时会对下背部、膝盖和髋部施加巨大的压力。很多人虽然掌握了优秀的运动技术，却不能完全理解某些技术要比其他技术更具危险性的原因。

2. 在体操运动中，运动员会经常看到许多用于确保他们安全的定位技术，但也存在着一些会对运动员的安全产生威胁的技术。

为了更深入地解读这些概念，本书在各章适当地添加了新的内容：评估方法。这一部分将会对多种评估运动的方法进行描述，这有助于读者对训练方式的探究。在本书中，读者可以了解到许多相关的知识，比如，为什么进行高效的运动监测需要理解体操运动员在运动中的平衡、杠杆、转矩和冲力。

这些知识有助于读者学习体操运动中安全有效的监测技术和举重训练的有效技术。当然，本书并不仅限于对这两种运动项目的讨论，读者可以将书中的力学原理应用到任何一种运动项目中。

读者可以通过了解运动原理来更好地评估改善体育训练方式的创新价值。在体育运动中，推论能力和创造能力是人才选择、技术训练和设备设计的基本要素。教练需要发挥自身的创造性来探索提高运动员表现的最佳方式。每名运动员的体形、性格和体能都各不相同，对某名运动员有效的训练方式并不一定适用于其他运动员。同样，年轻运动员和成熟运动员之间也存在着巨大的差异。

1. 为了帮助运动员获得最佳的运动表现，教练应该理解为什么运动技术是这样进行的，并思考应该改进这些技术的哪些方面，以适应运动员的年龄、成熟度和经验。现实生活中，有很多教练和运动员尝试新想法的例子。

2. 在团队竞赛中，教练会根据运动员在即将到来的比赛中面对的对手的情况来不断调整进攻和防守的阵型。

正是迪克·福斯伯里（Dick Fosbury）的创造力和实验精神彻底改变了跳高运动。同样，滑行和旋转技巧也延长了铅球的抛掷距离。在体操运动中，有很多的技术动作是以它的创造者命名的。如"托马斯全旋"就是以它的创造者，美国体操运动员库尔特·托马斯（Kurt Thomas）的名字命名的。

因此，运动员应该时刻保持好奇心，不断了解各种运动技术的方式和原理。同时，要保持创造力和实践能力，教练们也应该鼓励受训的运动员开发自身的创造力。教练们还应该在训练过程中不断提升自身对运动的理解，他们不仅可以是教练，还可以是一名分析师或是一名创新者。

读者将会了解不同身体类型和不同成熟度的运动员的特点。如果读者对影响运动技术的力学原理进行学习，就会理解为何与成熟的运动员相比，成长得更快的年轻运动员会更难完成特技动作、改变运动方向或是在动作间进行协调。

1. 读者会发现，年轻运动员无法和成熟运动员采用相同的训练模式。

2. 读者还会了解到，为何身高更高、四肢更长会让运动员在某些运动项目中获利，却在其他运动项目中失利。

同样，读者还可以理解为何身材娇小的运动员会具有更好的力量重量比，并且可以比更高、更重的运动员更快地完成抢断、转向和移动。

技术的解读与评估

我们将两名运动员的运动表现进行对比时，通常会说一名运动员的技术比另一名运动员的更好，也可以说一名运动员在运动时有更好的形态。技术是指运动员用于完成运动的动作形式和动作顺序，比如排球中的前臂传球，柔道中的钩腰，或是跳水中的翻跟头等。在我们看来，优秀的运动员仿佛拥有很长的时间来完成复杂的动作。从生物力学的角度来说，他们高效地对自身的动力链做出了精确改善，也就是改善了四肢连续地完成动作的时间点（Sanders, 2007）。

大多数运动项目中都具有不同的数量和种类的运动技术。但在一些运动项目中，只存在一种运动技术（比如掷铁饼和掷标枪）。掷铁饼运动员只需要转动并抛掷铁饼。这样的运动技术被称为闭锁性技术。也就是说，由于运动员是唯一决定何时转动铁饼和何时完成抛掷动作的人，因此这一技能封锁于运动员自身。

与之相反的是网球运动。在网球运动中，运动员需要完成正反手击球、拦截和发球等动作，并且所有动作都是相对于对手的相关动作而做出的反应。这些动作被称为开放性技术。无论是网球运动中的发球还是掷铁饼中的抛掷动作，每项运动技能都会由运动规则决定。在发球动作中，网球运动员希望将球击打过

网，落入对手无法接住的赛场区域。掷铁饼运动员则想要将铁饼扔得尽可能远并且确保其落入指定区域。两种运动员都希望最高效、最成功地完成运动技术，他们对完成运动技术过程的理解就需要运动生物力学知识的参与。

技巧应用

运动员在完成运动技术时会使用好的或是不好的运动技巧。不好的运动技巧是低效的，无法帮助运动员取得最好的成绩。在最差的情况下，不好的运动技巧甚至会对运动员造成损伤，还可能伤害附近的观众。

在很多高尔夫公共练习场中，随处可见不好的运动技巧及其带来的不良结果。很多人都使用不标准的姿势挥杆，将左曲球和右曲球动作混合使用，完全不能击打到地上的高尔夫球。即使是几乎不了解高尔夫球的人，也会惊异于竟然有如此大量的各不相同的击球方式。让我们再将视线转移到专业的运动员身上，虽然专业运动员的身高、力量和体重各不相同，但他们在击球中所使用的基本运动技巧都是近乎相同的（Nesbit and McGinnis, 2009）。

从挥杆到顺势出杆，力量会被优雅而顺

体育应用

个体创造力的无穷力量

正如迪克·福斯伯里改革了跳高技术，苏格兰的格雷姆·奥布里（Graeme O'Bree）自己设计的自行车也在骑行领域引发了世界性的讨论。奥布里将自行车的横梁拆除，缩短了自行车的长度，并且尽可能地缩减了其宽度。在没有横梁的情况下，奥布里的双腿在骑车时相互接触，他的胸口水平地贴在车把手的上方，这一骑行姿势可以将空气阻力降到最低。虽然将胸口放置在车把上这一动作被自行车联合会判定为违规动作，但是奥布里并没有被规则击倒。他再次改良了自己的自行车，使自己可以在胸口不接触车把的情况下，上半身仍然能够水平向前伸展进行骑行，这一骑行姿势与超人的飞行姿势类似。格雷姆·奥布里借助这一姿势成了奥林匹克自行车馆中的冠军，他深知在骑行时减少空气阻力的重要性。虽然这种姿势在环法自行车赛的起步阶段是违规的，但是运动员们在赛程中可以尝试使用水平的上身姿势进行骑行。在类似的速度竞技中，尽可能地减少空气阻力是至关重要的。

畅地展现出来。这种高效的动作说明专业的高尔夫球运动员所使用的是好的运动技术和精确的动力链。他们通过长时间的训练来提高自己的运动技巧，以确保自己可以高效地完成目标任务。

抛开微小的差异，几乎所有的优秀运动员都会使用基于力学原理的高水平的运动技巧，这也正说明力学原理控制着人体所有的动作。但是，在运动员的运动技巧中出现的精确、优美的动作绝非偶然，这些都是来自运动员大量的、高效的、正确的练习。

现如今，若没有熟知最佳动作原理的教练和运动科学家的帮助，运动员很难达到世界顶尖水平。知识丰富的教练辅助运动员训练时，会认真地观察运动员的运动表现，辨别运动员在运动过程中的高效动作和低效动作。体育专业的学生可以将应用运动生物力学的知识作为未来成为教练的必备工具之一。教练和运动科学的协助，加上运动员自身的天分和自律，就能够使运动员展现出既安全又顶尖的运动表现。

运动技术的教授

教练想要教授运动员好的运动技术需要注意些什么呢？比如，在教授新手击打高尔夫球时需要注意什么呢？在介绍这项技术时，教练需要说明良好的运动技术虽然不是必备的，但却是十分有益的。更重要的是，教练需要对新手的运动表现进行分析和纠正，并且采用积极的教授方式引导新手不断提高运动表现。教练需要对高尔夫击球动作的力学信息具有基础性的理解，也就是说，教练一定要了解为何一些击球动作能比其他动作更好地完成击球任务。

对排球运动的教练来说，这样的思维同样重要。排球教练需要了解动作的力学原理，进

而理解为何一些动作可以使运动员跳跃至半空击球，其他动作却不能（Markou and Vagenas，2006）。在棒球运动中，投球教练则需要训练运动员使用最高效的动作完成挥臂、传球和发球动作；同样，击球教练需要训练运动员更加高效地完成击球动作。

高尔夫球、排球和棒球教练都会在删减无效动作和增加高效动作时应用到力学原理的相关知识。将这些知识转化为实际应用的最佳方法是使用不同的方式与运动员进行沟通，让运动员可以使用新技术来进行反馈。

传统训练方式与新科技的碰撞

很多教练和运动员依然在训练中使用传统的训练方式，他们认为过去使用的就是现在应该使用的。一些教练完全无法辨别运动员动作的好坏，或是不清楚为何一些动作要比其他动作更加安全高效，也不清楚为何一些动作更容易造成损伤和使运动员不稳定。还有一些教练喜欢使用试错的训练方式。在自身缺乏运动生物力学知识的情况下，教练会猜测改善或提升运动技巧的方式。有时他们可以得到不错的结果，但是大部分时候是没有收获的。这种导向错误的实验也会造成运动员身体的损伤。很多教练会根据世界冠军的运动技巧展开对运动员的技巧训练，但却没有考虑他们之间体形、能力和成熟度方面的差别。

同样，年轻的运动员常常会模仿世界级运动员的动作，甚至模仿他们低效的个人习惯。比如，1956年至1968年4次在奥林匹克运动会上获得掷铁饼项目冠军的阿尔·奥特（Al Oerter），常常会在向后摆臂的同时翻转铁饼，这个动作仅仅是他的个人习惯，并不会增添任何力学上的作用。很多年轻的运动员却在模仿这个动作，并且认为这个动作可以延长掷铁饼的距离。另一个更加滑稽的模仿个人

动作的例子是，很多年轻的运动员会在扣篮时张开嘴巴，伸出舌头。为什么呢？因为这是迈克尔·乔丹（Micheal Jordan）的特色动作！

对于培养运动员的运动技术来说，辨别安全的、力学上正确的动作和无效的动作是十分重要的。盲目模仿其他人的训练方式和运动技巧的教练和运动员是无法进步的。也许这种对运动技术的有限关注是对运动科学领域出版物内容的一种反映。一篇运动科学的调查指出，生理学——研究运动对人体结构和生理功能的反应的学科——是最值得深入研究的科学学科（Federolf et al., 2014）。运动生物力学研究人体如何运动，能够以最好的方式描述运动技术。本书能够帮助人们纠正错误的运动方法。读者通过对力学原理的了解，能够分析出运动特点并学会使用更加高效的运动方式，这样就能有更佳的运动表现。

知识小结

运动技术

- 运动技术可以被认为是运动员用于完成运动技术的动作方式和顺序。
- 虽然优秀的运动员的身高、力量、体重等都各不相同，但他们在动作中使用的技术基本都是相同的。
- 拥有分辨安全的、符合力学原理的正确动作和多余动作的能力，对于运动技术的训练来说十分重要。

新方法和新科技的应用

科技是日常生活的一部分，很多科技也被应用到了运动中。举例来说，人们常常在驾车或骑行时使用GPS系统来计量行驶距离和行驶时间（Townshend et al., 2008）。相似的科技也被用于计量运动员在竞赛中的跑步距离，或是记录皮划艇的行驶路线。这种现代的科学技术可以为运动员提供新的反馈，使他们获取新的信息。有时，这些科学技术还可以使他们认识到教练反复强调过的信息的重要性。

高尔夫球教练总是重复地对运动员说："你总是在球杆触球的那一刻把头抬起来。"但运动员自己并没有意识到自己的这一头部动作，因此无法对自己的技术进行改正。

- 如果教练使用摄影机记录下运动员的挥杆动作并回放给运动员看，运动员就可以从回放中清楚地看到自己的错误动作。
- 更加先进的科技还可以用于测量动作幅度，比如运动员的头抬起的角度。而力量传感器和肌电图还可以测量出运动员肌肉发力的顺序和时机。

这种现代科技的监测可以为体育训练提供新的方式。因此，在学习运动生物力学时，我们也需要学习和使用科学技术来改正和完善运动技术。

本章小结

- 本书科学地解读了力学原理对提高运动表现的促进作用。
- 生物力学是一门利用力和运动的基本法则来解读人体运动与力之间的相互作用的学科。
- 生物力学的基础因素包括线性和角运动学分析（包括判断位置、移位、速度和加速度）、线性和角动力学、力、动作法则、重心、转矩和转动惯量。

- 在运动中，力学原理就是力学和人体学的基本法则，它决定了运动员的动作。
- 在运动中，力学法则不仅应用于运动员自身，更可以用于改善运动器械和竞赛场地。
- 如果使用数字进行描述和评估，则为定量评估。
- 如果使用描述性词语进行描述和评估，则为定性评估。
- 运动技巧是指运动员更好地完成运动技术的动作方式和顺序。
- 体育专业的学生可以将应用运动生物力学的知识用作未来成为教练的必备工具之一。

关键术语

运动生物力学

人体运动

线性和角运动学分析

线性和角动力学

力学

米

公制单位

定性

定量

技能

运动科学

技术

参考文献

Federolf, P., R. Reid, M. Gilgien, P. Haugen, and G. Smith. 2014. "The Application of Principal Component Analysis to Quantify Technique in Sports." *Scandinavian Journal of Medicine and Science in Sports* 24(3): 491–499.

Markou, S., and G. Vagenas. 2006. "Multivariate Isokinetic Asymmetry of the Knee and Shoulder in Elite Volleyball Players." *European Journal of Sports Science* 6(1): 71–80.

Nesbit, S. M., and R. McGinnis. 2009. "Kinematic Analyses of the Golf Swing Hub Path and Its Role in Golfer/Club Kinetic Transfers." *Journal of Sports Science and Medicine* 8: 235–246.

Rice, I., F. J. Hettinga, J. Laferrier, M. L. Sporner, C. M. Heiner, B. Burkett, and R. A. Cooper. 2010. "Biomechanics." In *The Paralympic Athlete: Handbook of Sports Medicine and Science*, 31–50. Oxford, UK: Wiley–Blackwell.

Sanders, R. H. 2007. "Kinematics, Coordination, Variability, and Biological Noise in the Prone Flutter Kick at Different Levels of a 'Learn–to–Swim' Programme." *Journal of Sports Sciences* 25(2): 213–227.

Townshend, A. D., C. J. Worringham, and I. Stewart. 2008. "Assessment of Speed and Position During Human Locomotion Using Nondifferential GPS." *Medicine and Science in Sports and Exercise* 40(1): 124–132.

第 2 章

运动生物力学与解剖学

本章将对以下知识进行介绍

- 解剖动作和解剖学参考姿势。
- 标准的参考系统和术语。
- 力学的方向名词和人体解剖力学。
- 运动员如何使用一级、二级和三级杠杆。
- 运动中的杠杆系统。
- 人体动作分析。
- 学科专用术语。
- 身体和外部事物的关系（如运动产品）。
- 杠杆在人体中的应用。

人体框架由200根以上的骨头组成。这些骨头构成了人体的骨架，支撑和保护人体的内脏，并连接肌肉、肌腱和韧带。骨与骨在关节处连接。人体的关节是多种多样的，它们各自不同的构造和功能决定了完成动作的类型。在运动生物力学中，最重要的几处关节是髋关节、膝关节、踝关节、肘关节、腕关节和肩关节。这些关节对于完成人体动作具有至关重要的作用（Tortora et al., 2016）。这些关节形成轴，我们身体的主要部分（被称为身体节段）围绕着轴旋转，如挥动高尔夫球杆时的前臂和上臂。

本章仅对与运动生物力学相关的解剖学部分进行讨论。本章内容从解剖学的参考系统开始，然后对解剖动作进行了讨论。解剖学的参考系统对解剖动作来说十分重要。本章描述了人体内部肌肉与骨骼杠杆系统之间的联系，进而帮助读者了解人体动作的产生方式。这些杠杆系统可以产生转矩，进而完成人体动作。本书的中心内容是应用运动生物力学，因此没有对肌肉和骨骼的名称和细节做出介绍，感兴趣的读者可以从人体解剖学的书籍中获取相关知识。

与任何一门学科或话题一样，解剖学也有一些学科的专业术语。介绍运动生物力学与解剖学的本章和介绍运动生物力学的基本原理的第3章都会对这些术语进行讲解。

标准解剖学参考术语

学习运动生物力学的学生需要了解在分析人体动作时，用于描述正在发生的事情的通用系统，这样才能在运用运动生物力学知识时与同学或其他专业人士进行有效的沟通交流。最基本的沟通方式是对人体动作进行观察和描述，观察和描述人体动作的视图分为以下3种类型。

- 侧视图。
- 正视图。
- 俯视图。

这3种视图有助于读者对人体动作进行全面的观察和评估，有助于控制评估错误，也就是减小由于观察角度不同而引起的评估误差。我们将在第3章对评估误差进行进一步讨论。

解剖学参考系统

为了保持评估流程的一致性，我们先来介绍解剖学参考姿势。这一参考姿势是人体动作分析的出发点，它并不是常见的或自然的人体姿势，却能够为人体动作的描述提供最佳出发点。解剖学参考姿势如图2.1所示。

- 身体直立。
- 身体面向正前方，掌心向前。

表2.1　运动生物力学的方向名词

名词	含义
前方	靠近身体前方
后部	靠近身体后方
中心	靠近身体中线
侧面	远离身体中线
上方	靠近头顶
下方	靠近双脚
近侧	距离相关解剖关节更近
远侧	距离相关解剖关节更远

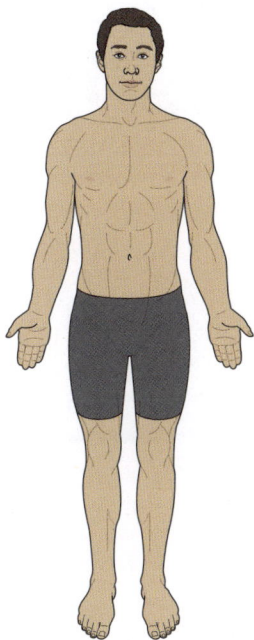

图2.1　解剖学参考姿势

知识小结

解剖学参考系统

- 在开展观察或评估之前，需要3种标准视图：侧视图、正视图和俯视图。
- 任何解剖学参考系统的初始姿势都为直立站姿，并且身体面向正前方，掌心向前。
- 3种基本参考平面为矢状面、冠状面和水平面。

首先，我们可以通过刚刚提到的3种视图对这样的标准解剖学参考姿势进行人体动作观察。接着，我们可以使用这3种视图构建基本的参考平面。这样的参考平面就像是一个二维的窗口，使读者能够将人体动作拆分为简单的几个部分。3种视图和平面之间的关系分别如下。

- 侧视图是指从矢状面对人体动作进行观察。
- 正视图是指从冠状面对人体动作进行观察。
- 俯视图是指从水平面对人体动作进行观察。

方向名词

借用这一解剖学参考姿势，我们可以解释人体和任何一种外部物体的关系。更重要的是，人体的运动方向也可以被描述出来。描述人体动作方向时用到的名词及其含义如表2.1所示。

人体解剖学与运动生物力学的联系

使用解剖学参考系统可以描述人体动作，这也正是人体解剖学和运动生物力学之间的联系。骨骼在关节处发生扭转，进而使运动员的肌肉、骨骼和关节形成力学中的杠杆系统，共同作用。本书接下来将对这一话题进行深入探究。其实，在完成人体动作时，人体肌肉会对骨骼施加拉力（也就是对抗阻力的力），而人体骨骼会在关节处发生扭转。在完成人体动作时，有两种肌肉会产生运动：主动肌（通过收缩来完成动作的肌肉）和拮抗肌（与动作方向相反的收缩肌肉）。关节在此时作为运动的轴（也就是支点或旋转轴），就如同门上的蝴蝶铰。一切人体动作的完成都是力与阻力相互作用的结果。

- 在杠杆中，力施加于一点，阻力会产生在另一点。
- 施加的力是为了使杠杆朝一个方向进行扭转。
- 阻力则试图使杠杆向与施加的力相反的方向扭转。

运动中的力主要来自运动员身体肌肉的收缩。运动员四肢的**重量**，加上运动员试图移动的物体的重量，就是阻力。图2.2展示了肱二头肌弯举中力和阻力的位置和方向。肱二头肌弯举是大部分运动员都会使用的训练动作。

而且，在很多情况下，杠杆的长度是可以人为控制的。比如，在棒球运动中，可以通过缩短握棒长度来控制杠杆长度；在高尔夫球运动中，可以使用更短的高尔夫球杆。这些例子都是在改变人的握姿（人体解剖学），进而改变球棒或球杆的挥动路径（挥杆力学）。这样做的结果是会将力从人体转移到球杆或球棒上，进而转移到球体上（Nesbit and McGinnis, 2009）。

在图2.2所示的肱二头肌弯举中，当运动员收缩肱二头肌来完成弯举动作时，由于肱二头肌与前臂相连，肌肉的收缩会发生在肘关节附近。在肌肉附着的位置，杠杆移动的弧度很小。如果在远离肘关节的位置握住哑铃，则哑铃移动的弧度可能会多9倍。图2.3所示的移动距离的增加，是由于**阻力臂（RA）**长度是**力臂（FA）**长度的10倍。如果运动员的肱二头肌需要1秒来完成弧度为1的动作，那么哑铃也会在1秒完成10倍的移动距离。因此，运动员的手臂越长，哑铃移动的速度越快，移动的距离也就越远。

由此可见，人体的构造决定了人体动作的特征。人体肌肉必须运用极大的力量才能

对抗很小的阻力，人体本身就具有这样的劣势。如果人体不具备充分的力量，那么可能连非常轻的物体也无法移动。更糟糕的是，四肢越长，人体肌肉需要具备的力量就越大。

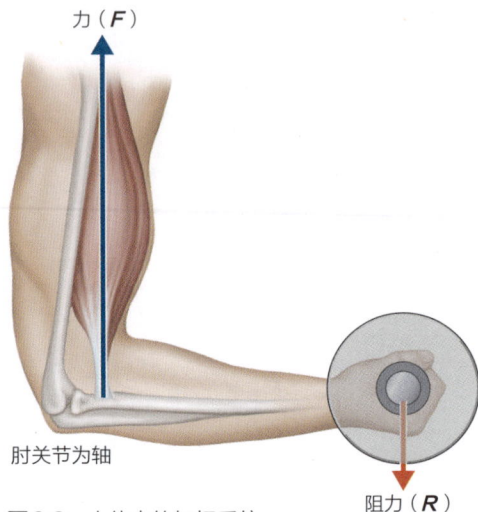

图2.2　人体中的杠杆系统

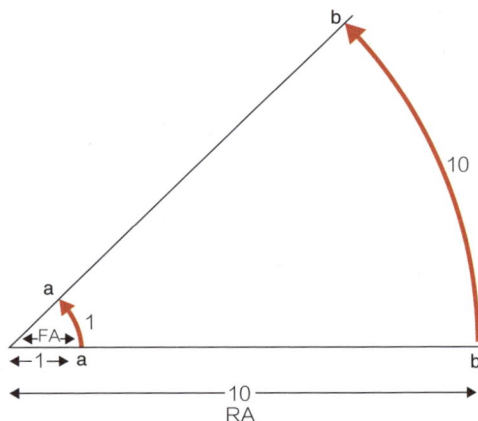

图2.3　力臂长度与移动距离的力学图示。点b的移动距离和移动速度是点a的10倍

转矩

当骨骼绕着关节进行扭转时，它们常常会产生扭转力，也就是**转矩**。在修理汽车时，扳手可以对螺丝产生精准的扭转力。在举重训练中，哑铃弯举需要肱二头肌拉动前臂并

产生向上的扭转力。转矩的大小等于肱二头肌的力的大小乘以力臂的长度。对于完成哑铃弯举的运动员来说，力臂长度就是施力点与旋转轴（肘关节）之间的距离，如图2.4所示。哑铃和运动员前臂的重量之和形成了另一个重力形式的向下的阻力。

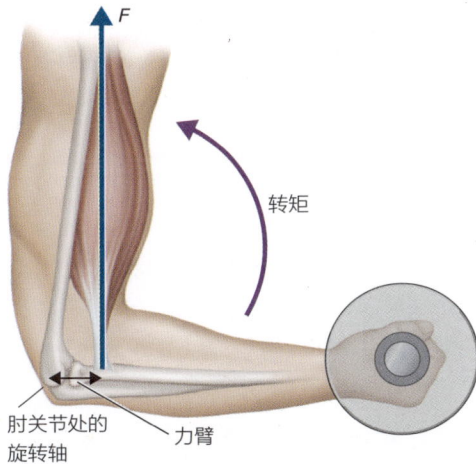

图2.4 转矩的大小等于力的大小乘以力臂的长度

为了理解增加转矩力量的方式，我们把运动员想象成一名修车工，他正在使用扳手拧松一颗螺丝。当运动员拉动扳手时，就对螺丝施加了转矩。运动员能否成功克服螺丝的阻力，由他能够施加的力量、他与螺丝之

间的距离（也就是力臂长度）和扳手的拉动角度决定。90度的拉动角度是最高效的。在图2.5a中，运动员施加了10个单位的力，与螺丝间的距离为5个单位（力臂长度），产生的转矩为50个单位。在图2.5b中，运动员同样施加了10个单位的力，但与螺丝间的距离增加为10个单位。

- 此时，产生的转矩增加为100个单位，这是因为力臂长度增加了1倍。
- 如果运动员想要获得更大的转矩，可以选择在90度的拉动角度下施加更大的力，或是增加力臂长度，又或是二者同时进行。

这个例子表明，如果想要施加更大的转矩，增加力臂长度十分重要。这个道理同样适用于图2.6所示的挥棒球棒的例子。运动员拧动螺丝的原理适用于所有的杠杆运动（Kageyama et al., 2014）。其实，这是两种转矩相互抵抗的过程，一种是由运动员的肌肉力量产生的转矩，另一种是由任何一种阻力产生的转矩，比如运动员的四肢的重量加上所持物体（铁饼或哑铃）的重量产生的阻力。在摔跤或柔道运动中，对手也可以对运动员产生阻力。

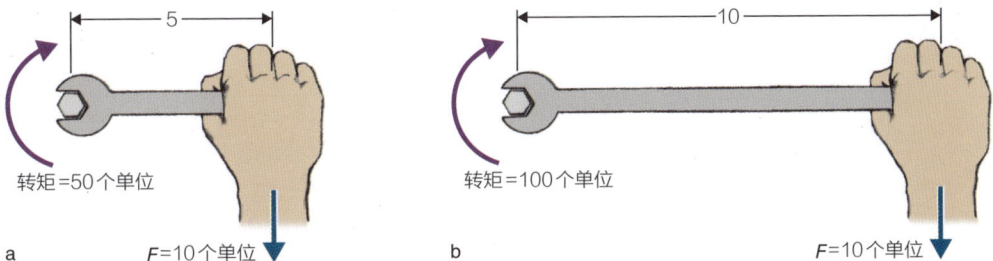

图2.5 当力臂长度增加1倍时，转矩也增加1倍：a. 力臂长度为5个单位，转矩为50个单位；b. 力臂长度为10个单位，转矩为100个单位

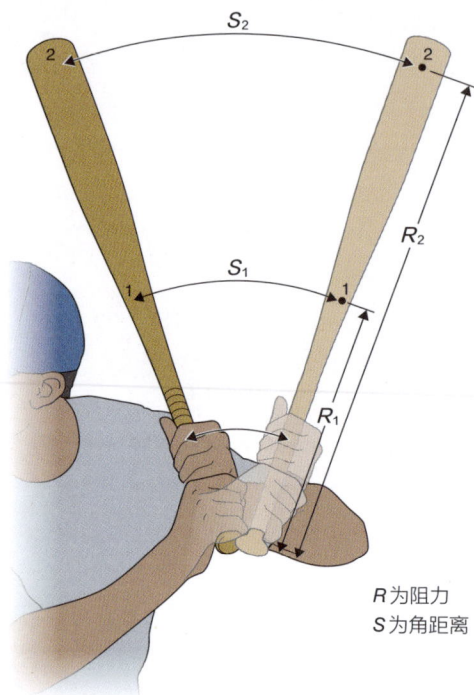

图2.6 棒球棒、转矩和力的相互关系。如果匀速挥动棒球棒，与棒球在点1相触，棒球所获的力为50个单位。如果棒球棒与棒球在点2相触，距离为R_1的2倍，那么棒球所获的力也会是原本的2倍，即为100个单位

[源自：S. J. Hall, *Basic Biomechanics*, 4th ed. (Boston: McGraw-Hill, 2003), 370.]

知识小结

人体解剖学与运动生物力学的联系

- 骨骼在关节处发生扭转，因此，运动员的肌肉、骨骼和关节共同以力学中的杠杆系统形式运作。
- 所有人体运动都是力与阻力的相互对抗。
- 在运动员的身体中，力量的主要来源是肌肉的收缩，运动员四肢的重量和运动员试图移动的物体的重量共同构成了阻力。
- 人体骨骼在关节处发生扭转时会产生一种扭转力，也就是转矩。

杠杆系统

完成了对转矩的解读后，我们进而可以对人体在不同情况下产生的转矩进行讨论。这一原理被认为是人体杠杆系统。扭转需要扭转的旋转轴和杠杆，如同我们熟悉的自行车踏板一样。杠杆系统需要具有施加在杠杆上的力，如果这个力大于扭转的阻力，就会发生角运动。对于自行车踏板来说，人通过向下踩踏踏板来施加力。如果施加的这个力大于阻力，曲柄将被转动，自行车就会发生移动。如果试图骑着自行车上一个陡坡，但却没有向踏板施加足够大的力，则曲柄无法被移动，自行车也就无法被骑上陡坡。

在学习杠杆系统在人体运动中如何运作之前，我们先来看看杠杆系统的组成部分。杠杆系统包括旋转轴（或者说支点）、力臂（通常是人体肌肉）和阻力臂（通常是需要被移动的对象）。有的人可能会由于不擅长数学而感到焦虑，但是杠杆系统是非常简单的系统，并且只需要进行两个数据的乘法运算：一是施加的力的大小（可能是移动一定质量的物体所需的力或移动一定质量的物体需克服的阻力），二是施力点与支点的距离。我们可以使用跷跷板来说明这个原理，如图2.7所示。

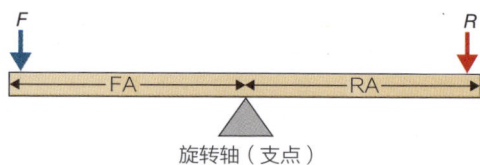

图2.7 杠杆系统的组成：旋转轴（或者说支点），力臂（通常为人体肌肉）和阻力臂（通常为需要被移动的对象）

- 计算杠杆系统所需的力（*F*，包括移动杠杆需要的所有的力）时，需要使用施力点与旋转轴之间的垂直距离，也

就是力臂，或者说杠杆臂，即图2.7中的FA。

- 我们还需要计算冲力或转矩（后文会对此进行更加详细的介绍）。同样，阻力（R）的发力点与旋转轴之间的距离就叫作阻力臂，即图2.7中的RA。

- 旋转轴通常位于重心位置，而杠杆一般为三角形，或是类似于跷跷板的长板。如果两个同样重的小孩坐在跷跷板的两端，跷跷板会处于平衡状态，也就是说此时施加的力与阻力大小相等。如果其中一个小孩的体重大于另一个小孩的体重，较轻的小孩就会被升高。

杠杆种类

从力学的角度来说，杠杆可以分为3种：一级杠杆、二级杠杆和三级杠杆。这种分级由力、阻力和旋转轴的相对位置决定。在运动员的运动过程中，三级杠杆是最常见的。但是，在运动的完成过程中，运动员会频繁使用各种杠杆。

杠杆系统中的旋转轴、阻力和力的英文首字母分别为A、R和F。A与一级杠杆相关，R与二级杠杆相关，F与三级杠杆相关。

- 在一级杠杆中，A（旋转轴）位于阻力和力之间。
- 在二级杠杆中，R（阻力）位于关节中心和力之间。
- 在三级杠杆中，F（力）位于旋转轴和阻力之间。

一级杠杆

一级杠杆中，旋转轴位于力和阻力之间，如图2.7所示。力臂是施力点与关节中心之间的距离，而阻力臂是阻力的发力点与旋转轴之间的距离。

- 力臂和阻力臂的长度可以相等，如图2.7所示；也可以不相等。

- 如果力臂的长度大于阻力臂的长度，杠杆就有利于力的输出，也就是说这个杠杆可以将运动员发出的力量放大。因此，在旋转轴的另一端，阻力会加大。

- 如果力臂的长度小于阻力臂的长度，杠杆就有利于阻力的输出。

- 力输出减少，运动速度会加快，运动距离会增长，而力输出增加仅能在速度降低和距离缩短的情况下出现。因此，不同力臂长度的杠杆总是各有优势。

我们在体育运动中也可以看到它们各自的优势，比如，举重训练机器会在设计中使用一级杠杆。图2.8是腿部推蹬机的简单图解。运动员在旋转轴的一侧用双腿施加力量，而旋转轴的另一侧的配重片在施加阻力。有些腿部推蹬机有两组与推力方向相反的踏板，其中一组的位置要低于另一组。

使用较低的踏板推起配重片要比使用较高的踏板轻松很多。这是为什么呢？

- 较低的一组踏板的力臂（也就是运动员双腿的施力点与旋转轴之间的垂直距离）比较高的一组踏板的力臂更长。

- 因此，在双腿施加相同大小力量的情况下，踏板较低的一组会产生更大的转矩。

- 运动员在顺时针方向施加的转矩必须大于配重片在逆时针方向施加的阻力。

但是，如果运动员想要在使用较低的一组踏板时增加运动效果，就必须舍弃其他的一些运动效果（McKean et al., 2010）。这种情况下，由于不同形式杠杆的优势不同，运动员如果选择使用较低的一组踏板，就必须完成比较高的一组踏板所需的更大弧度的动作。

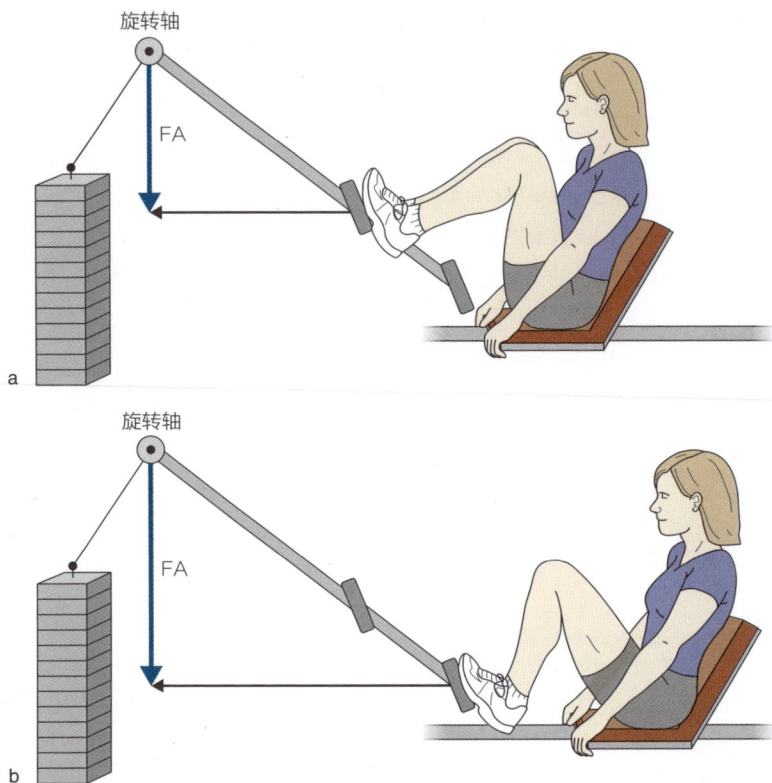

图2.8　使用一级杠杆的腿部推蹬机：a. 当使用较高的一组踏板时，力臂缩短，需要施加更大的力来举起配重片；b. 当使用较低的一组踏板时，只需要施加较小的力来举起配重片

二级杠杆

二级杠杆中，力与阻力在旋转轴的同一侧，通常情况下，力臂大于阻力臂，如图2.9所示。

施加的力（可能为运动员施加的力）试图向一个方向（逆时针）移动，而阻力试图向相反方向（顺时针）移动。如果施加的力足够大，则施加的力将与阻力向相同的方向

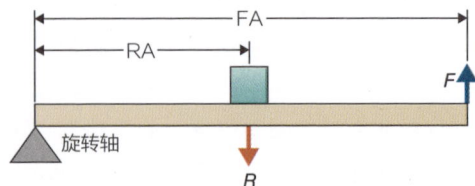

图2.9　二级杠杆

移动。力臂的长度越是大于阻力臂的长度，输出的力就越大。使用二级杠杆的运动员只需要通过较长的力臂施加较小的力和较快的动作，就能以较慢的速度和较短的阻力臂来克服较大的阻力。以下示例展现了上述特征。

在图2.10中，运动员正在多功能举重训练机上进行仰卧推举，在这一过程中主要应注意以下几方面内容。

- 运动员向上推动连接杆子的把手，杆子在机器左侧的旋转轴处发生扭转。
- 配重片由辊轴支架支撑，在杆子上运动。配重片与旋转轴的距离小于把手与旋转轴的距离。
- 运动员向上做弧线运动时施加的力使配重片垂直向上运动。

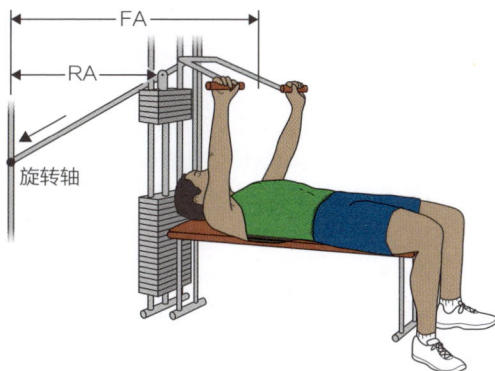

图2.10 在多功能举重训练机上进行仰卧推举。运动员需要推举起配重片的重量，所使用的杠杆为二级杠杆

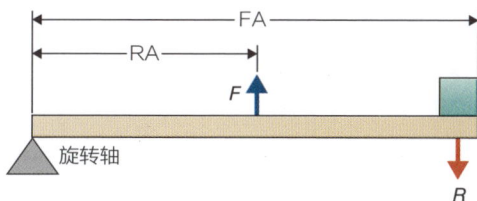

图2.11 三级杠杆

当运动员的双臂完全伸展后，与阻力臂相比，力臂的长度被缩短了。

也就是说，当运动员伸直双臂并且双臂肌肉、胸部肌肉和双肩肌肉进入高效的工作状态时，多功能举重训练机也会自动通过缩短力臂长度来适应这一变化。

三级杠杆

三级杠杆中，旋转轴在杠杆的某个末端，力臂的长度通常小于阻力臂的长度，如图2.11所示。与二级杠杆相似，如果施加的力足以克服阻力，那么阻力的方向将与施加的力的方向相同。这也正是二级杠杆和三级杠杆与一级杠杆的不同之处。在一级杠杆中，力与

阻力的方向相反；在三级杠杆中，形成阻力的物体进行比提供动力的物体更大幅度、更快速的运动，因此，施加的力要大于阻力。

肱二头肌弯举是三级杠杆的经典例子，因为它展示了肌肉、骨骼和关节之间的关系，还说明了肌肉必须发出较大的力来克服较小的阻力。

在图2.12中，运动员用力握住哑铃，因此哑铃既没有上升也没有下落。运动员的肱二头肌产生的逆时针的旋转力（转矩）与运动员的前臂重力和哑铃重力所构成的顺时针的阻力大小相等。在这一例子中，我们将阻力臂与力臂的长度比设定为10:1。

- 如果阻力为10个单位，阻力臂也为10个单位，那么阻力在顺时针方向的转矩则为100个单位（10×10=100）。
- 如果力臂为1个单位，那么需要对抗前臂和哑铃共同重量的力量则为100个单位，或者说是阻力的10倍。

体育应用

奥林匹克撑竿跳高与荷兰式撑竿跳的差异

撑竿跳高运动中的一项规则是运动员不能移动握竿位置。这一规则的制定是因为在过去，撑竿跳高选手会爬上竿子。在荷兰，至今仍存在爬竿比赛。在爬竿的过程中，运动员不停地改变杠杆的长度。荷兰式撑竿跳中运动员会跳过流水的运河。爬得越高，运动员落地时的距离就越远。如果爬得太快或爬得太高，运动员可能会掉入水中，甚至落回出发点。观众喜欢的就是这种戏剧性的时刻和流畅的跳跃。当撑竿跳高运动员攀爬竿子时，他们施加力的速度会放慢。如同音乐家使用节拍器一样，增加力量时，节拍器的开合节奏会变慢；如果不断增加力量，节拍器就会渐渐停止。同样的原理也可以应用在荷兰式撑竿跳运动中。

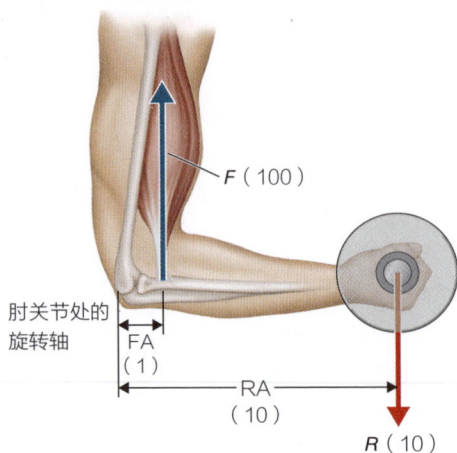

肘关节处的
旋转轴
FA
（1）
RA
（10）
R（10）

图2.12 肱二头肌弯举是人体中的三级杠杆

还有一个需要注意的内容是，当力臂处于水平位置时，肱二头肌常常会以略小于90度的角度拉动前臂。这有助于前臂向上扭转，同时也可以将前臂拉向肘关节，有助于增加关节的稳定性（从生理学的角度来说，这有助于肘关节的闭合）。

图2.13特意夸张了肱二头肌在弯举时所形成的角度，使肱二头肌产生的力在图示中更加明显。在图2.13中，肱二头肌的收缩将

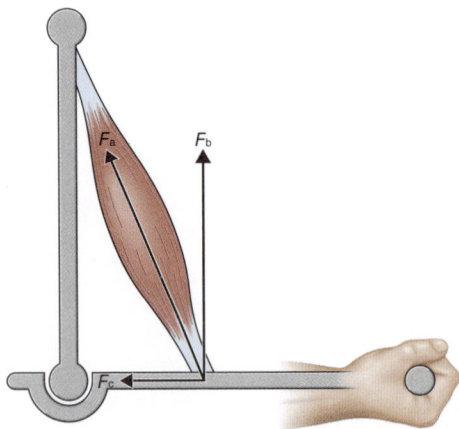

图2.13 肱二头肌在小于90度的角度下进行收缩，所产生的力 F_a 可分为与前臂垂直的力（F_b）和朝向肘关节的力（F_c）（此图夸张了肱二头肌的运动角度，以使图示足够清晰）

前臂拉向上臂，拉动方向大约与垂直方向的力成25度角。肱二头肌拉动前臂的力与前臂并不垂直，这意味着肱二头肌收缩产生的力有一部分被应用于其他部位，因此没有参与转矩的产生。在图2.13中，各字母所代表的内容如下。

- F_a 代表着肱二头肌的收缩对前臂产生的力。
- F_b 代表着转化为转矩并举起前臂的那一部分力。
- F_c 代表着应用于肘关节的力。

人体中的三级杠杆通常为关节附近通过收缩产生巨大转矩的肌肉。但是这样的转矩需要在很长的杠杆中进行传输。杠杆的长度越长，最终能够被抵消的阻力就越少。在肱二头肌弯举中，由于肱二头肌在非90度的角度下拉动前臂，其初始发出的100个单位的力会被大大减小，肱二头肌与前臂的连接处产生的扭转力也会由于力臂的增长而被减弱，这样肱二头肌产生的力最终到达运动员的手部时，已经被大大削弱了。但是运动员还是能够从中得到锻炼。

应用运动解剖学

那么，运动员能够从这样的杠杆中得到什么呢？有些运动员的手臂很长，这也就意味着当手臂做弧线运动时，运动员的手臂会以更大的速度移动更长的距离。如果运动员的肌肉可以产生足够大的力，就可以使用较长的四肢以较快的速度将较小的阻力（如球、球杆或铁饼的重力）移动很长的距离。因此，奥林匹克运动会中的掷铁饼运动员通常都具有健壮的身材和较长的手臂（Ferro et al., 2001）。运动员的肌肉越有力，手臂越长，其运动表现就会越好。而四肢较短的运动员在拥有较短的力臂长度的同时，也会比四肢较长的运

— **体育应用** —

运动中的杠杆妙用

旋转轴和相关杠杆是杠杆系统的基础组成部分。在运动中，运动员可以通过改变姿势来改变旋转轴的位置，进而改变所使用的杠杆系统。但是，人体中主要的杠杆系统依然是三级杠杆系统。这一杠杆系统有利于提高运动的速度，但不利于力量的传输，人体自身的结构更有利于快速地移动物体。因此，在运动中，运动员也应该对此加以思考。运动中的一个经典的使用杠杆系统的例子就是跑步。跑步时，运动员需要摆动双腿，而腿部会以关节为依据分段（大腿和小腿）进行扭转，这些关节包括髋关节、膝关节、踝关节。每个关节处的杠杆系统都是三级杠杆系统，也就是说，和关节相连的肌肉与旋转轴之间的距离很短，而对关节施加阻力的位置与旋转轴的距离很长。这意味着即使肌肉仅进行了微小的收缩，也会使杠杆完成幅度很大的动作。由此可见，人体四肢的结构更有利于加快移动物体的速度。通常来说，具有较长的杠杆，或者说四肢较长的运动员会更善于进行速度型的体育活动，比如跑步和跳跃。而具有较短的杠杆，或者说四肢较短的运动员则更善于进行力量型的体育活动，比如举重和推铅球。

动员所需的力更小。

读者可以通过以下示例对这一观点进行理解。试想，在竞赛中有两名运动员。一名为体操运动员，他的身高是1.63米，体重是59千克；另一名是专业篮球运动员，他的身高是2.14米，体重为136千克。假如这两名运动员奇迹般地拥有着相等的胸部和背部肌肉力量。现在，两名运动员都需要在吊环上完成图2.14所示的难度很大的体操动作：十字平衡。这需要运动员收缩胸部和背部肌肉，以同时产生向下拉动双臂和双手的力量及向上拉动身体的力量。这个动作会阻止运动员的身体下落，使运动员的身体形成一个"十"字。那么，在这一情况下，什么才是决定动作的关键因素呢？

- 身体健壮的篮球运动员的劣势很明显，因为他具有较长的手臂，也就是较长的杠杆。因此，在力学角度上，他会形成更长的阻力臂。
- 篮球运动员的体重也会形成方向向下的阻力，使其身体下落。

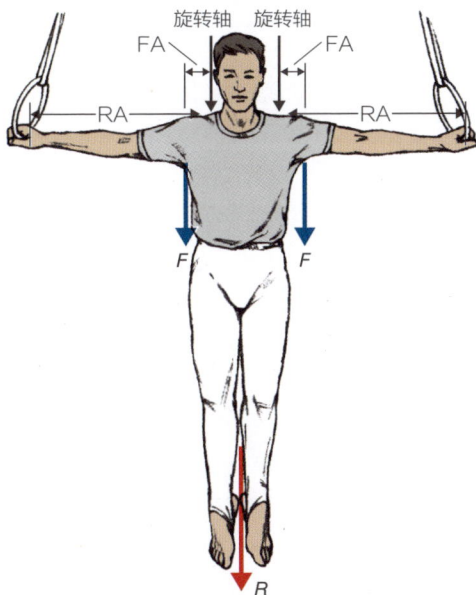

图2.14 十字平衡动作中，杠杆系统内所受的力和阻力

- 旋转轴为肩关节。运动员产生力量的胸部和背部肌肉需要在拥有较短力臂的情况下才能更轻松地完成动作。

当然，两名运动员在完成这一动作时都

会感到十分困难。但是，对于篮球运动员来说，胸部和背部肌肉收缩所产生的力乘以较短的力臂得到的力矩，需要对抗136千克的体重带来的阻力乘以较长的阻力臂得到的力矩。这时，篮球运动员的手臂扮演了阻力臂的角色。如果这名篮球运动员想要保持该姿势而使身体不下落，力乘以力臂得到的力矩就必须等于阻力乘以阻力臂所得到的力矩。具有较短手臂的体操运动员在完成这一动作时更有优势，较短的手臂意味着较短的杠杆和较短的阻力臂。体操运动员较轻的体重产生的力乘以较短的阻力臂得到的力矩，要远远小于体重更重、手臂更长的篮球运动员的体重所产生的阻力乘以较长的阻力臂得到的力矩。

在这一例子中，体重扮演了一个重要的角色。篮球运动员的体重为136千克，这一体重带来了运动的阻力。虽然他的胸部和背肌肉力量加在一起也许可以抵挡方向向下的重力，但是十字平衡动作需要的力量远远超过人体的能力范围。想要完成该动作，篮球运动员胸部和背部肌肉的收缩力甚至需要强大到将自身肌肉从骨骼上"撕开"。

即便篮球运动员拥有较短的力臂，也不会产生太大的帮助，因为他所面对的是巨大的阻力（自身体重）乘以很长的阻力臂（臂长）得到的力矩。以上就是体形与篮球运动员相似的运动员很少尝试体操这一运动的原因。运动员的体形（人的身体形态）常常会自然而然地将运动员划分到不同的运动项目中去。比如，大部分的男子体操运动员的身高都在1.68米左右，体重在54~59千克。女体操运动员的体形更小，平均身高为1.52米，体重低于49.9千克。体操运动员不仅会因较短的手臂获益，还会因较轻的体重获益。他们的体重甚至比国家篮球协会中篮球运动员体重的一半还要轻。

想要成功地完成十字平衡动作或其他难度较大的体操动作，具备同体操运动员一样的体形几乎是必要条件。优秀的体操运动员都非常强壮，四肢较短，并且通过严格的饮食摄入来控制体重。一点点额外的体重都可能成为运动员在体操比赛中失败的原因。

下面，我们假设让上述的篮球运动员和体操运动员进行掷铁饼比赛。当他们抛掷铁饼时，身高较高、体重较重、四肢较长的篮球运动员会具有很大的优势。篮球运动员依靠较长的手臂，通过旋转动作使铁饼在被释放的瞬间获得了非常快的运动速度。这一速度来自篮球运动员较长的手臂在运动中将铁饼放入了巨大的环形运动轨道，在第7章中会对此进行进一步讨论。2016年里约热内卢奥运会中，男子掷铁饼金牌得主的成功有力地证明了四肢长度对铁饼运动员的重要性，该运动员的身高为2.07米，体重为120千克。

知识小结

人体杠杆系统

- 杠杆系统的组成部分：旋转轴（或者说支点）、力臂、阻力臂。
- 一级杠杆中，旋转轴位于阻力发生处和施力点之间。二级杠杆中，阻力发生处位于旋转轴和施力点之间。
- 人体中，三级杠杆最为常见。肌肉与关节中心相连，当肌肉收缩时，转矩通过骨骼构成的长杠杆完成传递。

体操运动员会在掷铁饼比赛中落败。如果两名运动员使用相同的速度完成掷铁饼动作，手臂较长的篮球运动员手中的铁饼会以更快的速度运动。那么，体操运动员可以通过什么方式弥补这一劣势呢？

- 他可以使用快到模糊的速度完成掷铁

饼动作，但是这很难实现。

- 较长的手臂在类似掷铁饼一类的运动中是极大的优势，也是体操运动中极大的劣势。这都由运动所需要的条件决定。在一些运动中，体重越重、手臂越长就越有优势；而在另一些运动中，这些特点可能会成为劣势。

最后，我们回到最初的自行车踏板的例子上来。值得一提的是，当骑行运动员改变自行车挡位时，不同挡位的不同运行直径会导致阻力臂的长度发生变化，进而改变骑行的难易程度。这种改变可以形成在运动中对骑行运动员较为有利的旋转运动形式。骑行运动员还可以通过改变施力大小或改变力臂长度来控制杠杆系统，这是运动生物力学中十分有用的知识。

本章小结

- 杠杆是用于绕着旋转轴或支点来移动物体的简单机械。力被施加在杠杆上的某一点，阻力则发生在另一点。
- 杠杆系统最重要的两个功能是增加力的大小，改变运动速度和运动距离。但这两种功能无法同时发生。
- 杠杆系统分为3级。一级杠杆中，旋转轴位于施力点与阻力点之间，一级杠杆能够增加力的大小或加快运动速度和延长运动距离。二级杠杆中，阻力点位于旋转轴与施力点之间，二级杠杆能够增加力的大小，同时降低运动速度和缩短运动距离。三级杠杆中，施力点位于旋转轴与阻力点之间，三级杠杆能够加快运动速度和延长运动距离，同时减小力度。
- 三级杠杆是人体中的主要杠杆。人体的大部分肌肉都需要产生较大的力量来克服较小的阻力，同时具有较长的运动距离和较快的运动速度。
- 杠杆会产生一种扭转力：转矩。可以通过增加力的大小或增加施力点与旋转轴间的距离（或同时进行两种行动）来增大转矩。
- 杠杆对于运动员的运动表现至关重要，运动员可以通过类似改变握把距离一类的简单行为来改变杠杆长度。

关键术语

拮抗肌	阻力
主动肌	阻力臂
旋转轴	二级杠杆
一级杠杆	三级杠杆
力臂	转矩
支点	重量
杠杆	
质量	

参考文献

Ferro, A., A. Rivera, and I. Pagola. 2001. "Biomechanical Analysis of 7th World Championships in Athletics Seville 1999. 400 Metres." *New Studies in Athletics* 16(2): 52–60.

Kageyama, M., T. Sugiyama, Y. Takai, H. Kanehisa, and A. Maeda. 2014. "Kinematic and Kinetic Profiles of Trunk and Lower Limbs During Baseball Pitching in Collegiate Pitchers." *Journal of Sports Science and Medicine* 13(4): 742–750.

McKean, M. R., P. K. Dunn, and B. J. Burkett. 2010. "The Lumbar and Sacrum Movement Pattern During the Back Squat Exercise." *Journal of Strength and Conditioning Research* 24(10): 2731–2741.

Nesbit, S. M., and R. McGinnis. 2009. "Kinematic Analyses of the Golf Swing Hub Path and Its Role in Golfer/ Club Kinetic Transfers." *Journal of Sports Science and Medicine* 8: 235–246.

Tortora, G., B. Derrickson, B. Burkett, D. Dye, J. Cooke, T. Diversi, M. Mckean, R. Mellifont, L. Samalia, and G. Peoples. 2016. *Principles of Anatomy and Physiology*, 1st Asia–Pacific edition. Milton, Queensland, Australia: John Wiley & Sons Australia.

第 **3** 章

运动生物力学的基本原理

本章将对以下知识进行介绍

- 人体运动。
- 力学名词：
  - 运动学和动力学；
  - 线性运动和角运动；
  - 静态力学和动态力学。
- 运动生物力学在抗阻训练中的应用。
- 运动生物力学的评估。

本章讲解了如何对人体动作进行描述，也就是讲解如何描述人体在进行训练或体育运动时的运动情况。对运动生物力学进行说明的关键是将运动学和动力学的动作进行分类。为了与本书的主题保持一致，本章的结尾处的评估部分对这些基础原理的应用进行了说明。

如何描述人体动作

对运动生物力学的研究包含了很多门学科的知识和很多专业术语。在20世纪70年代早期，最常用的描述人体动作的术语来自生物力学学科。生物力学是生物、人体生理系统和力学原理的综合学科。本章将使用这些标准参考系统对人体运动涉及的力学原理进行讲解。在解剖学参考系统中，使用力学原理描述人体动作的关键因素是运动学和动力学的相关特征。

运动学和动力学

运动学描述了人体的动作，也就是事物移动的方式，包括不同体形的运动员的动作顺序，或是对运动距离、速度和加速度等变量的评估。

动力学描述了产生动作的力或在运动中产生的力，包括地面反作用力、弹力、转矩和内部肌肉收缩产生的力。另一种辨别运动学和动力学的方法是：运动学会对人体动作进行描述，而动力学会对人体动作的成因（或效果）进行描述。

线性运动和角运动

事物的运动形式可以分为3种。

- 线性运动（直线运动）。
- 角运动（弧形运动或扭转运动）。
- 线性运动与角运动的混合体，通常被称为**一般运动**。

运动学和动力学都可以描述和定义人体的线性运动和角运动。

在体育项目中，一般运动是最常见的运动形式。角运动往往是运动的主导形式，因为运动员需要完成的动作常常是挥动四肢或绕关节进行扭转的结果（Bennett et al., 2009）。

线性运动是指动作的运动轨迹呈直线的运动。当物体的移动或是运动员的移动满足如下条件时，那么线性运动也可被称为平移。

- 同样的距离。
- 同样的方向。
- 同样的时间段。

可想而知，平移在运动员的运动中很少出现，因为运动员身体的某些部分常常比其他部分移动得更快，且并不总是朝同一方向移动。比如，在100米短跑比赛中，运动员都想要以起点至终点的最短路线完成运动，而最短的路线正是起点至终点的直线。但是，冲

——体育应用

借助运动器械提升速度

　　人类通常无法像动物那样快速地奔跑，但是当运动员使用球棒、球拍或球杆进行击打时，击打产生的球速是非常快的。棒球和垒球的投手常常可以产生超过160千米/时的投掷速度；优秀的跳跃发球可以使排球在离开运动员手部时，获得120千米/时至129千米/时的速度；网球中的发球动作可以产生209千米/时以上的速度；冰球中的击打动作可以带来高达201千米/时的速度；高尔夫中的发球动作可以带来241千米/时左右的速度；羽毛球中的击打动作可以带来270千米/时的速度。相比之下，最快的速度是回力球中的击打动作带来的速度，为290千米/时以上。

刺动作是由四肢以关节为中心的旋转产生的，而且在运动过程中运动员的重心会不断地上下移动。

　　描述角运动的术语有很多。例如教练常常使用的旋转、扭转、挥动、转圈、转向、脚尖旋转、翻滚和扭动。这些词都代表着物体或运动员正在以某个角度或多个角度进行角运动。在体操、滑板、篮球、跳水、花样滑冰一类的运动中，运动员使用的动作包括转体四分之一周（90度）、转体半周（180度）、转体一周（360度）。风车扣篮就是指篮球运动员360度旋转后，将球扣入篮筐。

　　角运动需要绕旋转轴进行旋转才能完成，运动员可以将旋转轴当作车轮的轮轴或是门上的蝴蝶铰。人的身体中有许多关节，它们都可以作为运动的旋转轴。最明显的旋转动作发生在手臂和双腿处：上臂以肩关节为旋转轴，前臂以肘关节为旋转轴，手部则以腕关节为旋转轴；髋关节是腿部运动的旋转轴，膝关节是小腿动作的旋转轴，而踝关节是脚部运动的旋转轴。走路和跑步等动作，需要运动员四肢各部分（如脚、小腿和大腿）以各关节为旋转轴进行扭转，共同完成动作。

　　由于角向旋转以关节为中心，因此四肢的长度就成了决定动作完成的效率高低的关键。在人体的发育过程中，每个人的四肢长度都会发生改变且每个人的情况都各不相同。这种长度和外形上的区别使运动器材的大小也各不相同。最常见的例子就是儿童使用的运动器材的尺寸与专业运动员使用的运动器材的尺寸完全不同（Timmerman et al., 2015）。

　　所有的人体运动都可以被称为一般运动，一般运动是线性运动和角运动的混合体。即使是仅需要运动员保持某一姿势的运动，其中也包含着很多线性运动和角运动。

- 体操运动员在横杆上保持平衡是很好的例子。体操运动员在保持平衡时，身体仍然在进行着轻微的移动，这样的移动中包括了一些线性运动，但是主要运动依然是以关节和接触横杆的脚部为中心的角运动。

- 跳台滑雪运动员为了尽可能减少空气阻力、加大加速度，会在出发前保持蹲伏姿势。保持蹲伏姿势向下滑动是线性运动的典型例子。但是运动员并没有在整个过程中一直保持这个身体姿势，且向下滑动的轨迹也并非完全呈直线。运动员在运动过程中做出的任何动作都具有角运动的特征。

也许轮椅竞速赛才是最直观的角运动与

线性运动的混合体。在轮椅竞速赛中，运动员的手臂需要旋转轮子，形成挥舞式的角运动。轮椅的运动带着轮椅和运动员一同前进，从而运动员和轮椅可以完成线性运动（Tolfrey et al., 2012）。同时，轮子和运动员的手臂正在进行角运动。角运动和线性运动的混合体就是一般运动。

静态力学和动态力学

描述人体动作的最后一种方式就是将运动生物力学分为静态力学和动态力学。静态力学和动态力学也是力学的经典分支，就像运动学和动力学、线性运动和角运动一样。人体的某个动作可能会完全符合力学中的一个分类，也可能不会完全符合。但是，人们需要使用这样的分类对人体运动进行观察和评估。

- 静态力学所描述的动作的运行状态恒定不变，包括以固定速度运动或是完全静止不动（因为静止也是一种恒定的状态）。
- 动态力学所描述的动作的运行状态不断发生改变，包括速度的增加。需要注意的是，动作中发生的所有改变都是加速度（或减速度）的一种。

为了与本书的应用性主题保持一致，这些力学描述词都可以应用到如抗阻训练一类的领域中。

抗阻训练的应用运动生物力学

体育训练中的一个最常见的应用运动生物力学的例子就是抗阻训练项目的发展。抗阻训练项目利用多种力学优势（或劣势）来为运动员增加负重（或阻力）。当运动员进行这些训练时，他们的肌肉骨骼系统都处于高度承重状态。如果他们找到了理想的承重状态，他们的身体将会变得更加强壮，动作也会更加迅速。这也是运动员所期望的结果。为了确保抗阻训练中运动员的人身安全，监测员需要在场监督并在必要的时候提供帮助。

使用力学的多种知识，我们可以构建起多种抗阻训练。在这些训练中，还可以改变其中的力学负重条件。比如，运动员可能会针对离心运动进行训练，那么运动员需要以能使肌肉在负重下拉长的速度来移动重物。

想一想肱二头肌弯举动作。从矢状面进行观察，运动员首先需要完全伸展手肘，接着弯曲手肘并举起哑铃。在向上举起哑铃的过程中，肱二头肌处于收缩状态（缩短）。接着，运动员需要恢复到起始位置，在下放哑铃的过程中，肱二头肌需要进行伸展（伸长），如图3.1所示。

- 运动员可以通过调节运动速度来改变肱二头肌所承受的力；也就是说，运动员可以通过肌肉的负重收缩来获得向心力。
- 运动员可以通过肌肉的负重伸展获得离心力。这一动作需要缓慢地、有控制地进行。

这两种动作都会改变肌肉骨骼系统所产生的力的大小，因此会为运动员带来不同的训

知识小结

人体动作描述

- 运动学对动作进行描述，也就是描述事物是如何移动的。
- 动力学对产生动作的力或在运动中产生的力进行描述。
- 运动可以是线性运动（运动轨迹呈直线）、角运动（运动轨迹呈圆弧或以旋转形式进行运动）或二者混合。
- 静态力学对运动状态恒定的动作进行描述。
- 动态力学对运动状态不断发生改变的动作进行描述。

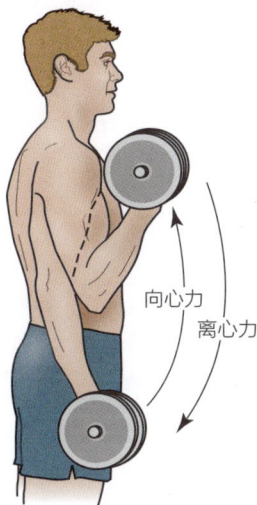

图3.1　具有向心力和离心力的肱二头肌弯举动作

练结果。施力点的面积也会影响由动作带来的压力情况。力学抗阻训练包括如下内容。

- 举重器械训练。
- 自由举重训练。
- 等长抗阻训练。
- 变量器械训练。
- 无重抗阻训练。

举重器械训练

运动员在刚刚开始进行抗阻训练时，很可能还没有形成合适且安全的运动模式或技巧。因此，在开始体能训练之前，他们需要使用举重器械进行训练。

举重器械中存在着多种形式的阻力，比如金属板带来的阻力。金属板通过滑轮系统与把手相连，举重器械中的阻力大小可以通过滑轮系统的扭转来发生改变。从理论上来说，如果所选质量是一定的，那么运动员在训练中将会受到恒定的器械阻力。

举重作为一种器械训练，需要一些引导或运行轨道，以确保重物在规定的路径上进行移动。更重要的是，如果运动员开始感到疲惫或是运动技巧发生了改变，他很可能会偏离安全的动作轨迹，继而引发身体损伤。引导或运行轨道的存在能自然而然地减少运动员需要用于稳定重物的力量，进而确保训练过程安全、高效。运动员只需要完成推、拉的动作，就能使重物沿轨道进行移动。

自由举重训练

运动员完成了一部分的举重器械训练并获得了较高效的训练技巧后，通常就可以开始进行自由举重训练了，包括举杠铃和举哑铃。选定杠铃的质量，如20千克，运动员将会在训练过程中受到恒定的阻力。此处的恒定一词其实并不准确。虽然杠铃的重量不变，但是运动员的力臂长度处于不断的变化之中，因此阻力也会随之发生改变。这是因为在自由举重中，重物并没有与任何器械或轨道相连，运动员可以根据自己的意愿向各个方向自由地移动重物，如图3.2所示。也就是说，这一训练形式不会为运动员提供恒定的阻力（Walsh et al., 2007）。

自由举重训练的一个关键特点是：阻力就是重物的重力。我们利用动力学知识和对力的研究，将重力的影响应用于运动生物力学。由于重力是指向地球中心的力，所以运动员在自由举重中的动作可能使重物所受的重力发生改变。

也就是说，如果运动员向上举起物体，就需要在肌肉中产生力量。如果运动员向下放下物体，就需要控制肌肉发力，为停止动作做好准备。

虽然自由举重训练在理论上会由于重力不变而产生恒定的阻力，但是通过冲力方向的改变和动作方向（由于重力方向不变）的改变，自由举重训练所谓的"恒定"的阻力是可以被改变的。

图3.2　不同的自由举重训练方向对负重造成的改变

等长抗阻训练

无论是举重器械训练还是自由举重训练，运动员都需要完成整个动作。但在等长抗阻训练中，运动员需要在动作幅度的最大点处做起始准备，接着使用肌肉骨骼系统完成整个动作。

相较于举重器械训练和自由举重训练，等长抗阻训练的一种变化是，在动作的某个特定角度或位置静止不动，对抗阻力（负重或不负重）。比如，运动员可以将重物放在地面上，然后使身体平行于地面，接着保持这个姿势不变，并停留任意时间。

另一种变化是在运动方向改变时，在最佳姿势处停止动作，以获得最大限度的力。因为这一姿势可以重复进行（如重新使用同一姿势使身体与地面保持平行），所以可以为运动员进行测试或研究打下基础，如图3.3所示。

变量器械训练

标准的抗阻训练器械设备的重物（一般为金属板）常常会通过缆绳与把手相连。标

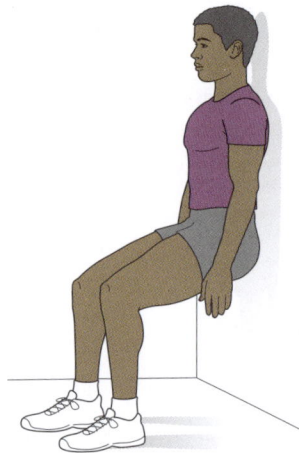

图3.3　等长抗阻训练的深蹲动作，大腿与小腿呈约90度

准的滑轮系统呈弧形，缆绳经过的位置与滑轮的中心呈圆形结构。

通过第2章对解剖学和杠杆系统的介绍可知，人体中最常见的杠杆是三级杠杆。以肱二头肌弯举为例，当运动员使用肱二头肌弯举动作举起哑铃时，杠杆的长度（旋转轴与哑铃的垂直距离）发生了变化。这一距离发生变化，移动哑铃的力的大小也会随着发现

举重器械中的凸轮

很多举重器械中都有外形奇怪的凸轮，如同带有扭曲的轴心的滑轮，它们的形状是由它们服务的特定运动形式决定的。凸轮通常使用绳索或链条与配重片相连。当运动员使用器械时，凸轮会受力扭转。凸轮的扭转会将凸轮的轴心移至与绳索相接处，进而改变半径长度，也改变了举重器械所产生的转矩。因此，在关节呈某些角度时，运动员需要使用的移动重物的力比其他角度所需的力更大。这种可调节的阻力考虑到了人体的特点：在关节呈某些角度时，身体会更加有力和高效。通常来说，带有凸轮的器械是较为高级的举重器械，因为它产生的阻力能够随姿势的改变而改变，这与运动的现实情况相符。

变化。在举重器械训练中，杠杆臂的长度是保持不变的（因为器械中带有弧形的滑轮器械，具有固定的半径或力臂）。为了解决这个问题，一些器械安装了多种滑轮设备或凸轮（详细介绍见本页"体育应用"部分）。凸轮会改变力臂的长短，进而改变移动重物时所需的力的大小。这样的设置更好地反映了运动员在改变姿势时所受的"真正"阻力（Bennett et al., 2009）。

无重抗阻训练

最后一种抗阻训练并没有使用大量的重物和随之带来的重力来产生阻力，而是使用了另外的器械形式。常见的有液压训练器械（如图3.4所示）、气压训练器械以及手动制动器。在以上情况中，器械会在训练过程中对运动员施加阻力。

- 液压训练器械带有液压油缸。当运动员试图在器械内抽动或移动缸内液体时，内口的尺寸会被减小，进而产生阻力。
- 气压训练器械与液压训练器械的原理相似，但是气压训练器械用于产生阻

力的物质是空气。由于这样的特点，气压训练器械所产生的阻力通常会比液压训练器械所产生的阻力更小。但是，如果器械出现任何破损或泄漏，漏出的物质仅仅是空气，而不是难以清洁的油。

- 手动制动器使用了一种类似于汽车离合器或制动器的设备来对运动员进行抗阻训练。这样的阻力或制动产生的力是可以改变的。

抗阻训练中的力学

- 在抗阻训练中，我们可以改变力学优势（或劣势），进而对运动员增加负重（或阻力）。
- 产生阻力的设备可分为举重器械、自由举重器械、等长抗阻器械、变量器械和无重抗阻器械。
- 大部分器械（举重器械、自由举重器械、等长抗阻器械）中的阻力都来自重力。

图3.4 液压训练器械
[图中设备为AeroStrength的液压健身设备]

运动生物力学的评估

本章的最后一部分对人体动作的描述和运动生物力学在抗阻训练中的应用等内容进行了整合，若想得到结果，则需要进行运动生物力学评估。如何准确地对运动学、动力学或阻力的影响进行评估呢（Fulton et al., 2009）？这一部分会对运动生物力学评估的关键条件进行探讨，读者可以在接下来的几章中进行应用。

现代科技为世界带来了多种设备和工具，这些设备和工具都可用于运动生物力学测量和评估。但是，我们不能盲目地相信电子设备带来的数字和质量测评结果，它们并不是完全可信的。学习运动生物力学的学生需要不断接触新科技，因为它们可以带来全新的知识。但是，学生也需要对使用新科技进行的测量评估结果有自己的判断。

为何要对运动进行评估

正如第1章中提到的那样，运动员所期望的成果是描述和评估运动生物力学现象。运动员需要问自己，我所需要的是通过数字描述得出的定量结果，还是通过对运动表现进行描述得出的定性结果呢？

另一种分辨两种评估方式的方法是，将定量评估看作一种测量方式，而将定性评估看作一种评价方式。尽管它们的形式有所不同，但它们评估的结果都是有效且可靠的（Clark et al., 2009）。运动员需要在运动中进行评估可能有很多种原因。

- 最常见的进行评估的原因是为了对现阶段的运动表现水平（或是运动的某个特定方面）进行描述。这样的信息可以为教练和运动科学家提供有价值的反馈，以了解训练的成效——让教

体育应用

评估方式带来的结果差异

若想知道运动员运动中的表现是怎样的或某个目标是如何达成的,首先需要进行准确可靠的评估。几乎每一个高强度的体育项目都会定期对运动员的表现进行评估,比如定期对排球运动员的垂直跳跃高度、网球运动员的反应时长、橄榄球运动员的最大仰卧推举成绩进行评估。这些评估可以为运动员的身体状态提供有用的反馈,进而反映出现阶段训练项目的成效。这些通过定期评估得到的知识还可以用于监测损伤康复项目的进程。比如,当运动员在训练中达到了之前的成绩,就说明他已经能够参与竞赛活动了。另外,定期的评估还可以在搜寻或招募新的运动员时,作为筛选精英运动员的工具。但最关键的是运动员和教练要对评估结果有自己的判断,以确保评估结果的效度和信度。

练了解这样的训练方式是否有效以及运动员的运动表现是否得到了改善。

- 对优秀运动员的运动表现进行描述时各有不同,因为还要试图了解他们是如何达到现有成绩的。而这些评估可以帮助运动员未来在运动中设定恰当的目标。

- 对运动的评估还可以指出为什么会产生某种运动损伤,或为什么某种损伤会经常发生。

- 对运动进行相关且可靠的评估可以预测运动员的潜力。这些评估可以对运动员未来取得某种成绩提供分析框架。

评估的准确性

由于本书的主题是运动生物力学,而运动生物力学的应用过程大多为定量过程,因此本书将主要对定量评估的准确性进行探讨。

关于运动表现的高效性的知识,可以用于描述体育表现的质量或对体育表现进行测评。两个关键的问题定义了评估的效度和信度。

- 评估数据是否与变量相关?这个问题指出了评估的效度。

- 评估是否可以在重复进行的情况下提供不变的结果?这个问题指出了评估的信度。

评估的标准各自独立,也就是说,一项评估可能是可靠但无效的,也可能是有效但不可靠的。

实际上,一个有效的评估需要对目标变量进行评测。运动生物力学中的一个例子就是跳跃高度评估的效度。评测高度的常用方法是使用尺子或测距仪进行测量。为了确保这些方法得到的结果都是有效的,需要对工具进行校准或将其与标准设备进行比较。这种校准会确保所测的高度是准确的。

为了确保评估的信度，测量设备需保证每次测量得到的结果相同。运动生物力学中的例子是用体重称多次测量体重。每次称重得到的结果都应是可靠的。然而，如果体重秤带有偏差，它依然可能产出可靠的数据，但是评估结果将是无效的，无法使用。

知识小结

运动生物力学评估

- 最常见的进行评估的原因是对现有运动表现水平进行描述，对运动员的潜力进行预测。
- 有效的评估结果是与目标变量相关的。
- 可靠的评估结果是在重复测量的情况下得到恒定不变的结果。

本章小结

- 运动学对运动进行描述，也就是描述事物如何移动。
- 动力学对产生动作的力，或是在运动中产生的力进行描述。
- 在体育运动中，线性运动和角运动的混合体是最常见的。
- 线性运动是动作轨迹呈直线的运动。
- 静态力学描述了以稳定状态运动的动作。
- 动态力学描述了运动状态不断改变的动作。
- 体育训练中最常见的应用运动生物力学的例子是抗阻训练。
- 力量训练和调节训练项目的起始点常是举重器械训练。
- 在进行自由举重训练时，运动员可以根据自身需求自由地向任意方向移动重物。
- 等长抗阻训练需要运动员在特定的角度或姿势停止动作，保持阻力。
- 变量器械中的凸轮可以改变力臂的长度，进而改变移动重物所需的力的大小。
- 一些器械可以使用其他的形式产生阻力。常见的形式有液压、气压和手动制动。
- 所有的评估结果都需要具有效度，也就是与目标变量相关。
- 可靠的评估是指在重复的测量中可以得到相同的测量结果。

关键术语

角运动	线性运动
生物力学	压力
动态力学	定量
力	定性
一般运动	信度
运动学	抗阻训练
动力学	力量

监测员	平移
静态力学	效度

参考文献

Bennett, J., M. Sayers, and B. Burkett. 2009. "The Impact of Lower Extremity Mass and Inertia Manipulation on Sprint Kinematics." *Journal of Strength and Conditioning Research* 23(9): 2542–2547.

Clark, R., A. Bryant, Y. Pua, P. McCrory, K. Bennell, and M. Hunt. 2009. "Validity and Reliability of the Nintendo Wii Balance Board for Assessment of Standing Balance." *Gait and Posture* 31(3): 307–310.

Fulton, S. K., D. B. Pyne, and B. Burkett. 2009. "Validity and Reliability of Kick Count and Rate in Freestyle Using Inertial Sensor Technology." *Journal of Sport Sciences* 27(10): 1051–1058.

Timmerman, E., J. De Water, K. Kachel, M. Reid, D. Farrow, and G. Savelsbergh. 2015. "The Effect of Equipment Scaling on Children's Sport Performance: The Case for Tennis." *Journal of Sports Sciences* 33 (10): 1093–1100.

Tolfrey, V., B. Mason, and B. Burkett. 2012. "The Role of the Velocometer as an Innovative Tool for Paralympic Coaches to Understand Wheelchair Sporting Training and Interventions to Help Optimise Performance." *Sports Technology* 5(1–2): 20–28.

Walsh, J., J. Quinlan, R. Stapleton, D. FitzPatrick, and D. McCormack. 2007. "Three-Dimensional Motion Analysis of the Lumbar Spine During 'Free Squat' Weight Lift Training." *American Journal of Sports Medicine* 35(6): 927–932.

第 4 章

线性运动

本章将对以下知识进行介绍

- 影响物体或运动员的加速度的因素。
- 评估线性运动的方法（速度、速率和加速度）。
- 抛物线运动。
- 影响抛物线运动的因素。

本书在前面对解剖学和运动生物力学的基础原理进行了讲解，现在对构成运动生物力学的关键部分的细节进行进一步介绍。首先介绍的是线性运动。本章将对第2章和第3章中讲解过的力学原理加以应用。在学习力学的相关原理时，读者可以发现这些原理之间的相互关系。同样重要的是，读者可以了解运动员在完成体育运动时，每个动作或多个动作中涉及的多个力学原理。好的运动技巧是对力学原理的合理运用。下面，我们来看一看当运动员利用肌肉发力（解剖学基础）来移动球棒和球等物体（力学基础）时会发生什么。本章会首先对用于描述线性运动的标准术语进行介绍。

线性运动的评估（速率、速度和加速度）

重力和重量这两个名词常常会被互换使用，但这样的互换有时是错误的，同样的情况也存在于速率和速度当中。虽然速度和速率这两个词都用于描述物体移动的快慢，但它们的定义存在着一定的差异。速率是描述物体移动快慢的标量，通常由移动距离除以移动所用时间得到，但是速率没有指出运动的方向。而速度是矢量，它由通过物体的位移除以位移所用时间得到。

如果一名优秀的短跑运动员用10秒完成了100米短跑，就可以得知他的移动距离为100米，移动时间为10秒。由此可以计算出该运动员的平均速率，也就是100米除以10秒，

等于10米/秒，或者说36千米/时。

当在直线赛道上完成100米跑时，由于移动轨迹是连续的直线，运动员的位移同样是100米。因此，在这一情况下，速率和速度的计算是相同的。但是，在一些情况下，物体移动的方向是计算的必备条件（如朝北或朝南，正或负）。在这种情况下，用速度来描述运动就更合适。在踢球时，计算球飞起时移动的快慢需要进行如下步骤。

- 计算球在水平方向上的移动快慢（以水平地面为准）。
- 计算球在垂直方向上的移动快慢（以垂直方向为准）。
- 或是计算球本身的移动快慢，也就是对两个方向上的速度形成的合力进行计算（即水平方向和垂直方向的速度形成的合力）。
- 在计算球在水平方向和垂直方向中的移动快慢时，计算的是速度，而非速率。

短跑运动员完成100米跑的平均速度是36千米/时。这个数字既没有体现出这名运动员的最快速度（可能高达42千米/时），也没有体现出运动员在这一过程中的加速度，也就是速度的变化程度（Lee et al., 2010）。

短跑运动员完成100米跑的平均速度是36千米/时，但在竞赛的不同阶段的速度是快于或慢于这一速度的。这是为什么呢？因为在刚刚离开出发点时，运动员在逐渐加速，此时的速度小于36千米/时。接着运动员的速度会在某个时刻超过36千米/时，最终平

均速度为36千米/时。

　　每名运动员的加速度的值都各不相同。有的运动员可以快速提速，这是因为他在运动刚开始的那段时间中具有极大的加速度。在那之后，运动员加速度的值会有所下降，在中后段他们甚至可能处于减速的过程中。曾获奥林匹克运动会多个田径项目冠军的卡尔·刘易斯（Carl Lewis）参加100米跑的比赛时，在70米处依然能够处于加速状态。

- 卡尔·刘易斯的跑步技巧是在出发时采用比对手低的加速度起跑，但是他的加速度会比对手维持更长的时间。

- 在最后的30米内，刘易斯会不断超越已经开始松懈的对手（比如由于疲惫而破坏了跑步姿势的选手），接着再进行减速。

　　在400米跑步竞赛中，运动生物力学将赛程分为8个50米的距离来进行更加准确的速度计算。奥林匹克运动会冠军迈克尔·约翰逊（Michael Johnson）在1999年以43.18秒的成绩创造了400米跑的世界纪录，其速度档案如图4.1所示（这一世界纪录直到2016年在里约热内卢奥运会中被打破）。迈克尔·约翰逊在150米处会达到最大速度，他与对手的最大区别是他每50米的降速程度更小。

　　运动员在减小加速度时，他的运动速度仍然在增加。只要加速度大于零，即使其数值很小，速度也会处于增加状态（因为加速度会使速度发生改变）。如果出现加速度小于零的情况，那么速度就会开始降低。运动员速度的增加和减少由加速度决定。

　　数值恒定不变的加速度意味着运动员或移动物体在进行恒定加速度或恒定减速度运动。一个恒定加速度的例子为，冬季奥林匹克运动会中，4人雪橇滑行项目的运动员顺着轨道向下滑，在第1秒速度提升至4.6米/秒，

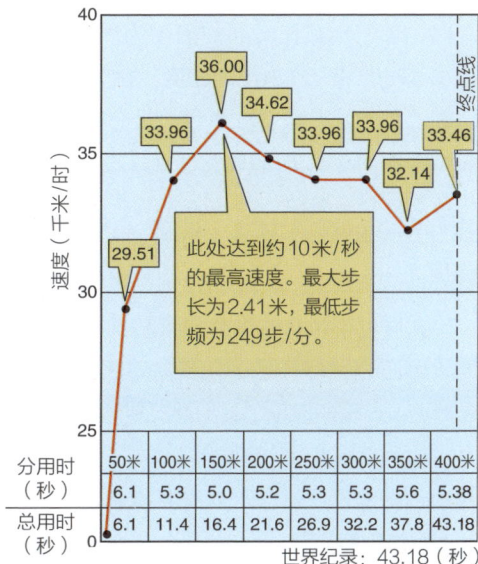

图4.1 迈克尔·约翰逊的400米世界纪录速度档案

在第2秒速度提升至9.2米/秒，在第3秒速度提升至13.8米/秒。

- 雪橇在移动的每一秒中，都在以恒定的4.6米/秒^{2}的加速度进行提速。

- 在描述加速度时，需使用一个距离单位和两个时间单位。这意味着速度的改变速率，即速度在每一秒中的增加值。

- 如果雪橇以恒定的加速度进行减速，也会发生同样的情况——速度以恒定的速率不断降低。

　　恒定加速度在体育项目中并不常见。运动员（或球、标枪等物体）在移动时，受到的力会不断改变，包括来自对手的力和空气阻力等多个力，这会导致他们的加速度随之改变，或者说不恒定。恒定加速度的最佳的例子就是短途的飞行动作，如跳高、跳远、跳水、蹦床和体操中的动作。

　　在这些情况中，空气阻力已经被尽可能降低，因此可以忽略不计。重力使跳水运动员在上升过程中以−9.8米/秒^{2}的加速度减速，

接着在下降过程中以9.8米/秒²的加速度加速。有时，我们称减速时的加速度为**负加速度**，称加速时的加速度为**正加速度**。在9.8米/秒²前加上负号就意味着跳水运动员在空中上升时正以9.8米/秒²的加速度进行减速运动。

线性运动的评估方法（速率、速度和加速度）

速度仅由位移除以时间得到，对线性运动（如100米短跑）的评估只需测量运动距离和时间。所需的简单工具为卷尺和秒表，用测量运动距离和运动时间得到的结果，就可以计算出运动的速度。对于分段测量来说，比如100米中的每10米，测量得到的数字可以被制作成表格，因为它们所使用的计算方式都是相同的，如表4.1所示（此处只展示前50米的数据）。

- 在第1列中，首先对距离区间进行说明，比如每10米。
- 在第2列中，对运动员经过该区间时的已用总时间进行说明。
- 通过前两列的数据，可以计算得出后面几列的数据。第3列是在10米区间内的所用时间的变化，也就是分段时间。
- 第4列为速度，由距离（10米）除以分段时间得到。

- 第5列，该区间所得速度与上一个区间所得速度的差别。
- 第6列为加速度，由速度变化除以分段时间得到。

速度的计算可以针对运动员的整个身体或是某个身体部位，如腿部。在100米跑中，运动员的不同身体部位会以不同的速度进行运动。比如，运动员的腹部（通常为运动员身体的重心）会以较为恒定的速度运动，而手臂或腿部会在每一步中以更快或更慢的速度运动。因此，我们可以将身体视为一个整体并计算整个身体的速度，或是对某个身体部位进行计算，比如对腿部在运动时的速度进行计算。

评估线性速度的现代科技

现代科技日新月异，尤其是在电子和网络领域，运动生物力学可以对这些科技加以利用，对**线性速度**进行全自动或半自动的评估。门式计时器是可利用的科技发明之一，它使用激光或红外线完成反射标记识别（Barris and Button, 2008），当跑步者通过光束时，门式计时器的内部秒表会自动记录跑步者的运动用时。操作步骤为使用卷尺测量距离，将门式计时器摆放在准确位置，进而保证在正确的距离下对速度进行测量。跑步者在穿过每道

表4.1 线性运动评估表

距离 （米）	时间 （秒）	分段时间 （秒）	速度 （米/秒）	速度变化 （米/秒）	加速度 （米/秒²）
第1个10米	2.05	2.05	4.87	4.87	2.38
第2个10米	3.26	1.21	8.26	3.39	2.80
第3个10米	4.42	1.16	8.62	0.36	0.31
第4个10米	5.49	1.07	9.35	0.73	0.68
第5个10米	6.61	1.12	8.93	-0.42	-0.38

注：测量前两列数据后，计算得出其他列数据。

门时，门式计时器的秒表就会自动停止，并迅速计算出经过的用时。并且，门式计时器的内部系统会得出与表中数据结构相似的结果，注明计算得到的距离除以用时的结果，也就是速率或速度。

其他使用现代科技计算速度的例子，是使用智能手机中的应用程序来计算速度。使用这些程序计算速度的流程和门式计时器的流程相似，也就是在已知的距离中对运动员的用时进行测量，接着计算得出运动速率或速度（Stamm et al., 2013）。这些设备或系统都使用相同的基础流程，它们最主要的特点是，这些流程可以全自动完成，并且还可以快速地得到结果。这会使得教练的训练任务或对人体表现的监测更加轻松。这些设备通常会用于团队体育项目中，因为自动的速率或速度计算可以节约许多人工计算的时间，进而降低人工计算失误的可能性。

最好的办法是用激光设备进行运动研究，它可以提供运动员或被测物体在运动过程中的速度和运动距离等信息。激光设备还可以计算出棒球离开发球手的手时的速度或是棒球被球棒击打瞬间的速度。现代设备测量出的数据非常精准，这些设备还可以测量出短跑运动员加速时的距离。除此之外，还可以测出运动员保持某一速度运动的距离和运动员减速的程度。

线性运动的产生

如果物体想要进行移动或保持稳定，就需要力的作用。也就是说，力可以使物体进行移动或是保持稳定。这里的力是指什么呢？

—— 体育应用 ——

运动中的速率、速度和加速度

对运动员的速度和加速度进行评估，是运动中最为常见也最为重要的评估方式，因为速度对判断运动员的运动表现和将运动员的成绩与对手成绩进行对比具有十分重要的价值。计算人体或物体的运动速率和运动方向时，需要对距离和时间进行准确的测量。在训练中，教练常常会使用一些测试来测量运动员的运动距离和时间，比如30米短跑训练。在较小的距离区间内对运动员的运动能力进行评估，通过评估，教练可以得知运动员速度较快的位置和开始减速的位置。在计算出速度后，就可以计算出加速度。在体育项目中，加速度（速度改变的速率）往往是区分普通运动员和优秀运动员的关键因素。基于得到的信息，教练可以为运动员选择合适的训练内容。比如，教练得知运动员在30米内达到了一定的速度，则技术和力量训练可以提高到适当匹配这个速度的程度。

人们无法用肉眼看到力，但是可以看到和感受到它带来的影响。推力和拉力可以改变物体的形状或运动的状态，或者使物体具有运动趋势。这里的"运动趋势"又是什么意思呢？以下是相关示例。

试想，一名举重运动员试着垂直地将杠铃从地面抬起，那么他需要弯腰拉动杠铃。如果他的拉力足够大，杠铃会向上升起。但是如果他的拉力不足以拉起杠铃呢？这时，就可以说运动员使杠铃具有了运动趋势。与完全不对其施加拉力相比，具有运动趋势这一状态更加接近于物体的移动状态。

如果此时另一名运动员在原先运动员施力的同一个方向施力，那么二者施加的力量的和也许就可以将杠铃从地上抬起。此时，由第1名运动员引发的运动趋势在第2名运动员的帮助下被转化为了实际运动——杠铃发生了移动。如果第2名运动员向侧面而非向上施力，情况将会有所不同。

运动员在进行运动时，主要通过收缩肌肉来产生内部力量，进而引起外部移动。肌肉的收缩会拉动肌腱，进而拉动骨骼。运动员所产生的力需要与重力或地面反作用力、摩擦力、空气阻力、与对手接触时受到的力等外力相抗衡。接下来我们将对相关知识进行更加详细的介绍。

力的向量

在上文讨论过的举重示例中，我们设想了两名举重运动员合力抬起了杠铃，他们的力合在一起，成了方向一致的合力。当所施加的力的方向和大小已知时，力的方向和大小的组合称为力的向量。在举重运动员的例子中，使杠铃移动所施加的合力是垂直方向上的向量。

在力学中，力的向量常常用箭头来表示。箭头指向的方向就是力的作用方向，箭头的长度就是力的大小。以举重运动员为例，如果一名运动员施加垂直的力而另一名运动员施加水平的力，所得到的结果会是杠杆向侧上方抬起。根据每名运动员施加的力的大小，杠铃会朝向所得合力的向量方向进行运动，注意此处合力的向量是向不同方向拉动杠铃的两力之和。

图4.2展示了两名运动员共同对重物施加拉力的画面，说明了在同一物体上施加两个不同方向的力的结果。运动员A在垂直方向上施加了10个单位的力，运动员B在水平方向上施加了10个单位的力。箭头a的长度代表了10个单位的力，箭头b的长度也代表了10个单位的力。

图4.2所示的图形为对边相等、对角相等的正方形。在该例子中，正方形的每条边长都为10厘米，每个角的角度都为90度。对角线c为合力向量，也就是运动员A和运动员B施加的力组合所得的合力。经过精确的计算可得，c的长度为14.14个单位，代表着

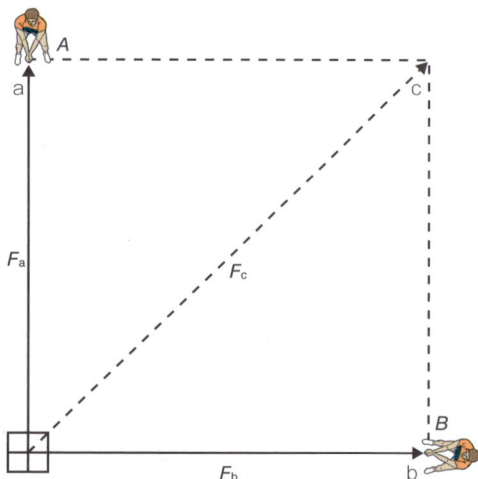

图4.2　力的正方形。F_a为运动员在垂直方向施加的力；F_b为运动员在水平方向施加的力；F_c为二者的合力

———体育应用——————

运动中的力和力的向量

力可以改变运动员或目标物体的运动状态。虽然人们无法用肉眼看到力，但是对于运动来说，力是不可或缺的。比如，当运动员向篮筐投篮球时，运动员自身的肌肉骨骼所产生的力的总和会使手臂产生动作，而手臂的动作会使篮球被投向篮筐。这些力可以被拆分为常见的向量，比如指向篮筐的水平方向的力和对抗重力的垂直方向的力。对力和力的向量的理解对于运动表现的分析，以及判断是否需要进行动作的修改来说非常必要。当运动员进行投球时，如果投的球不够远，就不足以到达篮筐，这说明运动员需要增大水平方向的力；如果投的球不够高，则说明运动员需要增大垂直方向的力。

合力大小为 14.14 个单位。这也意味着角度为 45 度的、大小为 14.14 个单位的力可以被拆分为两个力：垂直方向的 10 个单位的力 F_a 和水平方向的 10 个单位的力 F_b。如果想要探究对同一物体施加的几个不同的力所得的合力，我们需要知道相关力的数量、每个力的大小和每个力的方向。

这种力的组合可以运用到实践中，人体内部的力也需要通过整合才能得到最终的动作模式。人体的肌肉骨骼系统由复杂的骨骼和肌肉结构组成，当这些内部的力量以理想形式进行运动时，所得到的结果即是形成外部可见的动作。根据解剖肢体的结构来看，这些内部力可以分成垂直方向和水平方向的力，如图 4.3a 所示；或作为单一力，如图 4.3b

所示。

运动员常常会在运动中使用合力，进而得到理想的结果。优秀的足球运动员可以根据经验得知足球运动特定距离所需要的时长，他们还需要估计队伍前锋冲进空位时的速度。运动员进行前场传球时需要考虑几个因素：风向、风力和前锋的跑步速度。如果运动员使用大小合适的力使足球沿正确轨迹进行运动，就可以使足球落至全速奔跑的前锋脚下。

同样的原理还适用于棒球运动员传球给穿越场地的接球手，或是篮球运动员试着向队友传球等情况。在这些情况下，传球者需要在脑海中完成一次用力分析，以确保球可以在队友到达某个位置的同时到达。

运动员在完成运动动作时，通常使用了

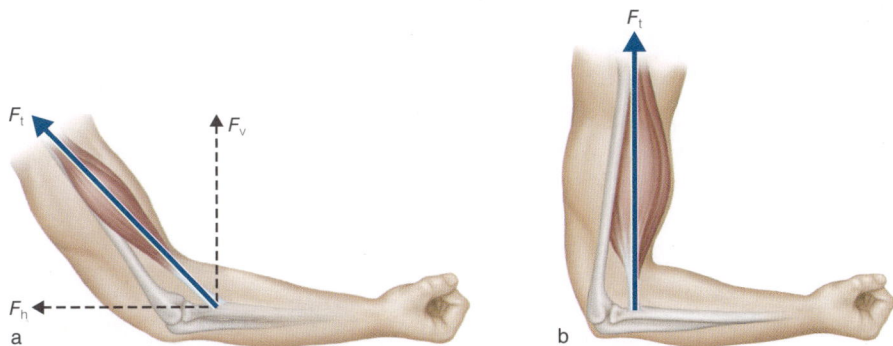

图 4.3 肘关节的力的向量。a. 垂直和水平方向的力；b. 垂直方向的力。F_t 是肌肉产生的转矩力

[源自：S. J. Hall, *Basic Biomechanics*, 4th ed. (Boston: McGraw-Hill, 2003), 166.]

多种力。在推铅球这一动作中，这些力又是如何运作的呢？试想一名优秀的运动员正在推动铅球，其通常会使铅球与水平面大约成42度角抛出。为了确保铅球出手后能够到达一定的高度，运动员必须在相应的方向上施加力量。因此，运动员需要在垂直方向上施加力（但不是全部力量）；为了使铅球水平移动，运动员也必须在水平方向上施加力。水平方向的力与垂直方向的力的合力会使铅球获得角度为42度的运动轨迹。

由此可见，推铅球的运动员不能将所有的力完全施加在垂直或水平方向上。如果运动员将全部的力施加在垂直方向上，铅球的运动轨迹将会垂直向上，接着垂直向下。这种结果并不是铅球竞赛所需要的，竞赛需要的是尽可能长的水平运动距离。但是，如果运动员将全部的力施加在水平方向上，铅球会在达到理想距离之前就落地。理想的铅球运动轨迹是水平角度和垂直角度之间的轨迹，或者说是两种力的合力作用下的运动轨迹。

飞行过程中，重力会对铅球施加向下的拉力。重力所对抗的是运动员在垂直角度上施加的力。重力并不会与水平角度上的力的向量产生任何关联。除了重力，空气阻力也会对铅球的运动产生阻力。这些力彼此之间的对抗结果就是铅球的运动距离，如图4.4所示。

抛体的线性运动

在许多运动中，运动员（或物体）会经过抛射后被接住、落地或落入水中。在类似跳台滑雪、蹦床、秋千和跳水一类的运动项目中，运动员自身就是被抛射的目标（抛体）。而在类似高尔夫球、篮球、棒球和标枪等运动项目中，物体会在进行空中飞行之后落地或被其他运动设备接住。这些运动都需要运动员对飞行轨迹进行预估、控制和改变。理解运动的关键在于对动作的预测判断。当篮球运动员向篮筐投球时，运动员的内部力量完成了动作，而出手后篮球处于空中，外部的力会作用于篮球，使其进行抛物线运动。以下是一些其他的相关示例。

● 弓箭手摆好弓的角度并向后拉动弓弦，

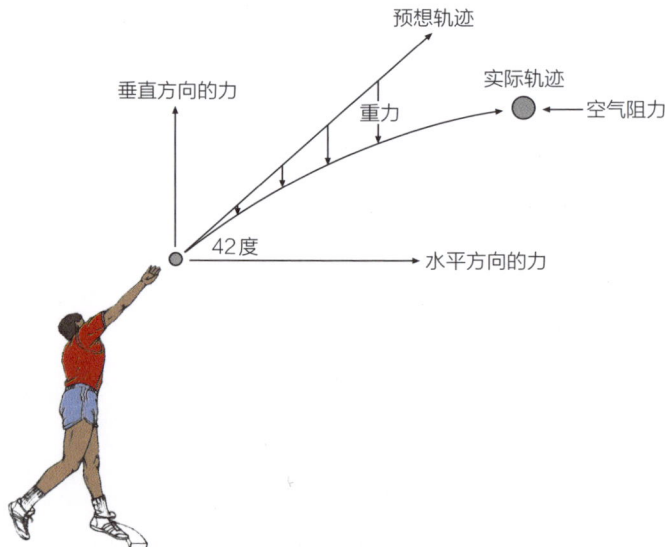

图4.4 影响铅球运动轨迹的力

以确保弓箭会获得恰当的力，并通过抛物线运动射中靶心。

- 跳高运动员（作为抛体）跳高时需要考虑跳跃的高度、冲刺距离和扭转程度，只有把握好这三者，才能通过抛物线运动越过标杆。
- 跳水选手（作为抛体）需要找到合适的飞行轨迹，为自己获取充分的空中运动时间，用来完成所需的技术动作以及尽可能无水花的落水动作。
- 守门员会对足球或冰球的速度和飞行轨迹进行预估（此时足球或冰球是抛体），进而完成救球动作（此时守门员是抛体）。
- 网球运动员会尽量使网球（作为抛体）落在指定区域，且尽量使对手无法成功接球。

在包含飞行动作的运动中，一些带有方向的力会对飞行轨迹产生影响。在跳跃运动中，运动员会以某个角度起跳；在棒球运动中，投球、扔球或击球时会使棒球获得某个运动角度。最后，还需要考虑运动员跃起的高度或棒球被扔起或击打的高度，如图4.5所示。

抛体轨迹

如果想要知道这些因素之间的关系，可以对棒球的飞行运动进行分析（Kageyama et al., 2014）。首先，我们除去重力和空气阻力，让投手以与水平方向呈35度的角度向上抛掷棒球。为了产生35度角的运动轨迹，投手在水平方向施加的力必须略大于在垂直方向施加的力。在重力和空气阻力忽略不计的情况下，掷出的棒球会无限地向上飞行，并且保持在发球瞬间所获得的初速度。

在现实生活中，众所周知，重力（将在第7章进行讲解）会对抛体（也就是上例中的

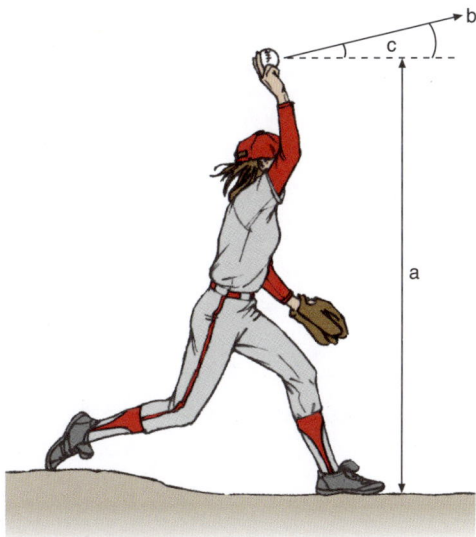

图4.5　a. 棒球投手的高度；b. 以特定速度发球；c. 从特定角度发球
[源自：S. J. Hall, *Basic Biomechanics*, 2nd ed. (Boston: McGrawHill, 1995), 313.]

棒球）施加向下的力，在不考虑扭转力的情况下，空气阻力在球体上升和下降的过程中会与向前的力产生对抗。

- 重力和空气阻力改变了棒球的运动轨迹。投手以35度的角度抛出棒球，棒球完成弧形的飞行路径后，会升至某个高度，接着呈弧形落至地面。
- 重力会与棒球受到的向上的力产生对抗。最终，重力停止了棒球的向上运动，并改变了棒球的运动轨迹。因此，棒球落回了地面。
- 要记住，重力是垂直指向地面的拉力，并不会对水平方向的力产生影响。重力仅会与垂直方向的力产生对抗。

影响抛体的线性运动的3个关键因素如下。

1. 释放角度。
2. 释放速度。
3. 释放高度。

线性运动的产生

- 运动时，运动员会收缩肌肉产生内部力量，进而产生外部动作。
- 影响抛体的线性运动的3个关键因素为释放角度、释放速度和释放高度。
- 理解运动时的关键且微小的差异，进而对动作进行预测判断。判断运动员是通过产生内部力量来完成外部抛射动作的，还是运动员本身就是抛体呢？

下面将对这3个因素进行介绍，说明释放角度、释放速度和释放高度合并起来，会对抛体（如棒球或标枪）在空中的运动距离（或范围）产生怎样的影响。使抛体进行线性运动的必要条件是运动员施加的力（Liu et al., 2010）。

释放角度

当投手投掷棒球时，棒球飞行轨迹的形状由球离手时的角度决定，而投手投掷棒球时的速度会决定棒球飞行轨迹的长短。因此，棒球飞行轨迹的形状各不相同。如果除去空气阻力，棒球的飞行轨迹将会分为以下3种。

1. 如果投手垂直向上抛掷棒球，棒球将会垂直向上运动，接着重力会将棒球垂直向下拉，棒球的飞行轨迹将会是一条直线。重力在棒球向上运动时会降低运动速度，在棒球向下运动时会增加运动速度。

2. 如果投手以与水平面形成的某个角度抛掷棒球，并且该角度大于45度（更接近垂直方向），则棒球会形成高度大于距离的飞行轨迹。

3. 如果投手以小于45度的角度抛掷棒球（更接近水平方向），棒球的飞行轨迹会长而低，即运动的距离大于高度。

释放速度

如果物体的释放速度是多变的，会发生什么情况呢？如果投手向上抛掷棒球，不断增加的释放速度一定会使棒球飞得越来越高。当释放速度不断增加时，飞行轨迹的顶点（最高点）也会升高。同样的原理也适用于垂直跳跃运动：运动员的释放速度越快，跳跃的高度就越高。这些情况下，运动员在释放时产生速度的能力是人体运动与力学机制的共同结果（Southard, 2009）。当投手以某个角度抛掷棒球时，棒球释放速度的增加不仅会增加运动高度，还会增加运动的距离。

释放高度

第3个影响飞行轨迹的因素是释放高度。

体育应用

体育项目中的运动和抛物线运动

体育项目中的运动分为线性运动、角运动及一般运动。这样的分类可以使人们正确地计算运动的相关量。比如，描述100米短跑运动员的线性速度（运动员以直线跑完100米的速度）的单位是米/秒，描述运动员大腿部位的角速度（运动员大腿绕髋关节扭转的速度）的单位是弧度/秒，有时使用度/秒，1弧度约为57.3度。这是两种不同的计量方式，但对于体育运动来说，二者都必不可少。如果运动员或目标物在空中运动，即进行抛物线运动，其飞行轨迹将由释放角度、释放速度和释放高度决定。

- 高尔夫球运动员常常会在平地上击打高尔夫球，高尔夫球则常常会落在另一个水平面的球道或草地上。
- 棒球投手和击球员在高于地面的位置对棒球进行投掷和击打。
- 在田径项目中，铅球运动员会在肩部以上的位置完成掷球动作，否则铅球会落在较近的地面上。有些运动员的身高要高于其他运动员，因此较高的身高会增加释放高度。

如果铅球运动员站在水平地面上掷铅球，那么45度将会是最佳的释放铅球的角度，这样可以使铅球的运动距离最长。这是因为运动员在水平和垂直方向施加了同样大小的力。垂直方向的力对抗向下的重力。但是，当运动员在高于水平地面的位置掷铅球时，运动员必须减小释放铅球的角度，以小于45度的角度释放铅球，这样才能使铅球的运动距离最长。

优秀的运动员会以35度至42度的角度直接掷出铅球，如图4.4所示。与跳台滑雪运动员的释放角度相比，这样的释放角度是比较大的。我们可以试想跳台滑雪运动员的运动：运动员本身和铅球一样，是抛物线运动中的抛体，二者都需要在空中运动，且都希望达到尽可能远的运动距离。跳台滑雪运动员从坡道上出发，最终落在斜向下的平面上，与铅球的飞行轨迹相似。因此，跳台滑雪运动员会以接近水平的角度出发。

跳远运动员从地面起跳，想要获得尽可能远的运动距离。很多人会认为，他们的起跳角度应该为45度，但事实并非如此。这些运动员的起跳角度实际在20度至22度，如图4.6所示，甚至小于三级跳运动员的起跳角度。如果使用45度的起跳角度，跳远运动员的运动速度会大大降低。

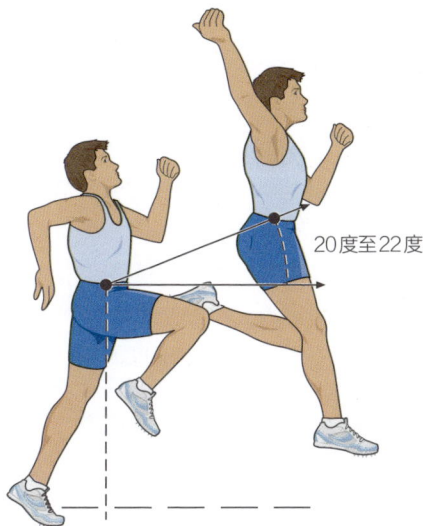

20度至22度

图4.6　跳远运动中的起跳角度

[源自：E. Kreighbaum and K. Barthels, *Biomechanics: A Qualitative Approach for Studying Human Movement*, 3rd ed. (Upper Saddle River, NJ: Pearson Education, 1990), 394.]

- 跳远运动员都不想降低起跳速度，因为降低起跳速度会大大地缩短跳远距离。因此，跳远运动员需要在起跳速度和起跳角度之间进行平衡。
- 在跳远运动中，速度是更为重要的因素，因此，起跳角度从45度降至了20

知识小结
空中运动

- 在很多体育项目中，物体（或运动员）会被抛射或弹入空中。其运动轨迹由释放速度、释放高度和释放角度决定。
- 被重力和空气阻力影响后的力会决定物体（或运动员）最终的飞行轨迹。
- 忽略空气阻力的情况下，在水平地面上开始的运动，45度的释放角度会使抛体获得最长的运动距离。当物体从高于水平地面的位置被抛射时，小于45度的释放角度会使抛体获得最长的运动距离。

度至22度。

释放速度、释放高度和释放角度是相互联系的，改变一种因素会引发其他因素的改变，同时还需要考虑空气动力和环境因素。比如，掷标枪和铁饼的运动成绩会受风向和风力影响。以有利角度吹动的速度（对于掷铁饼来说，大约为24千米/小时至32千米/小时）合适的风可以大大地增加运动员的抛掷距离；在逆风情况下，运动员不仅需要改变释放角度，还需要根据风向情况放低铁饼的前部边缘。铁饼的前部边缘与空气流动的相关角度被称为**攻角**，第7章将对这一概念进行更加详细的讲解。如果攻角过大，铁饼的飞行速度过慢，飞行距离将会大大缩短。在第10章中，我们将会对空气动力因素和它对铁饼、标枪、棒球和跳台滑雪运动员等的飞行运动的影响进行更深入的探讨。

本章小结

- 速率是表明物体移动的快慢程度的定量速度，由运动距离或长度除以所用时间得到。但是，速率并不包含运动方向。
- 速度由位移除以所用时间得到。
- 我们可以对整体（比如跑步运动员的整个身体）的速度进行计算，或是对运动员身体的单个部分（比如跑步运动员的腿部）的速度进行计算。
- 加速度是速度改变的速率，速度的增加和减小意味着加速度的存在。
- 现代科技可以对线性速度进行全自动或半自动的评估。
- 力的方向和大小的结合体就是力的向量。
- 影响抛体的线性运动的3个关键因素为释放角度、释放速度和释放高度。
- 理解运动时的关键且微小的差异，进而对动作进行预测判断。判断运动员是通过产生内部力量来完成外部抛射动作的，还是运动员本身就是抛体。

关键术语

加速度	正加速度
攻角	抛体
顶点	合力
减速度	合力的向量
力	标量
力的向量	速率
地面反作用力	轨迹
线性运动	恒定加速度
线性速度	恒定减速度
负加速度	速度

参考文献

Barris, S., and C. Button. 2008. "A Review of Vision-Based Motion Analysis in Sport." *Sports Medicine* 38(12): 1025.

Kageyama, M., T. Sugiyama, Y. Takai, H. Kanehisa, and A. Maeda. 2014. "Kinematic and Kinetic Profiles of Trunk and Lower Limbs During Baseball Pitching in Collegiate Pitchers." *Journal of Sports Science and Medicine* 13(4): 742-750.

Lee, J. B., K. J. Sutter, C. D. Askew, and B. J. Burkett. 2010. "Identifying Symmetry in Running Gait Using a Single Inertial Sensor." *Journal of Science and Medicine in Sport* 13(5): 559-563.

Liu, H., S. Leigh, and B. Yu. 2010. "Sequences of Upper and Lower Extremity Motions in Javelin Throwing." *Journal of Sports Sciences* 28(13): 1459-1467.

Southard, D. 2009. "Throwing Pattern: Changes in Timing of Joint Lag According to Age Between and Within Skill Level." *Research Quarterly for Exercise and Sport* 80(2): 213-222.

Stamm, A., D. A. James, B. B. Burkett, R. M. Hagem, and D. V. Thiel. 2013. *Determining Maximum Push-Off Velocity in Swimming Using Accelerometers*. 6th Asia-Pacific Conference on Sports Technology, APCST 2013, Hong Kong.

第 5 章

线性动力学

本章将对以下知识进行介绍

- 线性动力学的基本原理——牛顿定律。
- 运动中的动量和冲量。
- 影响物体或运动员加速度的因素。
- 冲量的含义及其与运动的联系。
- 运动员的某个动作如何引起另一个大小相同、方向相反的动作。
- 动量的含义及物体或运动员得到或失去动量的方式。
- 如何评估运动员的跑步步态。

　　在本章，读者将会学习运动员的质量和重量之间的关系以及惯性的含义。这些基础的评估词语都来自牛顿的三大运动定律，它们构成了运动中的动力学（Frost et al., 2010）。试想一名优秀的短跑运动员正处于出发前的准备状态，发令枪响，运动员从踏板处离开，开始起跑。这时，运动员内部的肌肉力量使他的双腿展开，产生了与踏板对抗的外部力量。当然，踏板与地面是相连的。来自地面的与运动员对抗的反作用力（反推力）与运动员内部肌肉产生的作用力的大小相等，方向相反，如图5.1所示。为了加深读者对这一概念的理解，本章会对线性运动及运动中的动量和冲量进行进一步的讲解。本章的最后部分还会对线性动力学的评估进行介绍，将以上知识应用到实践中。

线性动力学的基本原理

　　在开始讲解本章的内容之前，我们需要对力学原理进行梳理，它们是理解运动生物力学的基础。以下内容是对牛顿三大定律的介绍。

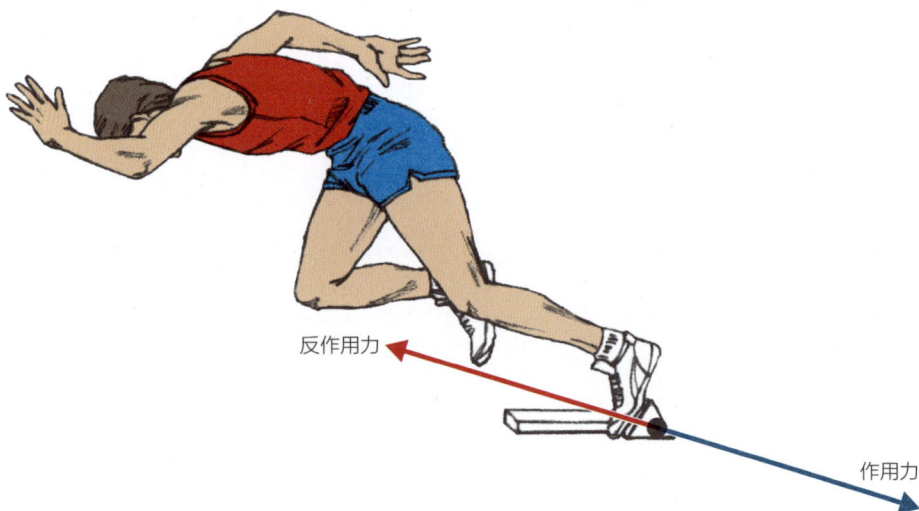

图5.1　起跑时的作用力与反作用力。运动员对踏板施加力，地面（通过踏板）对运动员施加大小相等、方向相反的反作用力

牛顿第一定律：惯性

日常生活中，人们常常使用"惰性"一词来形容反应迟钝的现象。因此，我们也可以认为惰性和懒惰是相互关联的。但在力学中，惰性一词意为惯性，主要是指物体或运动员想要继续运动的倾向。惯性意味着对抗阻力。牛顿第一定律对惯性进行了解释说明。

牛顿第一运动定律认为，如果物体处于静止状态，就会具有保持静止状态的趋势；如果物体正在缓慢地运动，就会具有继续缓慢运动的趋势；如果物体在快速运动，就会具有继续快速运动的趋势；如果目标为正在移动的物体，那么物体的质量将会直接决定物体的惯性大小。

- 一个铅球（7.3千克）和一个网球（56克），抛掷哪一个会更难呢？显然，抛掷铅球会更加困难：物体的质量越大，惯性就越大。

惯性还有另一个重要特征：物体开始移动时，总是倾向于直线运动。它们不愿意进行曲线运动，只有在受到拉力或推力的情况下才会被迫进行曲线运动。投手掷出的球会沿着发球轨迹做直线运动，但是由于空气阻力产生的减速作用和重力产生的向下的拉力，球不能进行直线运动。

运动员体重越重，身体的惯性就越难改变。一名体重为136千克的运动员需要产生巨大的肌肉力量来使身体移动。一旦向某个方向开始移动，运动员就必须再次产生巨大的肌肉力量来停止动作或改变方向。体重较轻的运动员的惯性较小，因此只需要产生较小的力就可以完成移动。同样，体重较轻的运动员在开始运动后，也只需要产生较小的力就可以更改方向或停止动作。

日常生活中存在许多与惯性相关的例子。跨海邮轮有着巨大的质量和惯性，它们需要使用强劲的引擎来移动船体，也需要一段很长的距离来停船和转向。日本的相扑选手，橄榄球运动中的防守队员和进攻队员也是如此。和跨海邮轮一样，这些运动员必须产生巨大的力来移动自己的身体，也需要产生巨大的力来改变运动的方向或移动对手的身体。

牛顿第二定律：加速度

质量意味着物质本身的重量，通常以千克为单位。人们常常会将质量和重量交替使用，但是从科学的角度来看，二者的含义有所不同。如果物体具有物质，并且物质占有空间，那么就可以说物体具有质量。质量是物体所占有的物质的数量。

而重量是物体所含物质的重力，或者说是地心引力对其产生的影响。因此，截至目前的所有研究中，重力带来的加速度（以米/秒^{2}为单位）是恒定不变的（9.8米/秒^2）。重力可由质量乘以重力加速度得到。

- 举例来说，一个质量为100千克的人具有980牛的重力。
- 因此，对于教练、运动员和运动科学家来说，质量是常使用的概念，而重量往往是指质量所形成的力。

当人们说美国职业橄榄球联盟（National Football League，NFL）中的前锋体形健壮或体重极重时，是指这些运动员的体形非常大，且具有很多肌肉、脂肪、体液和其他构成身体的物质（Robbins et al., 2014）。想要在体育项目中展现良好的运动表现的运动员，需要认真地关注自身的质量。略重一些或略轻一些的质量都可能对运动表现产生重大影响。

短跑运动员的加速度与运动员施加的力量大小和力的施加时间成正比，同时也与运动员的质量成反比。

- 因此，如果两名短跑运动员对身体施加了大小相等的力，那么质量较轻的那名运动员会获得更大的加速度。
- 同样，如果两名短跑运动员的身体重量相同，那么，在同一时间段内施力更大的那名运动员将会获得更大的加速度。

这就是**牛顿第二定律**。定律中的公式如下。

$$F = m \cdot a（力 = 质量 \times 加速度）$$

这一计算方式与计算已知质量的物体所受重力的方式相同。

对于运动员来说，关注自身体重意味着对运动员的健康状况进行评估。称体重时得到的数值可以让运动员了解到自己的身体质量。使用体重秤称体重时的一个通用的假设是，当运动员站上体重秤时，体重秤内的弹簧会受到压缩，所得的数字也代表着弹簧压缩的程度。这样的解释没错，但是真正的原理要更加复杂。

从力学角度来看，运动员所受的重力代表着地球向下拉动运动员身体的拉力。称重所得出的数值代表着二者之间存在的拉力或地球对运动员的吸引力的大小，地球引力会向下拉动运动员。因此，体重较重的运动员会比体重较轻的运动员更大程度地压缩弹簧，体重秤上的指针会指向更大的数字。

牛顿第三定律：作用力与反作用力

回到本章最开始讨论的短跑运动员的例子上。短跑运动员的肌肉产生的力克服了自身质量所带来的惯性，使他可以加速。如果运动员没有受到任何反作用力，他就可以通过双腿蹬住地面的力无休止地顺着肌肉发力的方向运动下去。然而，重力、摩擦力和空气阻力都会对运动员的运动产生减速作用，第8、9、10章会对这些额外的受力进行详细的介绍。

出发时，运动员通过有力地伸展双腿、收缩肌肉产生力量，与自身质量产生的惯性进行对抗，同时也通过蹬地与地球的吸引力进行对抗。运动员朝一个方向运动，而地球（或赛道）在极其缓慢地朝着反方向运动。地球的运动方向和运动员的运动方向相反，并与运动员的质量和惯性相关联。

换种方式看，可以将短跑运动员与地球之间的关系当作是一个7.3千克重的铅球（放在地面或是其他坚硬的平面上）和一个乒乓球通过一根弹簧挤压在一起。铅球代表着地球，弹簧是运动员的肌肉，而乒乓球就是运动员。如果将铅球和乒乓球同时放开，弹簧会被拉伸。乒乓球的加速度会朝向一个方向，而铅球的加速度会朝向相反的方向，还可能会保持不动。试想，如果加大乒乓球的尺寸，使它与短跑运动员的身体大小相等，同时加大铅球的尺寸，使它与地球的尺寸相等。这时，短跑运动员就以自身质量和惯性为基础朝一个方向移动，而地球则会因其质量和惯性以微小的程度向另一个方向移动。这个例子说明了牛顿第三定律，也就是作用力与反作用力定律，它解释了为什么短跑运动员可以完成跑步动作。

知识小结

线性动力学的基本原理

- 牛顿第一定律是惯性定律，也就是说，静止的物体会保持静止，而移动的物体会保持移动。
- 牛顿第二定律是加速度定律，也就是说，物体的加速度与所受力的方向和大小相对应，可以用公式 $F = m \cdot a$ 表示。
- 牛顿第三定律是作用力与反作用力定律。也就是说，运动过程中存在着作用力和反作用力，反作用力是对作用力的反应。

运动中的动量和冲量

动量在运动中和在人与人产生碰撞时扮演着重要的角色。认识动量的一个简单的办法是将它看作运动员用来对目标物或对手产生影响的武器。当两名橄榄球运动员发生相互碰撞时，动量更大的运动员将会继续向前移动。质量和速度结合起来可以产生动量。因此，体重较重的运动员并不一定具有最大的动量，体重较轻的运动员在运动速度更快的情况下可能会比体重较重的运动员产生更大的动量。

冲量是时间和施力速度的结合体。通过在运动中巧妙地对这些因素进行改变，运动员可以提高自身运动表现，还可以使运动过程更为安全。在接棒球时，棒球的较快速度意味着它可以产生很大的动量，此时试图接住棒球的运动员可以改变手部的受力时机（冲量）。他们可以巧妙地使手部在受到棒球撞击后缓慢地向后移动，使受到撞击的时间延长，以减少手部受到的伤害。

板球运动的外野手一般不会佩戴棒球运动员使用的那种手套，但是板球的大小与棒球相似且比棒球更硬。为了减轻接球时的疼痛，板球运动员通常会伸手接球，并在与球发生接触的瞬间将手向后移动。这样可以增加手与板球的接触时间，进而减少手部受到的伤害。

运动中的动量

与惯性类似，动量是一个非常常用的名词（虽然有时会被误用）。体育项目解说员常常会说某个队伍正在获得动量，也就是说这个队伍开始胜过另一个队伍了。从力学角度来看，动量有着不同的解释。正在移动的运动员是质量进行移动的例子，因为运动员的身体质量正在移动，所以可以说运动员带有一定的动量。

动量描述了发生运动的数量。运动员能够具有的动量由运动员的质量和运动速度决定。当运动员的质量或速度增加，或是二者同时增加时，他所具备的动量就会增大。动量的简单公式如下。

$$M = m \cdot v \text{（动量 = 质量 × 速度）}$$

- 因此，动量是由质量和速度直接决定的。如果运动不发生，就没有速度，自然也就没有动量。
- 同样，质量较大的运动员和质量较小

—— 体育应用

体育中的质量、重力和惯性

运动员的质量代表着他们有多重。在一些体育项目中，比如橄榄球，较大的质量有助于运动员更加高效地完成动作。质量越大，他们对抗的阻力就越大（静止时或运动时），也就是他们所具有的**惯性**越大。因此，更重的运动员会对改变自身运动状态的力产生更大的阻力，这在拦截对手时十分有用。在任何需要改变运动状态的物体（如保龄球）或运动员身上，我们都可以看到这种质量和惯性之间的关系。这种关系在运动中起到非常重要的作用。它不仅可以对运动的原理进行解释，还可以指出运动中需要改进的部分。正如之前提到的，重力是由计算质量得出的，也可以说是质量所受的地心引力。因此，在地球上，重力等于物体（人体或工具）质量乘以重力加速度（约为 9.8 米/秒²）。人们常使用重量一词来代表物体所受的重力，使用质量一词来代表物体有多重。

的运动员可以由于速度的不同而产生相同的动量。

- 为了弥补质量上的巨大差异，质量较小的运动员需要以更快的速度进行运动，以弥补由质量的差异造成的动量的差异。

比如，一名136千克重的橄榄球前锋在20秒内慢慢地跑过了100米的距离，那么，体重为68千克的运动员需要用10秒跑完同样的距离，这样两位运动员才能产生相同的动量。

增加物体或运动员的速度或质量，动量也会随之增加。没有速度，就没有动量。增加运动员的质量的最好办法是增加肌肉的质量，而不是增加脂肪的质量。增加的肌肉质量可以为运动员提供能量，帮助运动员更快地移动并更高效地完成运动。

需要注意的是，并不是所有的运动都需要最大的动量（Kageyama et al., 2014），很多运动需要运动员对动量的精细控制。具体来说，橄榄球运动中的弃踢手常常需要使橄榄球飞出一定距离并尽可能地接近达阵区。这就需要运动员对橄榄球施加非常准确的动量，以确保橄榄球的运动距离的准确性。这意味着，弃踢手踢球时腿部需要发出恰当大小的动量，而不是最大动量。同样，在三分线外进行罚球的篮球运动员的目标是将篮球投入篮筐，而不是使篮球像火箭一样飞进场中央。因此，篮球在运动员发球时获得的运动轨迹、扭转角度和动量都必须是准确的。

运动中的冲量

如果运动员想要移动某个物体，比如足球，那么运动员需要使用腿部肌肉的力量来对脚踝施加加速度，进而使脚踝在与足球碰撞之前获得动能。如果对这样的碰撞进行更加细致的观察，可以发现运动员施加的力会

持续一段时间。当运动员对足球施加一段时间的力时，就可以说运动员对足球施加了冲量。当然，运动员也可以对自己的身体或对其他运动员施加冲量。

运动员的身体条件会决定施力大小和时间长短的结合方式。与比较虚弱并且不够灵活的运动员相比，强壮且灵活的运动员可以施加时间更长、力度更大的力。同样重要的是，运动员的动作也会对施力大小和时间长短的结合方式产生影响。有些动作需要运动员在短距离内或短时间内施加巨大的力，比如拳击运动员在进行一些击打动作时施加的力；还有一些动作需要运动员在较长时间内持续施加较小的力。运动员对力和时间的改变是不受任何限制的。有很多示例可以说明不同的运动动作对力的大小和施力时间的需求不同。

掷标枪运动中的冲量

掷标枪运动是对物体长时间施加巨大力量的一个典型例子。力量的大小和灵活度，对于投掷标枪运动来说都很重要。在完成助跑后，专业的标枪运动员会做从身体后方拉动标枪并在身体前侧进行释放的动作，使标枪加速（Liu et al., 2010）。较长的手臂长度在这一运动中较为有利，但是更重要的是运动员在进行投掷时需要向后倾。这样，运动员可以延长对标枪施力的时间。

对于运动监测员来说，运动员对标枪施力增加的时长看起来并不长，因为优秀的投掷动作会像抽打鞭子一样，速度极快。但是，如果将优秀的标枪运动员和新手进行对比，两名运动员之间的差距即使是不了解这项运动的观众也会觉得非常明显。首先，优秀的运动员更有力量，会以极快的速度对标枪施加更大的力量。而且，优秀运动员的身体灵活性和受过的良好的技术训练可以使他更长时间地对标枪进行加速。因此，优秀的运动员

对标枪施加的冲量要大于新手能够施加的冲量，标枪会在被投掷时获得更大的速度，如图5.2所示。

跳高运动中的起跳冲量

跳高和投掷标枪相似，二者都需要运动员产生一定的速度。标枪是掷标枪运动员的抛体，而跳高运动员则是通过肌肉力量使自身跃入空中，他们自己就是抛体。因为跳高运动员的目标是跳得尽可能高，所以很多人可能会认为，在起跳时尽可能长时间地施加更大的力会对跳高有所帮助。

为什么跳高运动员不会弯曲双腿下蹲，接着在腿部完全伸展的时候再跳离地面呢？虽然这样确实会将跳高运动员对腿部施加的力量最大化，但是这与实际情况并不相同。如果以完全弯曲的蹲伏姿势出发，运动员并不能产生最大的力量，因为跳高所用的那只腿的腿部肌肉在蹲伏时会处于不利于运动员向上的生理状态。优秀的跳高运动员在跳高时，其腿部的弯曲程度都不会大于深蹲时腿部弯曲程度的1/4。

- 如果跳高运动员无法使用完全弯曲腿部的动作起跳，那他们可以使用其他方式

来延长施力时间吗？答案是肯定的。

- 和优秀的标枪运动员一样，优秀的跳高运动员都会在起跳前向后倾斜。
- 向后倾斜再向上挺直的起跳姿势会延长跳高运动员对地面的施力时间，进而使运动员受到向上的反作用力，如图5.3所示。

从运动评估的角度来看，同样的运动技巧还存在于很多运动中：排球运动员在跳跃完成扣球和拦网动作时，足球运动员跳起用头顶球时，以及篮球运动员完成跳跃拦截或带球上篮动作时。在起跳前向后倾斜会增加施力时间（冲量），因此，在施力大小相同的情况下，更长的施力时间会带来更高的跳跃高度。读者可以观看芭蕾舞表演家米哈伊尔·巴雷什尼科夫（Mikhail Baryshnikov）和鲁道夫·努里耶夫（Rudolf Nureyev）等人的慢动作视频，观察他们向上跳跃的动作。芭蕾舞中的跳跃动作的力学原理和跳高运动员、篮球运动员或排球运动员使用的力学原理没有什么不同。

跳高产生冲量时要注意，跳高运动的规则并不是以任何姿势跳跃得到的最高成绩取

图5.2　掷标枪运动中的冲量。优秀的运动员可以通过以下方式延长施力时间：a. 向后倾斜并将标枪由身体后方拉至前方；b. 在身体前方释放标枪

图5.3　跳高运动中的起跳冲量。a. 优秀的跳高运动员通过在起跳前向后倾斜延长对地面的施力时间；b. 地面通过反作用力推动运动员向上运动

胜，而是以单腿起跳（并越过横杆）的最高成绩获胜。如果允许运动员使用双脚完成起跳，那么世界纪录将会被体操运动员打破。因为他们可以使用高速的助跑、滚动来提升出发速度，接着还可以使用向后空翻3周的技术来完成越杆动作。现如今，优秀的体操运动员已经可以在向后空翻3周的第2周中达到2.7米至3.0米的高度了。几年前，体操运动员使用向后空翻1周的动作达到了2.28米的跳跃高度。由此可见，不同的体育项目需要设定不同的规则，以确保体育项目各自的技术性。

短跑、速滑和赛艇运动中的冲量和节奏

短跑、速滑和赛艇运动具有一定的相似性，运动员在竞赛中都在完成循环的、重复的动作。这些运动与跳高（运动员可以在完成跳高动作后进行休息）、排球扣球（运动员接着会完成其他动作，如拦截、击打或站立）等不同。

- 优秀的短跑运动员会在竞赛中不断重复跑步动作。
- 赛艇运动员需要重复拉动船桨。

- 速滑运动员需要绕着溜冰场完成高速的推动和滑行动作。

在竞赛中，运动员会改变施力的大小和施力的时间。由于赛艇运动员需要在出发时进行加速运动以克服自身惯性，他们要使用更快的运动节奏，每分钟完成比后期更多的划桨次数。每次推动船桨都是快速而有力的，但是动作的距离较短。

同样的，短跑运动员和速滑运动员从一开始就使用短促的步伐来加速；一旦处于高速运动中，他们就会放慢步伐，但是每一步的距离会变得更长。为什么会这样呢？对于这个问题有着科学的解释：最有效的克服惯性的方式是快速地、重复地在短距离或小范围内施加较大的力。这种方法是赛艇运动员、短跑运动员或骑行运动员用于尽可能快地将速度提至最快的最佳方法（Abel et al., 2015）。但是，较快的划动节奏、步伐节奏会消耗大量的能量。虽然这个方法在加速运动时十分有效，但是当运动员处于高速运动中时，这个方法便无效。一旦速度得到提升，短跑运动员和速滑

—体育应用—

吸收撞击力

车中的气囊如同撑竿跳高运动员的落地垫，二者的目的都是吸收撞击力。撑竿跳高运动员的落地垫内充满了吸收材料，可以对运动员的落地起缓冲作用。车中的气囊在汽车发生碰撞时能够迅速填充，以确保司机或乘客猛然向前发生撞击时，气囊可以吸收撞击带来的力。与车中的气囊所用原理相同，跳板和跳台跳水运动中的气泡也会起到缓冲作用。受压的空气会从泳池的底端升起，空气在上升的过程中会发生膨胀，在水面形成一个升起的气泡丰富的面。这样，即使跳水动作失败，运动员受到的伤害也会减少，因为运动员会落在气泡丰富的水面上。跳水运动员在10米高的跳台上以48千米/时的速度跳入水中时，大部分的撞击力会被气泡吸收。

运动员就会放慢步伐，并使轮流蹬动地面的腿更加完全地伸展开来。

由于船桨在力学结构上具有优势，赛艇运动员可以使用范围较大的划桨动作来完成距离较远的运动。因此，即使这样做时划桨频率可能会被降低，但运动员依然能够扩大动作范围并在低频的划桨动作中施加更大的力。划桨频率的降低可以避免运动员耗尽体能，同时帮助运动员保持运动速度。

使用冲量进行减速和停止动作

我们还可以从其他的角度来理解冲量。接下来，本书将对如何使用冲量来减慢物体的运动速度和停止物体的运动进行介绍。试想，一名篮球运动员从地面跳起，试图完成一个扣篮动作，接着双腿保持僵硬的状态完成落地动作。运动员会从大约3米的高度处直接落在地面上，并立刻成为站立姿势。地面的反作用力会对运动员产生撞击，撞击力的大小与使运动员落地的力的大小相同。

- 但是，运动员的身体吸收这一撞击力的时间非常短，因此，运动员身体所受到的冲击是无法想象的。
- 那么，大部分运动员是如何自然地完成这个动作的呢？他们会在落地时弯曲脚踝、膝盖和髋部。

教练常常会对运动员说："落地时别忘了弯曲双腿！"（Gehring et al., 2009）从力学角度来说，这个建议是在告诉运动员要延长身体接受和吸收地面带来的冲击的时间。这个时间越长，运动员身体所受到的冲击就越小。

除了延长身体受力的时长，运动员还会通过倾斜身体来尽可能地增大接触面（也就是受到力的平面）的面积。棒球选手滑入本垒的动作就是一个很好的例子。这种滑动的动作不仅可以使运动员的双腿低于对手的拦截范围，还可以通过地面上的摩擦力延长运动员停止动作的时长。另外，滑动还可以增加运动员的身体与地面的接触面积。

跑垒员在快速地直立奔跑后立刻停止，是非常不舒服和痛苦的一件事。虽然这种滑稽的场景很少出现，甚至完全没有出现过，但它所表示的状况正是运动员将所有产生的力瞬间降为零，且整个过程在非常小的运动范围内完成。

很多体育项目中的运动员都通过学习特殊的运动技巧来增加身体受力的面积和时长。通过这样的方式，运动员可以避免身体损伤，并将所受到的压力降至身体能够接受的水平。跳台滑雪运动员会在跳跃完成后的落地动作中使用屈膝旋转法，如图5.4所示，一腿在前，

图5.4 跳台滑雪运动中，减少落地冲击力

一腿在后，双腿弯曲，以延长身体受到由落地带来的冲击力的时长。

　　冰球运动员会通过向外滑动来对抗对手拦截时施加的力，柔道运动员会使用后倒姿势来增大地面与身体接触的面积。与这一力学原理相关的例子应该是拳王阿里顺着对手的出拳方向卷动身体这一运动技巧。当对手向阿里出拳时，阿里会向后卷动头部和身体。这样，对手的拳头会与他的身体接触更长的时间，因此会产生更小的冲击力。设想如果阿里直接正面对对手的出拳，这时，受到击打的时长会被缩减为一瞬间，阿里所受的冲击力会变得很大。

　　当处于受到冲击的情况下，运动员并不总是依赖于特别的运动技巧来避免身体损伤。他们也会使用可以延长受力的接触时间并增

知识小结

运动冲量

- 动量描述了发生运动的数量，由质量和速度计算可得。
- 当运动员对某个物体施加一定时间的力时，就可以说运动员对物体施加了冲量。同样的冲量也会被施加在他们自身或其他运动员身上。
- 对抗惯性的最有效的方法是快速地、重复地在短距离或较小的运动范围内施加较大的力。

大力与身体的接触面积的运动设备，比如头盔、手套、防震垫、填满泡沫和橡胶的着陆坑、降落伞等。运动员身体受力的总和不变，但是，当受力的时间延长、接触面积增大后，运动员受力的身体部分所受到的冲量就会减少。车中的气囊就是使用了这一原理。

线性动力学的评估：跑步步态

　　跑步几乎是所有陆地运动的基础动作，因此，本书将在这一节对跑步动作的线性动力学的评估进行介绍。回想一下图4.1，在迈克尔·约翰逊的400米跑图解中，步长和步频（有时也叫作节奏）有被提到。步伐时长是指完成一次踏步动作所需的时长。下面将会对这些因素的评估方式，也就是对步态特征的评估进行介绍。

- 跑步速度的计算公式是步长乘以步频（跑步速度＝步长 × 步频）。
- 复步长是指同一只脚在踏步动作中与地面接触（通常被称为脚接触或脚跟撞击）的连续的两点之间的距离。通常来说，左脚和右脚的复步长是相同的。步长是指一只脚与地面的初始接触点到另一只脚与地面的初始接触点之间的距离。在普通的步态中，左脚和右脚的步长通常是相近的。
- 步频是指腿部摆动的频率或节奏。

　　在走路或跑步时，运动员会在两个时期中进行切换：**支撑期**（双脚与地面接触）、**摆动期**（双脚在空中完成摆动动作）。

　　支撑期和摆动期是决定步态的重要因素。在走路动作中，支撑期常常占步态循环的60%，而摆动期占剩余的40%。（对于跑步动作来说，这一百分比由跑步速度决定）

　　以上这些因素对于理解和评估运动员的移动状态来说十分重要。表5.1展示了一些对

于走路步态来说较为重要的数值，这些数值会根据性别、年龄和腿长等因素的不同而有所不同。

表5.1　男性和女性的行走数值

变量	男	女
步长（厘米）	79	66
复步长（厘米）	158	132
步频（步/分）	117（60~132）	117（60~132）
速度（米/秒）	1.54	1.29

[源自：M. P. Murray, A. B. Drought, and R. C. Kory, 1964, "Walking Patterns of Normal Men," *Journal of Bone and Joint Surgery* 46(2): 335-360, and M. P. Murray, R. C. Kory, and S. B. Sepic, 1970, "Walking Patterns of Normal Women," *Archives of Physical Medicine and Rehabilitation* 51: 637-650.]

　　评估物体移动的方式有很多种。科学技术的发展使动作能够被单独地进行测量和展示。这样的信息可以帮助人们判断运动员是否在高效地完成动作，以及是否需要做出一些改变（如更换高尔夫球杆的种类）来改善运动员的运动表现。最有效的评估方法之一是视频分析。视频分析可以永久地留下运动的记录，这一记录不仅有助于完成运动生物力学的多种计算，还可以作为一种工具来向运动员展示他的运动情况。

　　通常情况下，运动员看到自己的运动表现后，就更加能够理解教练提供的反馈和建议。这样的视频还可以在时间上构成一个对比。教练可以将上一个赛季的运动表现记录与现在的记录进行对比，来呈现训练的效果，进而使运动员获得强大的信心。使用视频记录来进行定性的动作分析时，需要完成以下步骤。本书将以跑步步态的评估作为示例，对这一方式进行介绍。

知识小结

线性动力学：跑步步态

- 跑步几乎是所有陆地运动的基础动作。
- 跑步速度由步长乘以步频可得（跑步速度＝步长 × 步频）。
- 在走路或跑步时，运动员会在支撑期（双脚触地）和摆动期（双脚在空中进行摇摆动作）之间交替进行。

摄影机的使用

以下是使用摄影机进行可重复评估的步骤。

1. 将摄影机放在稳定的三脚架上。

2. 调整摄影机角度，使镜头的轴心与运动员行走或跑步的方向（这个方向常常被称为运动平面）垂直。

3. 调整摄影机距离，使其距离运动员足够远，以避免由视差导致的误差（如果摄影机与运动员距离过近，所得图像的外部边缘会被扭曲。增大摄影距离可以减少这样的误差）。

4. 调整摄影画面，以确保运动员的动作完整地进入画面。

5. 使用三脚架或摄影机中带有的气泡水平仪来使相机呈水平状态。

6. 确保画面（高度和宽度）的中心是目标动作的中心。

7. 聚焦。

8. 如果摄影机带有可调整的快门，则将曝光在不影响画面亮度的情况下尽可能调低（可能会需要额外的照明。当摄影机画面固定时，较短的曝光时间会减少高速运动的模糊度）。

9. 如果可以，使摄影机显示出拍摄日期和时间，这样可以帮助运动员记录日期。

10. 将米尺放在运动平面上并使用摄影机进行记录。这一步有助于在数字化后校准评估结果。

摄影数据的数字化和评估

将运动过程录制成视频后，教练可以通过几种方法展示数据。例如，将视频回放给运动员，以给运动员提供总体的、正常速度的反馈。但是，对于一些特定的表现特征来说，慢速或逐帧播放视频可以更加有效地对动作进行分解。这样还可以实现对动作的评估，如站立或飞行等动作。以下步骤为跑步（或走路）运动中站立或摆动时长的评估提供了相应的流程。

1. 使用摄影机的显示屏回放视频，或是将摄影机与电视或计算机连接（这样更有助于运动员观看画面），回放视频。

2. 在判断步频（节奏或频率）时，先将视频放至一只脚马上就要接触地面的瞬间。然后通过使用摄影机快放和倒放的功能，找到脚与地面接触的瞬间画面。记下这个画面的确切时间，作为参考点。

3. 按下快进键进行播放，直到视频中的同一只脚离开地面。记下此时的确切时间，这个时间与参考点时间的差就是那条腿的直立

时间。

4. 按下快进键进行播放，直到视频中的同一只脚与地面再次接触。记下此时的确切时间，这个时间与参考点时间的差就是那条腿的步伐时间。

5. 确定步伐时间，可以重复上面的步骤。

6. 在计算步长时，可以使运动员走或跑固定的步数（如10次）。接着，用卷尺记录这10次步伐从起点到终点的长度。步长就是这个距离除以10得到的长度。在使用视频计算步长时，首先需要校准米尺。

在将已知长度（如一把米尺）数字化时，需要使用上文中列出的流程。完成数字化后，这个流程可以通过静止的视频画面完成多个计算评估。运动员可以通过多种方法完成数字化，可以在电视或计算机显示屏上进行评估，或是将视频导入计算机中的第三方软件系统后使用鼠标操作进行评估。无论是哪种方法，这个流程的基础都是对已知长度（如一把米尺）进行校准，进而完成在屏幕或显示屏上的评估。

1. 在使用电视或计算机回放视频时，可以将画面暂停在目标物的捕捉画面上。

——体育应用

在100米跑步竞赛中减速的后果

尤塞恩·博尔特（Usain Bolt）在2008年的北京奥运会中创下了9.69秒的100米短跑纪录。他完成了绝佳的运动表现，比他在同年5月的成绩快了0.03秒。在观看竞赛时，可以看到尤塞恩·博尔特在大概80米处进行了减速。那么问题出现了，如果他没有减速，世界纪录又会是多少呢？通过对尤塞恩·博尔特减速前的起跑速度、加速度和身体姿势进行计算，可以对他的最终速度和最终用时进行分析和预测。挪威物理学家汉斯·埃里克森（Hans Eriksen）预测，在北京奥运会中，如果尤塞恩·博尔特没有因为认为自己已经获胜而在最后20米内进行了减速，那么他的最终成绩很可能达到9.55秒至9.61秒。尤塞恩·博尔特在2009年创下了现在的9.58秒的世界纪录。女子100米短跑的世界纪录是10.49秒，由弗洛伦丝·格里菲斯-乔伊纳（Florence Griffith-Joyner）在1988年创造。

2. 为了保护电视或计算机，可以在屏幕或显示屏上贴上透明的保护膜。

3. 使用尺子来测量画面中物体的长度。比如，在电视屏幕上，1米的实际长度通常会表现为0.325米的图像长度。电视画面中的距离与实际距离的比例（0.325/1=0.325）可以用于计算电视画面对应的实际尺寸。当使用尺子测量电视画面中的长度时，测得脚部初次接触地面与脚部下一次接触地面之间的距离为0.26米，此时就可以使用该比例来算出运动的实际距离，也就是0.26/0.325，得到实际距离为0.8米。也就是说，通过对视频画面进行校准，可以算出这个例子中的步长为0.8米。

本章小结

- 牛顿第一定律是惯性定律。也就是说，静止的物体会保持静止，而移动的物体会保持移动。
- 牛顿第二定律是加速度定律。也就是说，物体的加速度与所受力的方向和大小相关联。
- 牛顿第三定律是作用力与反作用力定律。也就是说，在物体的运动过程中存在着作用力和反作用力，反作用力是作用力带来的反应。
- 运动员或物体的加速度与受到的力和受力时间成正比。力、时间的增加或二者同时增加会增加加速度。
- 力乘以施力时间得到的值叫作冲量。
- 所有的力都会引发反作用力。力与反作用力是共线的力，但作用方向相反。作用力与反作用力定律是牛顿第三定律。
- 动量描述了发生运动的数量。质量、速度的增加或二者同时增加会增加动量。
- 在运动员停止动作或试着停止某个物体时，较长的受力时间和较大的接触面积有助于保护运动员。
- 步态分析会对步长、复步长、步频及摆动和支撑时间进行分析，这是量化走路和跑步步态的有效方式。

关键术语

节奏

撞击

冲量

惯性

动量

牛顿

牛顿第一定律（惯性定律）

牛顿第二定律（加速度定律）

牛顿第三定律（作用力与反作用力定律）

支撑期

步长

步频

复步长

摆动期

步态特征

参考文献

Abel, T., B. Burkett, B. Thees, S. Schneider, C. D. Askew, and H. K. Strüder. 2015. "Effect of Three Different Grip Angles on Physiological Parameters During Laboratory Handcycling Test in Able–Bodied Participants." *Frontiers in Physiology* 6 (November): 331.

Frost, D. M., J. Cronin, and R. U. Newton. 2010. "A Biomechanical Evaluation of Resistance Fundamental Concepts for Training and Sports Performance." *Sports Medicine* 40(4): 303–26.

Gehring, D., M. Melnyk, and A. Gollhofer. 2009. "Gender and Fatigue Have Influence on Knee Joint Control Strategies During Landing." *Clinical Biomechanics* 24(1): 82–87.

Kageyama, M., T. Sugiyama, Y. Takai, H. Kanehisa, and A. Maeda. 2014. "Kinematic and Kinetic Profiles of Trunk and Lower Limbs During Baseball Pitching in Collegiate Pitchers." *Journal of Sports Science and Medicine* 13(4): 742–750.

Liu, H., S. Leigh, and B. Yu. 2010. "Sequences of Upper and Lower Extremity Motions in Javelin Throwing." *Journal of Sports Sciences* 28(13): 1459–1467.

Robbins, C. A., D. H. Daneshvar, J. D. Picano, B. E. Gavett, C. M. Baugh, D. O. Riley, C. J. Nowinski, A. C. McKee, R. C. Cantu, and R. A. Stern. 2014. "Self–Reported Concussion History: Impact of Providing a Definition of Concussion." *Open Access Journal of Sports Medicine* 5: 99–103.

第 6 章

角运动

━━━ **本章将对以下知识进行介绍** ━━━

- 产生和改变角运动的必要因素。
- 旋转的力学原理。
- 运动员如何施加转矩；转矩如何改变角运动。
- 为什么旋转的物体会在最初抵抗旋转，在开始运动后却具有继续旋转的趋势。
- 如何改变物体对旋转力的抗力。
- 角向旋转的评估。

运动中的**角运动**与旋转相关。本章是书中内容较多的章，内容最多的章是第10章。这不仅代表了运动员的旋转动作十分重要，还说明了旋转动作在所有运动中的参与度较高。本章的前半部分对旋转，或者说角运动的基本原理进行了解释。在观察人体解剖图时，可以看到人体的四肢是以关节为中心进行旋转的，因此，旋转对于理解人体运动来说十分重要。在前几章中，这个知识已经被应用在多项运动中，尤其是在对跑步动作进行评估时。在运动生物力学中，角运动体现为运动员进行的转圈、翻转、扭转、单脚尖旋转、转向和摆动等动作。在运动中，这些词语都代表着角运动。

角运动的基本原理

如果仔细观察，你会发现旋转发生在所有的运动中，包括需要运动员尽可能保持静止的运动。比如，在奥林匹克的射击和步枪射击两个项目中，运动员会尽可能减少不必要的动作。他们会练习着减慢心率，并且在两次心跳之间扣动扳机，以确保心脏的跳动不会使枪管发生颠簸。即使在如此慢速并且极需耐心的运动中，运动员在扣动扳机时也需要使手指完成旋转动作。弓箭手在弯曲手臂拉弓时也使用了相同的原理。当弓箭手后拉弓弦时，前臂和上臂会进行弯曲并向着彼此旋转。射击运动员和弓箭运动员的整体几乎保持静止不动，但是旋转动作依然存在。

与射箭和射击非常不同的运动包括体操、跳水、特技滑雪和花样滑冰等。在这些运动中，运动员在飞行动作中展现的绝佳的旋转技术使这些运动极具各自的特点。因为体操运动员的竞技科目非常多，所以他们需要完成大量的旋转动作。在与稳定的（如地板、横梁、拱桥、杆子和鞍马）和非常不稳定的（如吊环）运动设备接触的活动中，体操运动员都会以双脚、双手、髋部、肩部甚至膝盖为轴心，完成很多次的翻转和旋转动作。

能够完成最佳的翻转和旋转动作的运动员并不是体操运动员，而是特技滑雪运动员。这些勇于冒险的运动员使用一条坡道将自己高高地扔入空中。他们会通过斜向下的助跑增加飞行时间，并且能够在5个扭转中完成多达3个翻转的动作。

运动员或物体会通过一定角度的角运动来完成旋转、摆动或扭转等动作。

- 如果体操运动员绕着杆子完成一个全周旋转动作，那么他其实完成了一个360度的旋转。在高尔夫球运动中，从向后挥杆到随球动作，高尔夫球运动员可以完成从15度的击球入洞动作至360度的强力挥杆动作。
- 篮球运动员会在风车扣篮动作中完成360度旋转。他们会在将球扣入篮筐之前以纵轴（垂直轴）为轴线完成一个全周旋转动作。

- 在U字形滑道上的单板滑雪运动员可以在旋转身体和雪板时完成720度的旋转动作。

无论旋转动作完成了几个转数或完成了多少度的旋转，它们使用的都是同样的力学原理。理解这些原理是非常有益的，它们可以帮助运动员在以坚实的运动力生物学为基础的情况下掌握运动技巧。

任何人和物进行旋转的基础元素都包括一个旋转轴（支点或关节中心点）和一个与这个轴心相连的杠杆。

- 最简单的旋转装置是自行车的踏板。旋转轴是踏板的中心，而杠杆是踏板曲柄。
- 同样的旋转轴和杠杆的原理也存在于所有旋转运动中。
- 旋转带来的影响由目标物（人体或物体）的重心决定。重心在运动生物力学中扮演了关键的角色。在第7章关于运动中的角动力学话题中，我们将对此进行深入讲解。简单地说，如果将目标物的各部分（人体中的各部分包括躯干、四肢、头部等）的重量整合相加，就可以找到它的平衡点。在这一点上，两侧的重力相等。这个平衡点，或者说中心点，就是物体的重心。

与观察其他动作时相同，观察人体的旋转动作时，可以将其看作是发生在3个相互垂直的平面（互相独立）上的，如图6.1所示。

- **矢状轴**是人体内的主轴，它围绕身体所在的位置进行旋转。例如，扭曲一根长长的烤肉串会引起旋转，这类似于体操运动员的旋转动作。
- **水平轴**是从侧面到侧面或从臀部到臀部。例如，体操运动员的翻转动作。
- **冠状轴**是从左到右。例如，体操运动员的侧翻和侧空翻动作。

当物体进行旋转时，有多种因素会影响运动，如球体或物体旋转时的马格努斯效应。第10章将对这一内容进行更加详细的讲解。想要预测完成的动作，首先要计算需要完成的旋转量。旋转量由旋转的角速度、向心力和离心力、旋转惯性决定。下面将分别对这些因素进行介绍。

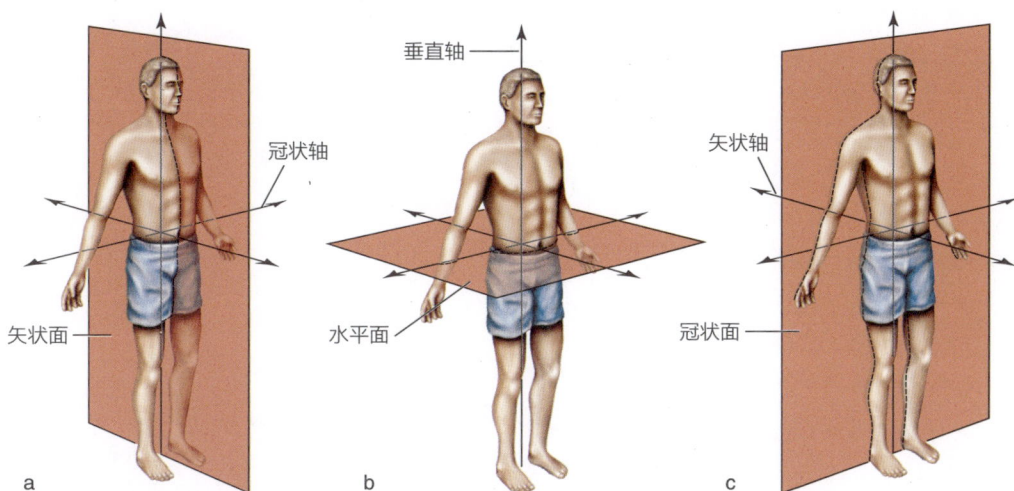

图6.1 人体中的主要轴线包括：a. 冠状轴；b. 垂直轴；c. 矢状轴

角速度

　　角速度是用于描述运动员或物体旋转速率的名词。就像线性速度是描述线性方向上的移动速率一样，角速度描述的是角向方向上的移动速率。角速度的单位是角度每秒，或是用于描述更快速度的弧度每秒。其中，1弧度约等于57.3度（由180度除以π可得）。

　　角速度可以描述挥球棒或球杆等动作的速率，但是物体或运动员旋转时的角速度和速度是不同的。想要理解这种不同，可以先设想体操运动员在绕单杠进行360度旋转，并且身体保持僵直。现实情况中，体操运动员在完成360度旋转时必须在特定的时机弯曲髋部和肩部。但是在这个例子中，我们要假设体操运动员在旋转过程中全程保持身体僵直（Hiley et al., 2015）。在下一部分应用角运动的内容中，我们将对这一概念进行更加详细的介绍。

　　如果对体操运动员绕杆旋转的动作进行计时，可以看到，他们能够一秒钟完成一个顺时针方向的完整旋转。现在已知运动员在某个时间、某个方向的旋转角度，也就是旋转度数（一个整周旋转为360度）；如果能够得知旋转时完成的旋转周数、所用时长和旋转方向，就可以得到运动员的角速度，或者说旋转速率（角意味着角度、度数，速度意味着带有方向的速率）。

　　现在，让我们对运动员在旋转时的身体进行观察。观察运动员在旋转时的髋部，接着观察运动员在旋转时的双脚，可以得到以下结论。

- 体操运动员的髋部比双脚旋转的圈更小。距离体操杆较远的双脚要旋转更大的圈。
- 体操运动员的髋部和双脚在旋转时会同时绕出不同尺寸的圈。因此，髋部和双脚会具有同样的角速度。

- 如果双脚距体操杆的距离是髋部距体操杆的距离的两倍，那么双脚运动的圆圈的尺寸也会是髋部的两倍。因此双脚也会具有髋部运动速度两倍的运动速度，即体操运动员双脚的运动速度是髋部运动速度的两倍。

　　这个信息足以说明，虽然运动员身体的各个部位具有同样的角速度，但身体部位与体操杆的距离越长，回转半径就越长，旋转的速度也会越快。

　　图6.2展示了正旋转的例子。体操运动员的双脚（a）比髋部（b）的移动速度更快，也比肩部的移动速度更快。体操运动员使用手指抓杆（c），他的手指就是身体中移动最慢的部分。但是，手指和身体中的其他部分具有同样的角速度。

　　仔细地观察图像，我们能否判断有哪些因素影响了运动员双脚移动的快慢呢？它们的移动速率由运动员每秒所转的圈数（也就是运动员的角速度）和运动员的双脚与旋转中心之间的距离（也就是距离旋转轴的距离，或者说回转半径）决定。这个动作的旋转轴就是单杠。

　　下面可以将这个单杠例子中所学到的知识应用到高尔夫球运动中。试想，专业的高尔夫球运动员正在进行高尔夫球教学。

- 教练说："如果想要将球打得更远，就需要产生更大的杆头速度。"
- 现在，运动员会在心里想："我可以通过更快地挥动球杆来增加角速度，或是将握杆的位置上移来增加球杆的长度，进而获得更大的杆头速度。"
- 运动员说："提高握杆位置，可以增加杆头与旋转轴之间的距离（回转半径）。我还可以使用一个更长的球杆。这些改变都可以提高杆头速度。"具体如图6.3所示。

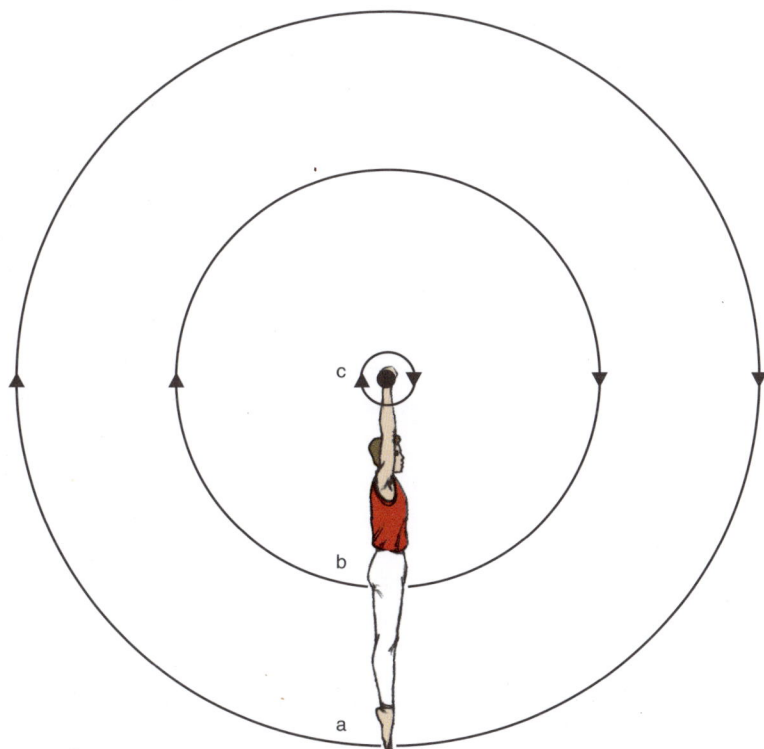

图6.2　体操运动员的双脚比髋部移动得更快，髋部比双手移动得更快

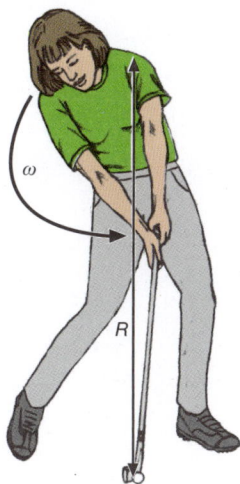

图6.3　在高尔夫球的挥杆动作中，角速度（ω）乘以半径（R）等于杆头速度

远射竞赛中，运动员需要使用非常长的球杆以巨大的角速度完成挥杆动作，被击打

的球能飞跃超过350米的距离。远射竞赛不需要极高的准确度，但是却展现了完成长距离击打的必要条件（Read et al., 2013）。

运动员可以将高尔夫球运动的分析过程用于所有使用球棒、球拍或球杆的运动中。为了尽可能大力地击打球体，运动员需要握住球杆的顶端来增加回转半径，接着尽可能快速地挥动球杆，将球杆的角速度最大化。与理想半径相结合的最大角速度会为球杆、球棒或球拍与球接触的位置施加最大速度。

向心力和离心力

无论旋转动作在何时发生，惯性、向心力和离心力之间都会产生相互作用。这些力在许多动作中都有所体现，包括排球中大力发球时的旋转动作、橄榄球四分卫的传旋转球动作，甚至是高尔夫球运动员轻柔的击球入洞动作。旋转动作是惯性与向心力和离心力之间的对抗。物体在移动时的惯性可以通过保持直线运动的"趋势"来表现，还要记住，惯性是抵抗运动状态发生改变的力。

- 进行圆周运动时需要向心力的参与。向心力会把物体拉向（或推向）旋转轴，使其进行弧形运动或圆周运动。
- 在棒球运动中，运动员挥动球棒时，对球棒施加了向心力，以确保球棒可以完成挥动所需的弧线运动。
- 运动员对球棒产生的向内的向心拉力会与球棒想要保持直线运动的趋势产生对抗。
- 运动员会感到球棒在试图向外产生拉力、脱离掌控，因此，运动员会在挥棒时通过向后倾斜身体来对抗这些拉力（牛顿第三定律）。
- 向外的拉力通常被称为离心力。离心意味着"向轴心的外侧拉动"。
- 人们常常使用离心力一词，然而，物理学家指出，离心力是一种虚构的力，离心力其实是惯性的一种变形。下面以掷链球运动为例，来解释运动过程中的惯性、向心力和离心力之间的关系。

和其他具有质量的物体一样，链球在最初并没有想要移动的趋势，在开始运动后也没有进行圆周运动的趋势。链球的惯性使它对移动产生抗拒。男性竞技性链球的重量是7.26千克，女性竞技性链球的重量是4千克。链球这一体育设备由于具有较大的质量，所以具有较大的惯性。如果运动员施加了足够大的力量来使沉重的链球进行圆周运动，那么它的惯性将表现为进行直线运动，而不是进行圆周运动。

当运动员使链球进行圆周运动时，他们会在链球每个向外产生拉力的瞬间对其施加向内的向心力。在运动员向内拉动链球时，他们也受到了向外的离心力。由于运动员本身就是链球的旋转轴，因此他们一定会感觉到链球在试着向外拖曳他们的身体。在现实情况中，这种向外的拉力就是链球想要进行直线运动的力，或者说想要沿圆周运动的切线顺着受力方向飞出的力。链球的质量越大，或是运动员使链球运动的速度越快（Judge et al., 2016），链球所具备的对抗圆周运动的阻力（惯性）就越大，链球想要沿切线飞出的趋势也就越明显，如图6.4所示。

在释放链球的瞬间，链球会结束圆周运动并以直线飞出。如果将重力和空气阻力忽略不计，链球将会沿释放瞬间的运动轨迹一直运动下去。运动员在释放链球后不再对链球施加向心力，所以链球飞行的距离由释放瞬间的运动速度和运动轨迹决定，而不是由它所受到的向心力或离心力决定。

运动员对链球产生的向心力的大小根据实际情况而定。

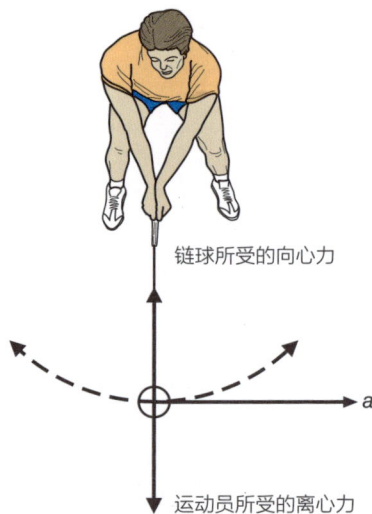

链球所受的向心力

运动员所受的离心力

图6.4　掷链球动作中的向心力和离心力。链球具有沿 *a* 方向运动的趋势

- 比如，掷链球运动员以2倍的速度完成旋转，进而使角速度也变为原来的2倍，那么，他就必须将对链球施加的向内的拉力增加为4倍。这是为什么呢？因为链球在此时以2倍的速度和2倍的力量在每个瞬间尝试进行直线运动。
- 也就是说，运动员角速度的增加会使所需的向心力增加至角速度的平方。
- 为了将角速度增至2倍，运动员需要向内施加4倍的拉力（增加向心力）。
- 为了将角速度增至3倍，运动员需要将向心力增至9倍。

如果运动员的角速度没有发生改变，但他旋转的链球的重量增至2倍，又会发生什么呢？这时，运动员必须将向心力增至2倍，因为链球增加的重量会试图帮助链球以双倍的力量进行直线运动。旋转更重的链球的运动员或是想要增大角速度的运动员必须增加他们施加的向心力。运动员可以通过弯曲双腿、向后倾倒和推动地面来增加他们施加的向心力。向后倾倒身体和使用双腿推动地面可以使地面产生推动运动员的反作用力，有助于对抗链球带来的离心力，如图6.5所示。若无法完成这样的旋转动作，增加角速度会对运动员产生拉力并使其失去平衡，通常会给运动员带来严重的身体损伤。

要注意的是，惯性与向心力和离心力之间的对抗在所有带有旋转动作的运动中都会发生，并不仅限于掷链球运动。如速滑运动员在椭圆形的赛道上滑行时，他们会在进入弯道时倾斜身体，此时他们所依据的原理和掷链球运动员向后倾倒依据的原理是相同的。通过在弯道内倾斜身体，速滑运动员会对冰面（地面）产生向外的推力，地面会向速滑运动员提供反作用力，也就是向内的向心推力（与推力的大小相同、方向相反）。速滑运

图6.5　当链球以更快的速度运动时，掷链球运动员会向与链球拉力方向（*b*方向）相反的方向（*a*方向）倾斜身体，以增加向心力

动员的体重越重，运动得越快；弯道的弯度越大，需要他们倾斜身体且向外推动地面的程度就越大，这样才能保证速滑运动员获得足够大的向内推动身体的反作用力。

速滑运动员需要向外推地来绕过弯道，这意味着运动员的腿部需要对地面施加向外的推力，剩余的腿部力量才会被用于推动自身向前滑行。在运动员滑过弯道并进入直道后，他们的所有力量都被用于向终点冲刺。200米短跑竞赛中的田径运动员跑过弯道时使用的

知识小结

旋转动作介绍

- 人们常用角速度来描述运动员或物体旋转的速率。
- 无论旋转何时发生，惯性、向心力和离心力之间都会产生相互作用。
- 从直线运动转为圆周运动需要向心力的参与。向外的拉力通常被称为离心力，离心意味着"向轴心的外侧拉动"。

原理与此相同。在直线方向上跑步时，运动员所有的力量都用于向前冲刺；但是在弯道上跑步时，运动员需要使用一定量的力量来作为向外的推力，以帮助自己跑过弯道。

将220码（1码约为0.9144米）跑纪录和200米跑（包含弯道跑）纪录进行对比，我们可以看到力量分离使用的证据。

- 1996年，汤米·史密斯（Tommie Smith）用19.5秒完成了220码跑。1968年，他创造了19.83秒的200米跑世界纪录。
- 因此，虽然220码要长于200米，但汤米·史密斯的220码跑用时仍然比200米跑用时少0.33秒。
- 1979年，意大利运动员彼得罗·门内亚（Pietro Mennea）以19.72秒的成绩创下了200米跑的世界纪录。
- 这一纪录在1996年的亚特兰大奥运会上被美国运动员迈克尔·约翰逊以19.32秒的成绩打破。接着，在2008年北京奥运会上，尤塞恩·博尔特以19.30秒的成绩将这一纪录再次打破。难以想象，如果尤塞恩·博尔特是在直线赛道上完成200米跑会得到什么样的结果。

在不需要消耗额外体力就能完成向外推的情况下，是否有方法使短跑运动员顺利跑过弯道呢？答案是肯定的，我们可以通过倾斜赛道的方式帮助运动员通过弯道。倾斜的赛道会给运动员提供向内的推力，这一效果就如同洗衣机滚筒在旋转时会将衣物保持在桶壁上进行旋转一样。在弯度较大的室内赛道上，较大的赛道倾斜度可以使运动员快速奔跑而不需要担心自身惯性会导致自己飞出赛道或与监测员产生撞击。室外的赛道通常不会倾斜，因此，运动员在弯度较大的内侧赛道上奔跑时会较难处理自身的动作。体重较大的运动员会受到更大的影响，因为他们具有更大的惯性。他们必须更加用力地向外推地才能顺利地跑过弯道。

旋转惯性

旋转惯性可以被认为是旋转阻力或旋转持续性，且物理学通常将其形容为"转动惯量"（惯性矩），其实这4个词都代表着同一个概念。所有的物体或运动员都会在起初拒绝旋转，接着，在获得旋转力并且具有使他们保持圆周运动的向心力后，他们会有想要保持旋转运动的趋势，这种趋势就是旋转惯性。旋转惯性会在运动员进行旋转、转圈或扭转时产生，也会在球棒、球杆和其他运动设备被挥动时产生。简单来说，旋转惯性存在于一切具有角运动（旋转运动）的情况当中。

旋转惯性与线性惯性是相同的，只不过旋转惯性的运动状态是旋转而不是直线运动，因此旋转惯性与牛顿第一定律相关。体重较重的橄榄球前锋具有巨大的线性惯性。他们的质量会与使他们移动的力产生对抗，但一旦开始移动，他们就具有持续直线运动的趋势。如果这些前锋坐在旋转木马上，则旋转木马需要极大的力量（如转矩）来完成旋转。但是一旦开始旋转，旋转木马就会具有持续旋转的趋势。

如果橄榄球队中的其他运动员也坐到旋转木马上，就会使旋转木马的旋转惯性进一步增加。带着这些体重较大的运动员时，旋转木马的旋转需要巨大的转矩，但是在开始进行旋转运动后，旋转木马就会具有持续旋转的趋势。以下两个重要因素决定了旋转物体将会获得的惯性的大小。

1. *物体的质量*。物体的质量越大，使其开始旋转的力的阻力就越大。另外，物体的质量越大，物体在开始旋转后，想要持续旋转的趋势也就越强。比起质量较小的棒球棒，

使用倾斜赛道完成高速跑步

在室内进行竞赛的运动员对倾斜的赛道非常熟悉。倾斜的赛道能够使运动员在不减速的情况下跑过弯道。得克萨斯州沃思堡的得州汽车竞速场中的赛道倾斜了24度。倾斜的赛道能够使赛车在赛道上持续地全速行驶。但在赛道上以超过322千米/时的速度行驶后，运动员会出现头晕和一些视力、听觉上的问题。这些生理现象与惯性和向心力之间的对抗有关。向心力使赛车顺着赛道的弯道行驶，而惯性会使赛车和运动员向直线方向行驶。在运动员转弯时，其受到的向外的惯性拉力估计为其所受重力的5倍。

质量较大的棒球棒会更加难以挥动。因为与质量较小的棒球棒相比，质量较大的棒球棒会对挥动的力产生更强的抵抗。当击球员施加足够大的扭转力，或者说转矩后，较重的棒球棒也会比较轻的棒球棒获得更强的持续运动的趋势。棒球棒越重，想要移动、控制和停止它的运动的运动员的身体就需要越强壮。

2.质量的径向分布。质量的径向分布是指物体的质量按旋转轴进行分布。质量分布的两个极端是质量完全远离旋转轴和质量完全贴近旋转轴。

以下是这两个因素在体育运动中的示例。试想，有两根高尔夫球杆（球杆A和球杆B）的长度和形状相似，且质量完全相同。

- 球杆A和其他在体育用品商店里常见的球杆类似。
- 但是，拿起球杆B时，运动员可以感到它与球杆A明显不同。除了杆体质量，球杆B几乎所有的质量都集中在杆头。
- 球杆B将会具有比球杆A大得多的旋转惯性，因为球杆B几乎全部的质量都集中在杆头。
- 与挥动球杆A相比，挥动球杆B会更加困难。在将球杆B挥动起来后，停止动作也会变得更加困难。

下面，将球杆B集中于杆头的质量进行重新分布，将其通过杆体移至手柄处。杆头保持同样的形状，但使其中空，尽可能地减小杆头质量。在将球杆质量从杆头移向杆尾手柄处后，它的旋转惯性（如转动阻力）会大大减小，因此挥动球杆的动作会变得更加简单；在将球杆B挥动起来后，停止动作也会变得更加简单。最后，当几乎所有质量都集中在手柄处时，球杆会如同一支钝头的剑，运动员可以在运动过程中轻松地停住球杆。但是可想而知，这样的球杆并不能将球击打到较远的距离。

质量分布对旋转惯性的影响

无论是对高尔夫球杆还是对运动员来说，影响其旋转惯性的因素主要有以下几点。

- 运动物体的质量（质量越大，旋转惯性越大）。
- 质量以旋转轴心为依据的分布情况（质量距离轴心越远，转动半径越大，旋转惯性也就越大）。

物体以旋转轴为依据的质量分布是如何影响对旋转的抗力和持续旋转的趋势的呢？这个问题的答案展现了物体进行直线运动时的惯性与物体旋转时的惯性之间的巨大差异。呈直线运动的物体会在直线方向上通过增加质量来增大惯性，更大的质量会带来更大的惯性。但是，当物体处于旋转运动中时，无论质量是向轴心移动还是向轴心的相反方向移动，都会为物体的旋转带来巨大的变化。以下是解释这一现象原理的示例。

试想，一个球体的全部质量都集中在球心位置（当然，这是不可能发生的，但是让我们假设这种情况存在）。

- 在图6.6a中，重力和空气阻力是忽略不计的。球体与一条绳子相连，绕轴心以1周/秒的速度旋转。球体与轴心的距离为2个单位。
- 在图6.6b中，球体与轴心的距离骤减为原来距离的1/2。回转半径的减少导致球体的旋转惯性减少为原本的1/4。由于旋转惯性的骤减，球体能够轻松地完成转动动作，因此速度由1周/秒提速至4周/秒。
- 在图6.6c中，球体与轴心的距离由2个

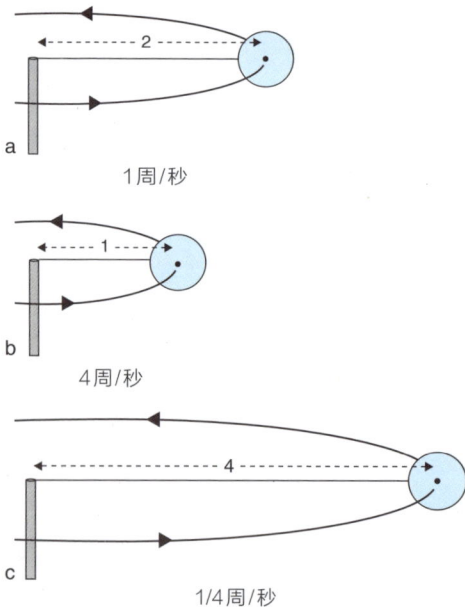

1周/秒

4周/秒

1/4周/秒

图6.6   半径由a中的2个单位降至b中的1个单位，使得旋转惯性降至原本的1/4。半径由a中的2个单位翻倍为c中的4个单位，使得旋转惯性增加为原本的4倍（空气阻力与重力忽略不计）

单位延长至4个单位。球体的旋转惯性被增加至原来的4倍，它的旋转运动开始变得更加困难，因此旋转速度降至了1/4周/秒。

这个例子可以说明，旋转物体的旋转惯性与半径的平方成比例。将半径缩短至1/2，旋转惯性会降至原本的1/4（1/2×1/2）。将半径增加至2倍，旋转惯性将会升为原本的4倍（2×2）。那么，改变旋转物体的质量会带来什么影响呢？答案是，它带来的影响同样是成比例的。将物体质量增加至原本的2倍会使旋转惯性也升至原本的2倍。将物体质量降至原本的1/2也会使旋转惯性降至原本的1/2。

在运动中，无论是物体还是运动员，都无法让整体中的每一个小部分在旋转运动中与轴心的距离完全相等。棒球棒中的物质无法被全部移至一端，因为这会导致没有物质留下来形成球棒的其他部分；这些物质也无法被全部移至中间，因为这会导致棒球棒失去两端。对于运动员来说，原理也是一样的。

但是运动员和棒球棒等无生命的物体之间具有巨大的差异：运动员可以通过个人意愿改变自身的姿势，他们可以将身体紧紧卷起或是完全舒展。通过完成这些动作，运动员可以将身体质量拉近至他们的旋转轴或是将身体质量尽可能地推离旋转轴。下面将对体育运动中的实际情况进行说明。

在运动中改变旋转惯性

当跳板跳水运动员和跳台跳水运动员在空中翻转并将身体由伸展变为卷曲时，他们需要弯曲躯干、双腿和双臂。他们的一些身体部位（如双臂和双腿）会移动较长的距离来贴近旋转轴（髋部）。而其他身体部位，比如头部，则会移动较短的距离。但是，对于伸展姿势和卷曲姿势来说，它们的旋转惯性具有巨大的差异。跳水运动员的双腿和双臂

具有较大的质量，让它们移动较长的距离来靠近运动员的旋转轴会极大地减少运动员身体对抗旋转动作的力。

处于伸展姿势时，运动员在空中的旋转速度较慢；如果将身体拉至卷曲姿势，旋转的速度就会变快，如图6.7所示。将更多的身体质量拉向旋转轴（总是通过重心），旋转的速度就越快。脂肪较少、体形较瘦且**柔韧性**较强的运动员在处于卷曲姿势时，可以更快地进行旋转动作。体形健硕、肌肉较多的运动员会更难达成像较瘦的运动员一样的卷曲姿势，他们的体重会对这一动作的完成产生不利影响。很多翻转动作所需的运动技巧与荡秋千运动员所使用的技巧相似。荡秋千运动员可以完成四周翻转动作，在完成这一运动技术时，他们会抓住自己的小腿，将膝盖尽可能向肩膀处抬高。他们的身体贴得越紧，旋转得就越快。

在很多体育运动中，运动员都会改变自身

知识小结

旋转惯性

- 旋转惯性是指所有物体或所有运动员想要保持现有的旋转动作（无论是在静止中还是运动中）的趋势。
- 物体的质量越大，对抗改变旋转状态的力的阻力就越大。
- 根据旋转轴的分布（位置），质量也会影响旋转惯性。

的旋转惯性，这并不仅限于跳水一类的运动。例如，在100米短跑竞赛中，运动员会在向前完成下一个步伐时，将双腿伸展至身体后侧，接着弯曲双腿。同样，运动员向前迈腿时，会将大腿抬起，并在膝盖处弯曲腿部。膝盖处的弯曲，会将运动员的腿部质量拉近至髋关节（也就是腿部旋转动作的轴心）。这样的动作会减少腿部的旋转惯性，如图6.8所示。如果腿部的旋转惯性降低，向前移动腿部的动

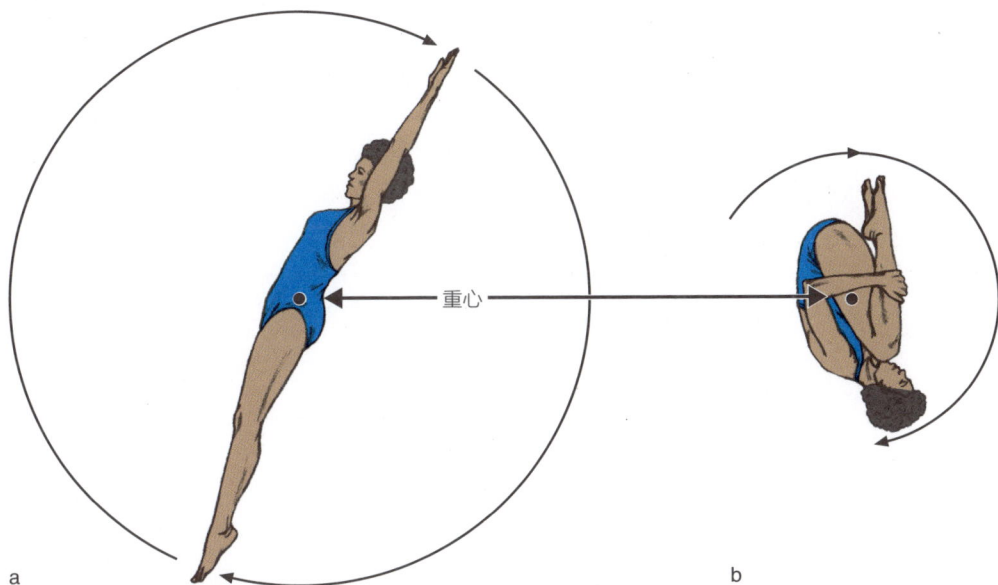

重心

a　　　　　　　　　　　　　　　　b

图6.7　当跳水运动员将身体拉近至穿过重心的旋转轴时，角速度会随之增加

势可以尽可能地增大回转半径。因此，当运动员处于水平位置时，由于重力的存在，他就可以获得最大的转矩。我们接下来将对回转半径进行更加深入的介绍。重力施加的最大扭转力（转矩）会在运动员通过水平位置时出现；相反，当运动员处于垂直向上或垂直向下的位置时，重力不会对运动员产生任何转矩。

髋关节旋转轴

图6.8　短跑运动员腿部的旋转惯性会在腿部弯曲时降低

作就会变得更加简单。

回转半径

人体（或物体）的角速度或程度都可以被回转半径影响。图6.9中，一名体操运动员正在完成前翻动作，也就是绕杆的360度旋转动作。回转半径为旋转部分的重心（平衡点）与旋转轴（物体旋转时所围绕的点）之间的距离。

完成前翻动作的体操运动员需要尽可能地伸展双臂和双腿，使身体充分伸展。这一姿

应用角运动：运动员的旋转动作

正如上文讲述的一样，旋转运动会在力（和阻力）被施加在与旋转轴存在一定距离的某个位置上时发生。当力被施加在与旋转轴存在一定距离的某个位置上时，旋转动作会产生旋转力。如果增加距离或增加运动员施加的力，转矩也会随之增加。因此，较长的四肢或较强的力量会使运动员的移动速度变快。同样的原理也可以应用在其他物体之中。转矩会使物体和运动员进行旋转。

物体的旋转

在球类竞赛中（如网球或排球），发球手需要在一些情况下使球体旋转，也需要在一些情况下避免球体发生旋转。如果排球运动员想要发出一个飘球，则他们需要确保向排球施

— 体育应用 —

现代科技和掷链球运动

男子掷链球运动所用的链球重量为7.26千克，链球的把手至球体的最远端球面的距离大约为1.2米。在比赛规则改变之前，有一些技术人员意识到，他们可以使用密度极高的钨材料来将链球全部的质量放置在球体的末端。这样的设计会将链球的重心与运动员之间的距离增大，并将球体的尺寸缩小至棒球尺寸，进而降低球体在飞行时受到的空气阻力。链球的把手可以选择极轻的钛材料，使靠近运动员的手柄的质量进一步降低。不过，这样的设计引发了一个意想不到的问题：由于球体的尺寸太小，重量却高达7.26千克，它们落在草地上时会深深地陷入地面，运动员和工作人员难以将它们取出。现在已经禁止使用这种链球了。

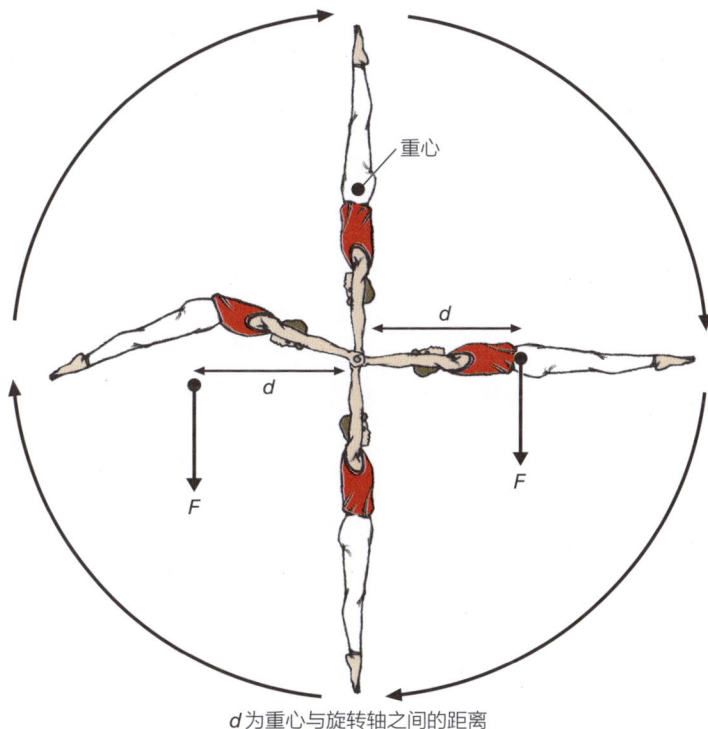

*d*为重心与旋转轴之间的距离

图6.9 绕杆前翻动作中的回转半径

加笔直穿过球体重心的力，也就是要穿过球体的旋转轴（Quiroga et al., 2010）。当这个力被施加到球体上时，排球会在不发生任何旋转的情况下直接越过球网，如图6.10所示。

图6.10 当力量直接穿过重心时，排球不会进行旋转运动

[源自：K. Luttgens and K. Wells, *Kinesiology: Scientific Basis of Human Motion*, 8th ed. (New York: Times Mirror Higher Education Group, 1992), 341.]

知识小结

角运动的基本原理

- 对于所有物体来说，旋转动作的基础元素包括一个旋转轴（支点或关节中心点）和一个与轴心相连的杠杆。
- 旋转力通常由物体的重心决定，也就是由使物体两侧重力相等的平衡点决定。
- 角运动或旋转运动会在力（和阻力）被施加在与旋转轴存在一定距离的某个位置上时发生。

那么，如果排球运动员想要使球旋转，又需要做些什么呢？他们需要在距球体重心的某个距离上施加力量，并且增加这个距离就可以增加排球的旋转程度。当运动员施加这样的力时，排球会进行上旋运动，如图 6.11 所示，这会使排球沿向下的弧线飞行。

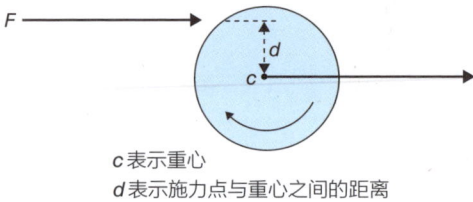

c 表示重心
d 表示施力点与重心之间的距离

图 6.11   排球的上旋运动

在高尔夫球运动中，想要打高球就需要高尔夫球运动员在球的重心之下进行击打。

- 用球杆击打球的重心以下的位置，这样会使球后旋，进而使球在受到击打后腾空。
- 后旋的程度影响了球体上升的程度。
- 落地位置的不同会使球落地后的状态有所不同。球可能会直接在落地后停止运动；如果落在草地的远侧，球将会在落地后向发球点方向滚动（Richardson et al., 2017）。

所有球体的旋转程度都由施加力的大小和施力点与球体重心的距离决定。施加的力越大或是施力点与重心的距离越大，转矩和旋转程度也就越大。如果运动员想要使橄榄球的旋转程度最大，就需要抓住球体的中心位置，如图 6.12a 所示。

这时，手指对球体施加的力，距离球体重心和它的长轴最远。这样，运动员就可以对球体施加最大的转矩，进而使球进行最大限度的旋转。这个姿势的缺点是，仅有更少的力被用于增加球体的抛掷距离。另外，如果球员想要使球体更少地进行旋转动作，可

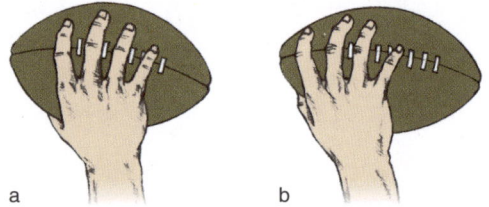

图 6.12   改变橄榄球的旋转运动和导向力。a. 抓住橄榄球的中间位置，使橄榄球进行最大限度的旋转，更少的力被用于增加球体的抛掷距离；b. 抓住橄榄球的末端，使球更少地进行旋转，使用尽可能大的力来增加抛掷距离

以使用尽可能大的力来抓住球体的末端，如图 6.12b 所示。

运动员的旋转动作

想要在空中进行旋转的运动员需要使用与旋转排球相同的力学原理来旋转自身。例如，一名蹦床运动员在重心位于推力正上方时进行弹跳，他会在不发生任何旋转的情况下垂直跳起，蹦床的推力方向会直接穿过运动员的重心位置（Yeadon and Hiley, 2017）。和排球一样，蹦床运动员进行没有旋转的垂直运动时，运动方向与蹦床的推力方向相同，如图 6.13a 中所示。

运动员的旋转与物体的旋转的关键差异是旋转的速度。由于球体可以完成比人体旋转速度大得多的旋转，因此球体会产生马格努斯效应。也就是说，球体的旋转会使腾空路径发生改变（第 10 章将对此进行更加详细的讨论）。目前为止，没有人能够旋转得足够快，以至于旋转带来的压力差会使自己产生弯曲的腾空路径；但是，人体的不对称姿势可以使人们改变腾空路径。

如果蹦床运动员更改重心位置，使重心不再处于蹦床产生的推力的正上方，那么他将会获得旋转的趋势。重心偏离推力线的程度越大（比如通过向前或向后倾斜身体来实现），运

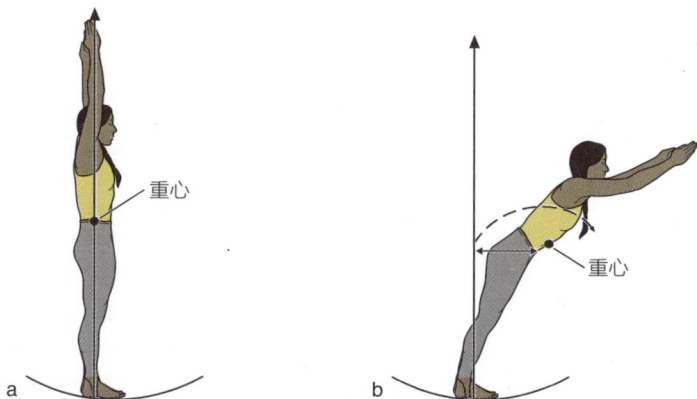

图6.13 a. 在蹦床推力穿过运动员的重心位置时，蹦床运动员垂直升起；b. 当蹦床推力没有穿过运动员的重心位置时，产生的转矩会使运动员进行旋转

[源自: H. Braecklein, *Trampolinturnen II* (Wiebelsheim, Germany: Limpert Verlag, 1974), 29.]

动员受到的扭转力（转矩）就越大，也就具有越大的进行旋转的趋势，如图6.13b所示。

如何评估骑行运动中的角速度

这一部分将会对骑行运动中的角速度的评估方式进行介绍。角速度的评估需要使用与线性运动评估相似的工具，也就是常见的摄影机。使用摄影机可以对旋转的程度进行测量，由此可以指出运动员在运动过程中所受到的影响或运动员跑步速度不同的原因。

线性速度和角速度最大的不同在于它们所用的量级。如果优秀的运动员可以在10秒内跑完100米，就会得到10米/秒的线性速度。对于一次高尔夫球挥杆动作来说，职业高尔夫球运动员的平均角速度为50米/秒，成绩较差的高尔夫球运动员的平均速度为40米/秒，也就是短跑运动员速度的4至5倍。

角速度（以希腊字母ω表示）可以通过多种方法得到，但是无论使用哪种方法，角速度所表达的都是相同的主题：对于位置改变和时间改变的测量。

这一原理与线性速度评估中应用的原理相同。由于角速度较快，更加有效的评估角速

度的方式是使用摄影机记录。这样可以慢放捕捉到的视频画面，以判断出真正的参考点。

下面描述的活动指出了转矩与自行车曲柄的运动节奏之间的关系。通过对曲柄旋转周数和运动用时的测量，可以计算得到踩踏的平均节奏。

- 例如，运动员在30秒内完成了25周的踩踏动作，踩踏节奏则为50周/分。
- 通过慢放录制的视频，可以计算出瞬时角速度。瞬时角速度的计算需要对角度（以希腊字母θ表示）的变化和变化所用时间进行测量，并根据所得数据进行如表6.1所示的追踪记录的填写。
- 这些评估需要的设备包括一台固定的自行车（最好带有载荷装置，如Monark自行车）、秒表、摄影机、计算机或电视、记录纸、量角器或测角仪。

以下是对角速度进行评估的步骤。

1. 将摄影机固定在与自行车垂直的方向（根据前面描述的摄影机设定指南进行固定）。
2. 测量踏板中的杠杆长度。
3. 将自行车的载荷度调至最低，全力踩

踏踏板1分钟，记录这一载荷度下的踩踏节奏。

4. 调整载荷度，使运动员恰好无法移动踏板，此载荷度为力的最大值。

5. 根据力的最大值可得3个值：最大值、中间值、最小值。对每个值进行尽全力的1分钟踩踏，并记录每个载荷度对应的踩踏节奏。

6. 回放视频时，将记录纸放在屏幕上，标注出旋转轴和踏板中心。接着切换至视频的下一个画面，再次标注踏板

的新位置。重复这一过程5次。

7. 计算踏板在每个画面中的角度变化，这就是在每个画面的间隔时间［正交平衡调幅制（National Television Systems Committee，NTSC）摄影机的画面相隔时间为0.033秒；逐行倒相正交平衡调幅制（Phase Alternative Line，PAL）摄影机的画面相隔时间为0.04秒］内踏板运动的角度。

8. 角速度（ω）由角度变化除以时间变化得到。

表6.1　用于计算不同载荷度下的角度和角速度的表

	时间（秒）	载荷度1		载荷度2		载荷度3	
		角度 θ（度）	角速度 ω（度/秒）	角度 θ（度）	角速度 ω（度/秒）	角度 θ（度）	角速度 ω（度/秒）
1							
2							
3							
4							
5							

运动中的完美角速度

在最佳的运动表现中，运动员的动作是流畅而不费力的。如果将动作的角速度和所用时间在坐标轴上标注出来，那么每个运动部位的动作都会形成相似的曲线或抛物线。这个结果说明：角速度在动作刚开始时为零，在动作结束后降回零，在动作的过程中（通常是在中间）达到最大值。

以弃踢橄榄球动作为例。这一动作的目的是使橄榄球移动最长的距离或获得最大的速度（或者二者兼得）。为了实现这一目标，在脚部接触橄榄球时，必须具有最大的角速度。运动员通过与球接触之前的动作，可以在最接近的关节处获得最大的角速度。

这样的集合角速度的完美例子如图6.14所示。在释放点处，最大的累计角速度出现

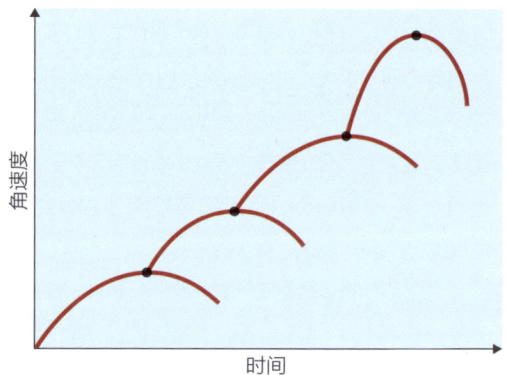

图6.14　动力链

［源自：E. Kreighbaum and K. Barthels, *Biomechanics: A Qualitative Approach for Studying Human Movement*, 3rd ed. (Upper Saddle River, NJ: Pearson Education, 1990), 343.］

──**体育应用**──

完美的高尔夫球挥杆动作

人们常常会问，是什么使得高尔夫球运动员达斯廷·约翰逊（Dustin Johnson）和安妮卡·索伦斯塔姆（Annika Sorenstam）如此优秀？是否有完美的男性或女性的高尔夫球挥杆动作？为了回答这一问题，首先要知道，没有一种挥杆动作可以适合所有人的身体条件，每个人都在试着完成现阶段对自身来说的完美挥杆动作。当高尔夫球运动员较为成熟后，动作范围的变化和肌肉力量的变化会使运动员产生与现阶段不同的挥杆动作。

在运动生物力学中，可以通过动力链或身体和四肢的协调能力来判断挥杆动作的完美与否。新手常常会在运动中将膝盖固定不动，只完成轻微的躯干旋转动作。这样的挥杆动作仅仅转动了双臂，手肘和手腕都处于固定状态。与之相反的是，完美的挥杆动作包括了躯干整体的旋转。当躯干的旋转接近最大限度时，上半身或肩部会开始发生转动（但是由于躯干之前已经旋转了，因此肩部已经在肩关节发生旋转之前跟随躯干进行了一定的旋转）。接着，完美的挥杆动作需要手肘在肩部扭转程度达到最大值时开始进行伸展，接着手腕同样进行伸展，这些都发生在球杆与球体接触前的一瞬间。当这些动作组合在一起时，完美的挥杆动作就完成了。

了。在阅读这张图时，我们需要先从左下角读起。第1条曲线是运动员大腿的惯性速度，大腿中部的角速度最大。在最大的角速度的那个时间点，下一个身体部位，也就是小腿会开始进行摆动。如果时间点准确，小腿在开始摆动时会具有最大的角速度，因此小腿的累计角速度可以达到最大值。如果时间点依然准确，下一个身体部位，也就是脚踝，会在小腿的角速度最大值处获得角速度，它的累计角速度也会达到最大值。

这一过程被称为**动力链原理**，是提高运动表现的关键原理。新手会在处于运动的身体部位达到最大角速度之前或之后开始下一个身体部位的动作，因此，其身体部位获得的累计角速度较低。角运动的动力链原理可以被应用在所有含有旋转运动的运动项目中，如棒球、高尔夫球和篮球等。

本章小结

- 所有的旋转、转圈和挥动等动作都是角运动的表现形式。角运动是指物体或运动员绕旋转轴发生旋转。
- 运动员身体中的运动主要由角运动组成，如肌肉拉动骨骼和骨骼在关节处发生旋转。
- 角速度是指旋转的速率，可以表现为在特定时间段（如1秒）内沿特定方向（如顺时针或逆时针）旋转的角度或周数。
- 所有旋转和摆动的物体都被施加了向内的拉力或推力，这样的力被称为向心力，其方向指向旋转轴。向心力会抵消物体呈直线运动趋势的惯性。
- 当运动员或物体发生旋转时，就存在向心力。同样，他们也会感受到向外的拉力，也就是离心力。离心力由旋转物想要呈直线运动而非弧线运动的惯性产生。离心力通常被认为是一种虚构的力。

- 物体的惯性会使它们产生拒绝旋转的抗力。但是，当开始旋转后，物体的惯性会使它们具有持续旋转的趋势。
- 旋转惯性根据旋转物的质量和质量的分布情况而有所不同。质量的分布距离旋转轴越远，旋转惯性就越大；质量的分布距离旋转轴越近，旋转惯性就越小。

关键术语

角运动	冠状轴
角速度	动力链原理
平衡点	垂直轴
离心力	回转半径
向心力	旋转惯性
柔韧性	矢状轴

参考文献

Hiley, M. J., M. I. Jackson, and M. R. Yeadon. 2015. "Optimal Technique for Maximal Forward Rotating Vaults in Men's Gymnastics." *Human Movement Science* 42: 117–131.

Judge, L. W., M. Judge, D. M. Bellar, I. Hunter, D. L. Hoover, and R. Broome. 2016. "The Integration of Sport Science and Coaching: A Case Study of an American Junior Record Holder in the Hammer Throw." *International Journal of Sports Science and Coaching* 11(3): 422–435.

Quiroga, M. E., J. M. García–Manso, D. Rodríguez–Ruiz, S. Sarmiento, Y. De Saa, and M.P. Moreno. 2010. "Relation Between In–Game Role and Service Characteristics in Elite Women's Volleyball." *Journal of Strength and Conditioning Research* 24(9): 2316–2321.

Read, P. J., S. C. Miller, and A. N. Turner. 2013. "The Effects of Postactivation Potentiation on Golf Club Head Speed." *Journal of Strength and Conditioning Research* 27(6): 1579–1582.

Richardson, A.K., A.C.S. Mitchell, and G. Hughes. 2017. "The Effect of Dimple Error on the Horizontal Launch Angle and Side Spin of the Golf Ball During Putting." *Journal of Sports Sciences* 35(3): 224–30.

Yeadon, M. R., and M. J. Hiley. 2017. "Twist Limits for Late Twisting Double Somersaults on Trampoline." *Journal of Biomechanics* 58: 174–178.

第 7 章

角动力学

━━━ 本章将对以下知识进行介绍 ━━━

- 重力的概念。
- 物体或运动员的重心位置变化。
- 角动量的概念及如何改变角动量来提高运动表现。
- 如何保存角动量并控制旋转速度。
- 如何将角动量转化为特定动作，比如身体倾斜和猫式扭转，来使运动员在腾空中结合后翻与转体动作。

　　顾名思义，**角动力学**是关于旋转和旋转时所受到的力的学科。影响旋转的关键因素是**重力**。重力可以启动旋转动作，也可以限制旋转动作的发生。对于日常生活中的许多活动或是体育运动来说，人们需要克服重力的影响。物体或人体在发生旋转时，通常会围绕着一个关节中心点进行旋转，因此就有了角的概念。旋转可以围绕外部的一点发生，如杆上的体操运动员；也可以围绕内部的平衡点发生，比如人体的重心。在运动中，可以通过改变这些基础的物理学概念（重力和旋转）来改变角运动的时间和速率，进而产生理想的运动表现。为了理解角动力学，本章将首先对角动力学的基础原理，也就是重力原理进行介绍。接着将对重心移动改变腾空路径的原理进行介绍，进而对**角动量转化**进行讲解。

重力：角动力学的基本原理

　　重力是一种看不见的力，它存在于地球上的每个角落。但由于重力是肉眼不可见的，有时其就会成为一种难以解读的概念。重力会由于在地球上所处的位置不同而发生轻微的改变。那么，这些改变会对运动表现产生什么样的影响呢？下面以奥林匹克运动会的召开场地为例进行说明。

　　在1968年的墨西哥城奥运会中，由于墨西哥城的海拔较高，距赤道较近，运动员受到

了略轻于以往的重力吸引。而1952年的赫尔辛基奥运会和1980年的莫斯科奥运会，这两届奥运会的举办场地的海拔都不高。彼得·布兰卡奇奥（Peter Brancazio）是一名体育爱好者，也是布鲁克林大学的物理学教授，他指出：在仅考虑重力且不考虑空气阻力的情况下，在挪威的奥斯陆（纬度约为60°N）推出的距离为20米的铅球，可以在加拿大的蒙特利尔（纬度约为45°N）额外获得25毫米的前进距离，在埃及的开罗（纬度约为30°N）额外获得50毫米的前进距离，在委内瑞拉的加拉加斯（纬度约为10°N）额外获得75毫米的前进距离。而在莫斯科（纬度约为56°N）抛掷的距离为100米的标枪，在秘鲁的利马（纬度约为12°S）仅能被抛掷出90米的距离。

　　比起重力的轻微降低，更为重要的影响因素是高海拔地区的稀薄的空气。虽然高海拔地区的空气依然具有与海平面处同样比例的氧气（约占21%）、氮气（约占78%）和其他气体（约占1%），但它们的体积会随着海拔的升高变得越来越小。墨西哥城2240米的海拔对1968年的墨西哥城奥运会产生了较大的影响。

　　在墨西哥城，运动员需要更加用力且频繁地进行呼吸，以获得身体所需的氧气。稀薄的空气对耐力型运动的运动员产生了较为严重的影响，却对短跑运动员有所帮助，因为短跑运动员是依靠着身体内储存的能量来完

成运动的。当鲍勃·比蒙（Bob Beamon）在墨西哥城创下跳远世界纪录时，正是得益于在助跑时重力的轻微降低，密度较小的空气导致的空气阻力的降低（其他跳远运动员也得到了这样的帮助），以及助跑动作仅为短距离的跑步而不是长距离的跑步等事实。

在许多年后，鲍勃·比蒙的世界纪录于1991年在东京举办的第三届世界田径锦标赛上被迈克·鲍威尔（Mike Powell）打破。东京的海拔不高，所处纬度也要低于墨西哥城。如果仅考虑大气环境因素，我们可以认为迈克·鲍威尔在东京的跳远成绩要优于鲍勃·比蒙在墨西哥城的跳远成绩（需要注意的是，东京赛道使用的超弹性人造材料在之后的竞赛中被禁止使用。这样的材料有助于短跑运动员的奔跑，也会对跳远运动员产生协助作用）。

重力带来的加速度

当撑竿跳高运动员从杆子的高处落下时，重力会使运动员加速落向垫子。如果运动员从6.1米处落下而不是4.6米处落下，增加的距离会使地球有更多的时间在运动员下落过程中对其产生加速作用。从6.1米处落下时的速度会大于从4.6米处落下时的速度。

撑竿跳高运动员指向地球的加速度与跳台跳水运动员朝着水面运动的加速度相似。由于地球的地心引力，跳水运动员会在落水过程中不断地加速。在忽略空气阻力的情况下，图7.1展示了运动员从78米高度处起跳并下落的情形（假设起跳速度为0）。

- 在开始下落1秒后，运动员的下落速度为9.8米/秒，或者说35.28千米/时。
- 下落2秒后，运动员的速度达到了19.6米/秒，或者说70.56千米/时。
- 下落3秒后，运动员的速度为29.4米/秒，或者说105.84千米/时。

- 最终，在下落4秒后，运动员的速度高达39.2米/秒，或者说141.12千米/时。

如上文所说，由于速度以9.8米/秒规律递增，在忽略空气阻力的情况下，可以认为重力是使运动员加速完成下落运动的唯一的力。因此，运动员，如跳水运动员、蹦床运动员或撑竿跳高运动员等，会在每秒的下落中增加9.8米/秒的速度，也就是9.8米/秒^{2}的加速度。

那么，**重力加速度**会带来哪些影响呢？请观察图7.1中运动员在每秒的下落过程中通过的距离。

- 在下落1秒后，运动员经过了4.9米的下落距离。这个距离并不是很远，但

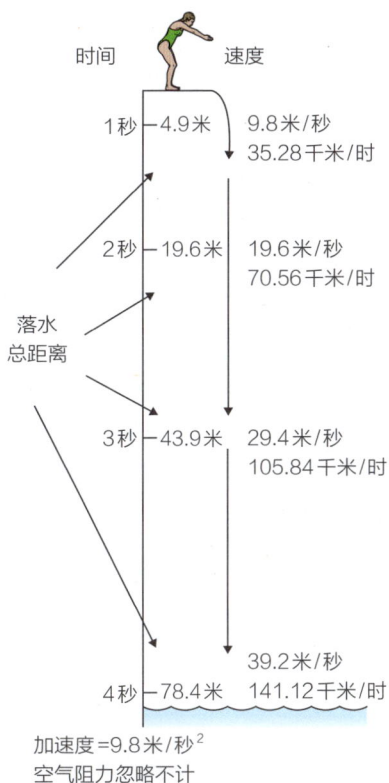

图7.1 重力带来的运动距离、速度和加速度（空气阻力忽略不计）

是重力也只对运动员施加了1秒的加速度，使运动员向跳板下方开始运动。

- 在下落2秒后，运动员经过了19.6米的距离。
- 在下落3秒后，运动员经过了43.9米的距离。
- 最终，在下落4秒后，运动员共经过了78.4米的距离。

运动员在下落过程中以9.8米/秒²的加速度进行恒定的加速运动，因此每经过1秒，就会获得35.28千米/时的额外速度。由于速度以恒定的速率增加，运动员每秒经过的距离也会急剧增大。

重力产生的巨大加速度使得跳台跳水运动具有一定的风险性。标准的跳台高度为距水面10米。跳台跳水运动员大约需要1.5至1.75秒到达水面，他们在进入水面时的速度将近61千米/时。当运动员以这样的速度撞击水面时，水是十分"坚硬"的，运动员常常会穿着护腕来为手腕提供额外的支撑，因为手掌要首先入水（Haase, 2017）。要使手掌首先入水，运动员需要后弯手腕，从而完成一个气泡丰富、水花较低的入水动作（如压水花）。

跳板跳水运动员和跳台跳水运动员具有恒定的加速度，那么，从几千米高处自由落体的跳伞运动员也会持续不断地向地面进行加速运动吗？答案是否定的。因为地球表面密度较大的大气中的空气阻力会使自由落体中的跳伞运动员达到恒定的约为200千米/时的运动速度，这时，重力施加的拉力会抵消大气带来的阻力。于是跳伞运动员的最终速度由运动员在自由落体过程中的姿势决定。比较常用的腹部向下、手臂张开的姿势会使最终的速度较慢，而双腿并拢、双臂紧贴身体两侧、头部向下的姿势会带来更快的速度。跳伞运动员的身材差异也会导致落地时的速度

不同。比起老式的半球形降落伞，现代的冲压式翼形降落伞可以提供更好的机动性，使跳伞运动员更轻柔地落地。

运动员的重心

正如上文提到的，重力会对具有质量的所有物体施加指向地心的拉力。我们可以对跑步中的运动员整个身体的移动速度进行评估，也可以对身体的单个部位进行评估，比如手臂或腿部。

- 将人体（或物体）的各个部位相加，就可以找到一个平衡点。在这个平衡点上，人体（或物体）两侧所受的重力相等。
- 这个平衡点，或者说中心点，就是人体（或物体）的重心。
- 但是要注意，这个点只是理论上的概念，仅用于对动作的计算。

以木制的棒球棒为例进行讲解。假设木棒中的每个颗粒都具有相同的质量，那么地球的地心引力会对这些颗粒施加大小相同的拉力。将这些拉力合并为一个独立的力，那么这个力集中的点就是球棒的重心。由于球棒的末端一般具有额外的质量，因此重心一般位于球棒的底部1/3处。这个位置常常被称为最佳击球位置。它只是理论上的概念，但说明计算物体运动的重心位置十分重要。

还有另一个例子。我们试想有一把用于测量较短距离的木尺，用手指像平衡跷跷板一样平衡木尺，使木尺与手指的接触点接近于木尺中点。手指会在木尺的重心正下方施加支撑的力，重心纵向两侧和横向两侧的质量相等。如果将一小块铅块接在尺子的一端，会发生什么呢？为了平衡木尺，就需要将手指与木尺的接触点向加了铅块的一端移动。平衡点的位置发生移动是由于铅块具有较大

的质量，只有移动平衡点，才能使铅块的质量加上这一侧的一小段木尺的质量与手指另一侧的较长段的木尺质量相平衡。同样，在用手指水平地平衡带有木把手的金属铁锤时，平衡点的位置会更加靠近铁锤的头部。

运动员的身体与铁锤相似，因为它并不是由单一的材料构成，且身体质量并不是均匀地分布在人体中的。人的身体由不同的成分构成，包括骨骼、肌肉、脂肪和组织，它们具有不同的密度和形状。**密度**（每单位体积含有的质量）是指特定空间内包含的物质（或质量）。骨骼和肌肉的密度较大，也就具有比同等体积的脂肪更大的质量。

- 因此，地球与1立方厘米体积的骨骼或肌肉之间的吸引力，要大于地球与1立方厘米体积的脂肪之间的吸引力。
- 骨骼和肌肉密度的不同会导致运动员的重心并不位于与头和脚的距离相等的位置。
- 但是，即使运动员的重心距头和脚的距离不等，它也位于合适的位置，使得其上下两侧的质量相等，左右两侧的质量同样相等。

重心的移动

人可以改变自己的重心位置，体育训练正是训练运动员们使用不同的方式来调整重心位置，进而得到理想的运动表现。在发球时，高尔夫球运动员将体重从后脚转移至前脚，他们就是在改变重心的位置，以在对球施加力量时获得理想的稳定性。在所有的运动技术中都存在着运动员改变重心的行为，无论运动员是在空中、陆地上还是水里。

- 当男性呈直立站姿时（手臂位于身体两侧，手心朝前），他们的重心位于肚脐附近或肚脐中心。重心会根据身体上

方质量（如胸部和肩部）和身体下方质量（如大腿）的不同而上移或下移。
- 由于男性与女性生理结构的不同，女性的重心通常会比男性低。
- 导致这一差异的原因是，男性通常在肩部具有更大的质量，髋部具有更少的质量，而女性则恰恰相反。

有一些因素会使得运动员的重心不在正常位置。具有较长较重、肌肉较发达的腿部和较轻的上半身的运动员的重心会低于普遍位置。通过训练，运动员可以改变自己重心的位置。

例如，对上半身进行了多年训练，却忽略了腿部训练的运动员的重心会上移。

- 目前可以通过四肢的动作来改变重心位置。
- 如果运动员呈直立站姿，接着使用一条腿向前迈步，这时运动员的重心也会向同样的方向转移。
- 如果运动员移动了一条腿和一只胳膊，则重心向前移动的程度会更大。

运动员重心移动的距离由运动员移动的身体部位的质量大小和移动距离决定。腿部通常具有较大的质量，因此，与移动手臂相比，移动双腿会导致程度较大的重心移动。弯腰动作可以改变重心位置，歪头也会改变重心位置。运动员重心的移动常常与某环节的重量大小和移动距离相关，如图7.2所示。

如果举重运动员将一个沉重的杠铃举过头顶会发生什么呢？这时需要考虑的是举重运动员自身重量加上杠铃的重量后形成的重心。将杠铃举过头顶，杠铃与肩部的距离大约为手臂的长度，这样的动作会将运动员与杠铃的混合重心垂直向上移动（Korkmaz and Harbili, 2016）。另外，举重运动员也将自身手臂的一部分举过了头顶。运动员的手臂越长、手臂质

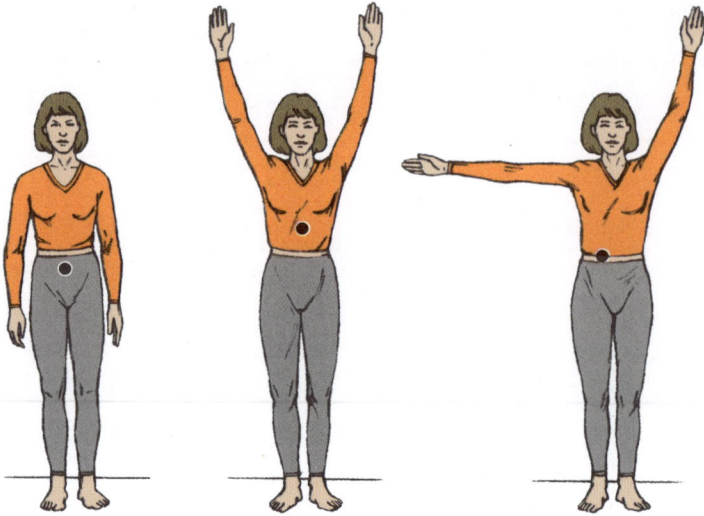

图7.2 运动员的重心位置随身体姿势的改变而发生改变

量越大、杠铃越沉，混合重心移动的距离就越大，如图7.3所示。

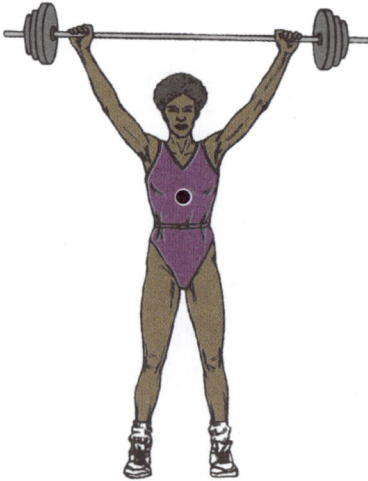

图7.3 举重运动员将杠铃举过头顶后的混合重心的位置

如果举重运动员放下杠铃，重心将会瞬间回到之前的位置，而杠铃也具有自己的重心。那么，运动员的重心有可能被移至身体外部吗？答案是肯定的。运动员的灵活性越强，就能越轻松地完成这种移动。跳水运动员在屈体姿势中会前屈身体，手臂伸直触摸自己的脚尖。这个姿势会导致运动员的重心前移至身体外部，如图7.4所示。

图7.4 跳水运动员在屈体姿势中的重心

体操运动员在完成高弓背姿势或后仰姿势时，也会将重心暂时地移至身体外部。重心的移动程度由腿部、躯干和手臂的质量决定。弓背的程度越大，重心移动的程度就越大，如图7.5所示。体操运动员的弓背姿势与跳高运动员越杆时的身体弯曲下垂的姿势相似。

运动员的重心位置由运动的需求决定。

● 摔跤和柔道运动中的运动员会不断地调整重心位置，进而根据对手的姿势来增加自身的稳定性。

重力对腾空运动的影响

在运动员需要进行短暂腾空的运动（如跳高、跳远、体操、花样滑冰、蹦床和跳水）中，运动员重心的路径在起跳时就已经被决定了。有些力被施加在垂直方向上，而有些力被施加在水平方向上。两种力带来的综合影响，或者说二者的合力，会决定运动员的起跳路径。

腾空过程中，重力会在运动员的重心位置施加向下的拉力，这种向下的拉力会使运动员的腾空路径呈抛物线（曲线）。一旦跃入空中，运动员就无法改变在起跳时就已经决定的腾空路径。因此，如果跳水运动员在离开跳板时出现失误，施加了竖直向上的推力（将所有推力放置在垂直方向上），就将无法避免地落回到跳板上（Heinen et al., 2016）。同样，接近水平的腾空路径意味着跳水运动员跨越了泳池却没有足够的高度（也就没有足够的时间）来完成跳水运动需要的扭转和翻转动作。重力会与运动员跳水时产生的较小的垂直推力相对抗，即使运动员疯狂地挥动双臂和双腿，也无法使腾空路径发生任何改变。

身体非常灵活的跳高运动员可以在翻越杆时将重心移至杆下方。我们可以通过观察同一名运动员进行跨越式越杆和背越式越杆的情况，来理解这种越杆技巧的益处。如果运动员使用背越式跳过了1.8米的杆，在使用跨越式时，就需要将重心移至2.44米处，如图7.6所示。

与跳板跳水运动员和跳台跳水运动员相比，蹦床运动员在运动时会在蹦床中心垂直向上跳起，接着沿原路径落回到蹦床上。他们更想要将动作集中在蹦床的中心位置完成。

图7.5　体操运动员在弓背姿势中的重心

- 短跑竞赛的起跑姿势中，运动员会将身体重心向起跑方向移动，以节约起身冲出起跑线的时间。
- 体操运动员在平衡木上保持平衡时，需要确保自身的重心保持在平衡木的上方。
- 田径运动中，运动员需要调整重心位置，以确保他们可以以最长的时间对运动器材施加最大的力。
- 在所有的体育技术中，高质量的体育表现需要运动员精准地移动重心。

知识小结
角动力学与重心

- 重力可以使旋转发生，或是限制旋转的发生。在许多日常活动和体育运动中，都需要克服重力的影响。
- 将人体（或物体）的各个部分相加，可以得到一个平衡点，这就是重心。重心两侧所受重力相等。
- 运动员可以通过一些方式来改变重心位置，以获得最理想的运动表现。

━━ 体育应用 ━━

运动中的重力和重心

由于重力存在于生活中的每个角落，因此每个人都会受重力的影响。但是，理解了重力的作用方式，运动员就可以在运动中对其加以利用。如上文提到的，理论上，重心是人体（或物体）的平衡点。利用重力的最有效的方式是改变重心的位置，运动员可以通过改变身体姿势、抬起或放低手臂，或是移动双脚来改变重心的位置。另外，物体的重心也可以被改变。例如，通过握住棒球棒更加贴近中线的位置或握住把手上端，运动员就可以改变棒球棒的重心位置。

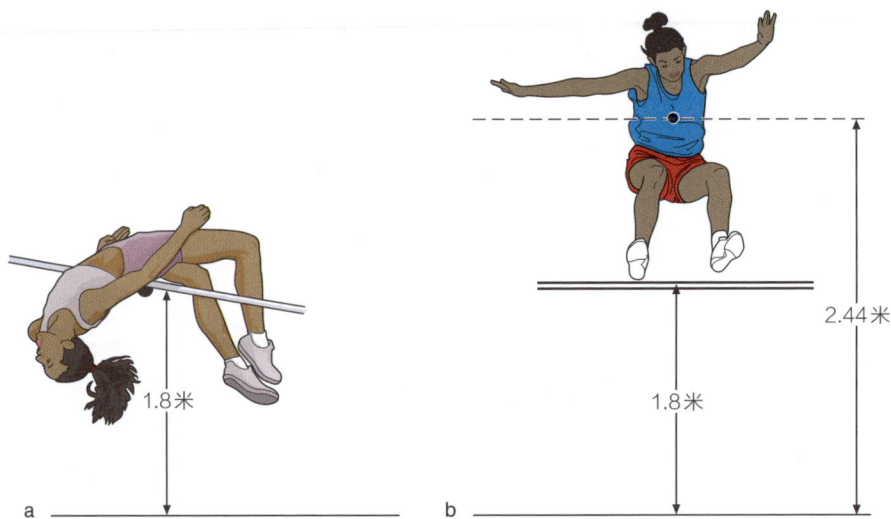

图7.6 跳高运动员在越过 1.8 米高的杆子时需要将重心提升的高度。a. 背越式跳高；b. 跨越式跳高

[源自：G. H. G. Dyson, *Mechanics of Athletics*, 8th ed. (New York: Holmes & Meier, 1986), 168.]

━━ 体育应用 ━━

重 力

重力也被称为"G力"，单位为牛。过山车的设计者使乘坐者能够安全地体验到 3 至 4 倍的重力加速度。乘坐者在日常一般只能体验到 1 倍的重力加速度，因此，其乘坐过山车时会感到自身所受重力增加了 2 至 3 倍。健康的人体能够承受的重力是有限的，3 至 4 倍的重力是大部分过山车的极限。那么，人体所能承受的重力究竟为多少呢？1954 年，美国空军的上校约翰·斯塔普（John Stapp）乘坐了一辆火箭滑车，车速在 5 秒内提升至 1071 千米/时。接着，滑车在 1.5 秒内完全停止。这种巨大的减速度使得约翰·斯塔普上校受到了 40 倍的重力。约翰·斯塔普上校幸运地存活了下来，在 1999 年以 89 岁高龄去世。以约翰·斯塔普上校的突破为基础，人类已能够在穿着特殊保护服的情况下承受超过 80 倍的重力。

跳板跳水运动员会在蹦床上进行训练，但是，他们必须学习如何有效地跳离跳板并避免与跳板发生接触。即使是多枚金牌得主、优秀的美国跳水运动员格雷格·洛加尼斯（Greg Louganis），也曾因跳水路径与跳板末端的距离不足而受到处罚。在 1988 年的汉城奥运会中，格雷格·洛加尼斯的头撞击在了跳板上，导致他出现了一定程度的脑震荡症状且头部出现了伤口。但经过医疗处理后，格雷格·洛加尼斯继续完成了竞赛，获得了该项比赛的金牌和全球年度最佳运动员的奖项。

角动量

线性动量描述了线性运动的数量，由质量乘以速度可得。角动量则描述了旋转的运动员或物体的运动数量，也可由质量乘以（角）速度得出。运动中，运动员常常需要尽可能多地聚集角动量，无论是将其施加在自己身上、对手身上还是球棒或球杆上。在其他情况下，运动员必须将角动量降至最低。

为了理解角动量在运动中的应用，让我们首先来复习线性动量在运动中的应用。在第 5 章，橄榄球前锋向前奔跑形成了线性动量的示例中，前锋的体重越大、移动的速度越快，产生的动量就越大。同样的原理也可以用在旋转的物体上或是用来使物体在发生接触后产生旋转。

棒球运动中，被投出的球会进行直线运动，与进行弧线运动的球棒相撞击。被挥动的球棒具有角动量。球体具有线性动量，如果球体发生旋转，则同样具有一定的角动量（Wicke et al., 2013）。但即使投手以 160 千米/时的速度将棒球用力抛掷出去，棒球依然不会具有很大的动量，因为棒球本身的质量很小。由于球棒具有较大的质量，尽管它的弧线运动的速度较慢，但依然会产生大于棒球所具有的动量值。

这是运动员想要看到的结果，因为当球棒与棒球相撞时，棒球会向上飞起，而球棒会飞出场地。球棒与棒球碰撞的瞬间，球棒呈现单方向的线性运动，而棒球呈现方向相反的线性运动。球棒的动量值（球棒质量 × 球棒速度）会大于棒球的动量值（棒球质量 × 棒球速度）。球棒速度降低，棒球就会改变运动方向，向后方运动。

假设投手可以将棒球投掷出 1600 千米/时的运动速度。尽管棒球的质量不变，它的速度却发生了急剧的增加，因此它的动量也会随之增加。在这一假设中，棒球可能会获得比球棒具备的动量更大的动量。球棒可能会向后运动。如果球棒为木制而非铝制，则它可能会在把手处发生断裂。

教练能够做些什么来对抗以 1600 千米/时的速度飞行的球体呢？教练需要开始寻找可以以极快速度挥动球棒的运动员。如果运动员的挥棒速度足以对抗以 1600 千米/时的速度飞行的棒球，那么球棒获得的动量就会大于棒球获得的动量。棒球很可能会飞出赛场，降落在隔壁城市！在这一大胆的假设中，球棒的挥动说明了一些与角动量相关的重要因素，具体如下。

- 质量（物体的重量）。
- 质量距离旋转中心的位置（质量分布）。
- 角速度或挥动速率。

在现实情况中，当球棒被挥动时，球棒的质量、长度、质量分布以及挥动速度之间往往会互相弥补。在棒球运动中，从没有击球员使用过超过 1.07 米长的球棒，尽管这种长度在比赛规则允许的范围内。击球员往往会倾向于选择质量为 0.91 千克至 0.96 千克的球棒，尽管比赛规则并没有对球棒的质量做出规定。这是为什么呢？

- 较长、较重的球棒的大部分质量集中在击球端，与较轻的球棒相比，这样的球棒需要击球员使用较大的力量和较长的时间来对其加速。
- 投球的速度导致击球员仅具有不到一秒的反应时间。因此，击球员往往倾向于使用较轻的球棒，这样能使他们快速地完成挥棒动作。
- 击球员也许知道棒球的角速度（挥动速率）远远比决定棒球飞行距离的球棒质量更为重要。

对于在运动中需要进行旋转的运动员或是需要挥动球棒或球杆的运动员来说，产生尽可能多的角动量是十分重要的。在跳水运动中，尤其是对需要做大量扭转和翻转动作的跳水项目来说，跳水运动员需要在起跳时产生足够多的线性动量和角动量。跳水运动员需要使用线性动量跳到高于跳板且距跳板足够远的位置，以确保动作的安全性。同时，跳水运动员还需要在起跳时进行旋转，旋转时要确保自己的身体是完全伸展的。通过伸展身体和旋转，跳水运动员会产生大量的角动量。接着，他们可以使用这些角动量来完成翻转和扭转动作。

增加角动量

前文中讨论的击打棒球的例子说明了增加角动量的3种方式。

1. 增加旋转物的质量。运动员可以选择挥动更沉的球棒。但是如果运动员是旋转物本身，则他们需要在极短的时间内增加较多体重，且以相同的速度完成旋转动作，以增加角动量。显然，对于运动员来说，这种方法是不可行的。

2. 将尽可能多的质量放置在距旋转中心较远的位置（延长回转半径）。如果运动员是

旋转物本身，那么他们必须伸展身体。如果运动员需要挥动球棒，那么球棒必须具有较长的长度，且球棒的大部分质量要在球棒的击球端。

3. 增加旋转物的角速度。运动员可以增加自身的旋转速度；击球员可以更快地挥动球棒，以获得更快的角速度。

要注意，运动员常常需要在质量、质量的分布和角速度之间找到平衡。在击球和击球技巧方面，远离旋转轴的质量大幅增加就像是把一只超重的靴子穿在一名运动员的脚上。如果运动员无法产生足够大的力量来挥动腿部，那么这额外的质量就会变得毫无意义。适当的质量、较长的腿、巨大的角速度这三者结合才是运动员需要的结果。

另外，运动员在起跳时可以使用角动量来使自己跳得更高。跳高的规则是运动员单脚起跳，越过横杆。两脚着地的起跳是违反规则的。

- 如果一名跳高运动员仅仅使用一条腿向地面产生推力而没有做其他事情，那么这名运动员是无法跳得足够高的。
- 跳高运动员可以通过强有力地摆动双臂和腿来增加向上的冲力。
- 通过完成这些动作，跳高运动员可以产生可转化为全身运动的角动量。
- 体操运动中，当体操运动员在地面上向后翻时，他们会使用与跳高运动员相似的运动技巧。跳高运动员会向上摆动双臂来协助身体跳离地面，如图7.7所示。为了获得最大的力，跳高运动员的手臂会完全伸展且以极大的速度向上摆动。优秀的跳高运动员和体操运动员总是能够确保他们的起跳动作在与地面接触的同时发生。

滑冰运动员也使用同样的方法。优秀的

图7.7 跳高运动员在起跳中的动量转化

滑冰运动员会推动冰面，因为冰面是地面的一部分。如果他们施加向下推的力，地面也会给他们施加向上推的力。滑冰运动员对地面施加的推力越大，地面产生的反推力就越大。地面的这种回应是滑冰运动员能够跃入空中完成三周转和四周转的原因。如果滑冰运动员在空中，即没有与地面接触时想要完成同样的动作，会得到不同的效果。下面将对这种现象进行讨论。

角动量守恒

如果运动员或者像轮子一样的物体开始旋转时，在没有外力阻止他们旋转的情况下，他们会不停地旋转下去。更准确地说，如果运动员或物体受到扭转力，他们就会开始转动，在其他物体或人体不对其产生任何阻止其旋转的转矩时，这种转动不会停止。但在实际的旋转过程中，运动员或物体会与旋转的支撑面产生摩擦力，还会受到空气或水带来的阻力，又或者受到其他运动员的阻力。

- 角动量守恒的原理与牛顿第一定律相似，只不过角动量守恒原理的运动状态为旋转。牛顿第一定律说明了移动

的质量会具有持续进行直线运动的趋势，且会在没有外力作用的情况下保持直线运动。

- 在旋转运动中，旋转的物体在没有外力对其进行阻止的情况下也会持续转动。

运动中，当运动员旋转的阻力过于微小甚至可以忽略不计时，会有多种情况发生。例如，当体操运动员从单杠上落下并在空中进行旋转的情况，跳高运动员和跳远运动员在空中运动的情况，或是跳水运动员和蹦床运动员在空中旋转的情况。在这些情况中，空气阻力非常微小，甚至可以忽略不计。在这些情况中，我们可以说运动员的角动量是守恒的。

守恒一词意味着停止不变，或者保持不变。这样的意思被应用在对运动员完成运动技术时具有角动量状态的描写中。比如，运动员在进行跳高、跳远和跳水运动时，其起跳时获得的角动量在他们腾空的过程中是守恒的。这是为什么呢？

这个问题的答案是，运动员无法通过推动空气来增加或减少角动量。在腾空的过程中，由空气减少的角动量是可以忽略不计的。作用在运动员身上的唯一的力是地球的引力，施力点位于运动员的重心位置。虽然重力会在运动员加速落向地面时增加运动员具有的线性动量，但是这个力对运动员的角动量没有任何影响。

因此，在腾空的过程中，运动员的角动量不会增加或减少，只会保持不变。和线性动量相似，起跳时的角动量在腾空过程中保持不变。下面将再次以跳水运动为例，对角动量的守恒与跳水运动员在空中控制角速度的能力之间的关系进行说明。

跳水运动中对角速度的控制

当跳水运动员从10米的高台向下进行加

速运动时，他们会在2秒以内撞击水面。在如此短距离的腾空中，跳水运动员的角动量是保持不变的。除去可忽略的空气对角动量的消耗，可以说运动员在起跳时获得的角动量在整个跳水过程中是保持不变的。

腾空过程中，跳水运动员的姿势与体操运动员的姿势相似，都由展开的身体姿势变为了较紧密的卷曲姿势。为了变为卷曲姿势，跳水运动员需要使用肌肉力量来向内拉动双腿和双臂，内收下巴并弯曲脊柱。通过这样的动作，运动员可以将全身质量拉近至旋转轴，进而缩短回转半径。

当这一动作发生时，旋转惯性（运动员对旋转动作的阻力）会减少，运动员的旋转速度会变得更快（运动员的角速度增加）。但是，是什么引起了旋转速度的增加呢？这些额外的速度从何而来呢？这些问题的答案可以从控制影响角动量的变量中找出。

运动员在空中运动时，产生角动量的因素有以下3点。

1. 运动员的旋转速度。

2. 运动员的质量。

3. 运动员质量以回转半径为基准的分布情况。

也就是说，角动量由运动员旋转的程度、质量的大小、伸展或卷曲的身体姿势决定（Walker et al., 2016）。这3种因素综合在一起，就成了运动员的角动量。

如果运动员在某种情况（腾空运动）中的总的角动量的量固定在某个值上（保持不变），并且创造角动量的因素之一被降低（如运动员向内卷曲身体以拉近质量分布），那么其他产生角动量的因素就会相应地增加，以使角动量保持不变。因为运动员在腾空过程中无法自由地更改自身质量（增重或减重），当他们卷曲身体，将自己拉近至旋转轴时，他

们的角速度就一定会增大。运动员将身体向内拉，就会旋转得更快；将身体向外展开，就会旋转得更慢。

花样滑冰运动中对角速度的控制

当花样滑冰运动员在空中完成多种扭转动作时，如后外点冰四周或三周半跳等，他们会将身体调整至较紧密的身体姿势来增加角速度，这就是运动员减少自身旋转惯性的另一个例子。在这些运动技术中，花样滑冰运动员会在腾空过程中绕长轴（从头到脚的轴）完成多个旋转（扭转）动作。在短短的腾空时间内，运动员的角动量保持不变。

花样滑冰运动员会使用一腿向前一腿向后的姿势完成前外一周半跳姿势，双臂会向两侧展开。因此，运动员的身体质量会以身体的长轴为基准向外分布（与跳水运动员从跳板处起跳时的身体伸展相似）。

- 在伸展姿势中，花样滑冰运动员的旋转惯性（阻力）较大。

- 因此，绕纵轴的角速度（旋转速度）处于最小值。

- 但是，在腾空过程中，花样滑冰运动员会将双臂和双腿内拉，进而大大减少了回转半径和对抗旋转的阻力，花样滑冰运动员就会以巨大的角速度进行旋转。

- 花样滑冰运动员在落地时再一次展开双臂和双腿，此时旋转惯性再次增大，旋转速度也随之降低。

即使花样滑冰运动员在与冰面接触的情况下进行高速旋转，上文讨论的原理在他们的动作中也同样适用。内拉四肢时，旋转速度增加。这种技术和花样滑冰运动员在空中完成的技术之间的区别是，花样滑冰运动员的冰刀在冰上挤压和转动产生的阻力比花样滑冰运动员在空中滑行时空气产生的阻力大。

知识小结
运动中的角动量

- 角动量描述了旋转的运动员或物体的运动数量。

- 在运动中，运动员可以通过增加旋转物的质量，将质量尽可能地拉近至旋转轴（缩短回转半径）或增加旋转物的角速度来增大角动量。

- 角动量守恒原理是旋转版的牛顿第一定律。牛顿第一定律指出，移动的质量具有保持直线运动的趋势，在没有外力干扰的情况下，物体会保持直线运动。

因此，由于与冰面的摩擦，花样滑冰运动员在与冰面接触时，会失去一些角动量。

角动量的利用

当跳台跳水或跳板跳水运动员处于腾空过程中时，他们不再需要推动较大的重量。他们在空中进行的任何肌肉活动都会产生大小相等、方向相反的反作用力。所有的跳水运动员、体操运动员和其他需要进行高空动作的运动员都会经历这样的情况。

例如，一名跳台跳水运动员从跳台上跳下，以伸展的身体姿势落向水面。在这个姿势下，运动员没有进行任何旋转。当运动员落下时，试想教练忽然发出指令，让其将伸展的双腿抬起90度，从垂直（垂直指向水面）下落变为水平下落。运动员扭转腿部，以髋关节为轴心向前、向上进行旋转，使肌肉在起止点处（肌肉的两端）的拉力相等。因此，它们会同时作用，将身体向下拉动。当运动员的双腿向上扭转时，他的身体需要向下旋转。那么，他的双腿与身体的旋转弧度是否相等呢？

答案是否定的，它们的旋转弧度并不相等：运动员上半身的旋转惯性几乎为腿部的

3倍，因此运动员上半身对旋转的抗力也是腿部对旋转的抗力的3倍。当运动员的腿向上抬起90度时，具有3倍旋转惯性的上半身会以1/3的旋转程度向下旋转，旋转角度大约为30度，如图7.8所示。

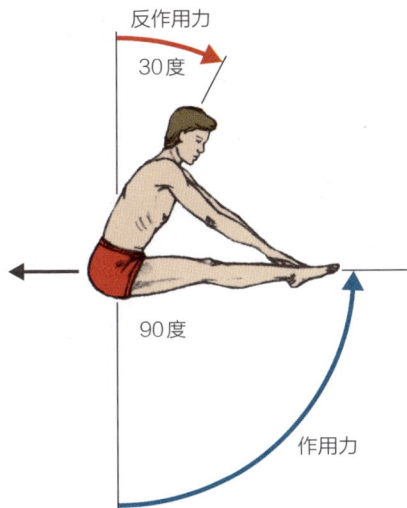

图7.8 运动员双腿伸展，逆时针反向抬起90度时，上半身会产生顺时针方向的30度的反作用力

也许运动员腿部及上半身的动作看起来并不是大小相等且方向相反的作用力和反作用力，但它们确实是这样的一组力量。在例子中，作用力为使运动员腿部逆时针移动90度的力量，而反作用力为使运动员的上半身顺时针移动30度的力量。反作用力的大小与作用力的大小相等，因为运动员上半身的旋转惯性是腿部旋转惯性的3倍。反作用力的方向与作用力方向相反，因为上半身的动作方向与腿部的动作方向相反。

旋转惯性不仅由相关对象的质量决定，也由以轴心为基准的质量分布情况决定。在之前的例子中，运动员的双腿在完成90度的运动中一直处于伸展状态，如果运动员使双腿在膝关节处弯曲并抬起大腿，那么腿部的旋转惯性会降低，上半身所受的反作用力也会减

少。上半身的弯曲角度大约为20度，如图7.9所示。

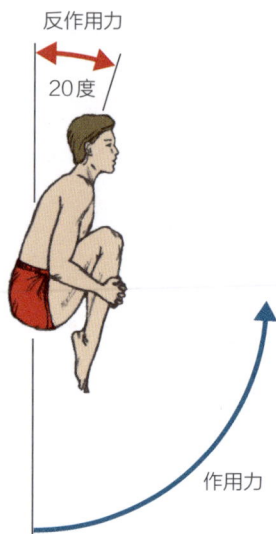

图7.9   运动员弯曲双腿并抬起大腿时，会具有小于伸展姿势具有的旋转惯性，上半身的反作用力也会相应减少

图7.10展示了跳水运动员动作中的另一种反作用力。当运动员伸展双腿进行逆时针反向的旋转时，上半身的动作方向为顺时针方向。图7.10中，运动员的身体各部分都在往右侧移动。在空中，运动员向右移动的身体质量被向左移动的身体质量抵消。在这个例子中，运动员的臀部和髋部产生了指向左的反作用力（大小相等、方向相反）。

这种产生大小相等、方向相反的反作用力的例子在很多体育项目中都十分常见。背越式跳高运动员需要使用弓背姿势越过横杆，运动员的双腿就会产生顺时针方向的反作用力（大小相等、方向相反）。虽然上半身和下半身以相反方向进行运动，但是二者的移动方向都指向地面。因此，髋部会产生向上移动的反作用力。只要正确地把握时机，运动员的髋部和臀部就会向上移动，从而使运动员顺利过杆。

这个现象的另一个例子是排球运动员的跳跃扣球动作。当运动员的上半身以逆时针方向向后弯曲时，运动员的下半身会产生顺时针方向的反作用力。如图7.11所示，虽然上半身和下半身以相反方向运动，但是二者都在向左移动。因此，髋部和腹部会产生向

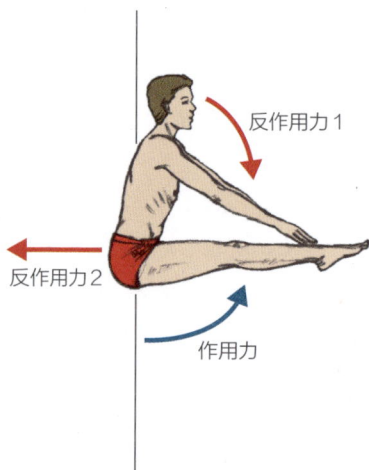

图7.10   在空中，当运动员的下半身和上半身向前弯曲时，髋部会产生指向后方的反作用力

图7.11   跳跃扣球动作中的作用力与反作用力

右移动的反作用力，与向左移动的作用力的大小相等、方向相反。这样，运动员的动作才能够达到平衡。这一动作的原理与跳高运动员的动作原理完全相同。

在跳远、跳高、花样滑冰、跳水和体操一类的体育活动中，运动员会在空中停留一定时间。在短时间的腾空过程中，他们总的角动量是保持不变的。如果运动员在腾空时通过忽然旋转手臂或双腿而产生了更大的角动量，那么身体的另一个部分（或整个身体）就必须失去一些角动量，以确保整体角动量的守恒。

也就是说，如果跳高运动员在起跳时对自己施加了10个单位的角动量，那么他是无法在腾空过程中将其提升至12个单位的。如果跳高运动员通过旋转手臂和双腿增加了2个单位的角动量，那么，他的身体的其他部分就一定会失去2个单位的角动量，以使整体的角动量保持在10个单位。有趣的是，使用手臂或双腿的运动来产生角动量或降低身体其他部分的角动量的原理，可以使运动员在空中对自己的动作加以控制。下面先对跳台滑雪运动中的相关知识进行介绍，再对优秀的运动员在跳远运动中对该原理的应用进行讨论。

跳台滑雪运动中的前旋控制

在跳台滑雪运动中，起跳时获得过多向前旋转的力的运动员会知道，如果他什么都不做，将会用脸着地。因此，运动员会沿着前翻动作的相同方向旋转手臂。手臂动作产生的角动量可以帮助身体减慢向前的旋转动作。如果运动员的动作足够有力，手臂的动作可以使运动员的身体向后旋转至理想姿势。如果跳台滑雪运动员向后旋转手臂，他的身体会向前旋转，但在这个例子中，这样向前的旋转是运动员最不需要的动作。

跳远运动中的前旋控制

所有的跳远运动员都会在起跳时向前旋转，即使是世界级的跳远运动员也面临着这一问题。前旋是无法避免的运动趋势，因为运动员的双脚会在起跳时推动地面，进而使自己的身体向双脚的推力方向产生旋转。从左侧跳向右侧的跳远运动员需要向左产生推力。这时，运动员会向身体施加一个顺时针的旋转力。更糟糕的是，如果运动员不采取任何措施，那么他的身体会在腾空过程中继续向前旋转，他的双腿和双脚会向地面反向旋转，进而大大降低跳远的距离。新手常常在腾空中保持较为弯曲的身体姿势，这会为他们带来问题。弯曲的姿势意味着他们会更快地进行旋转，他们的身体和双脚也会更快地朝着地面进行旋转，这会导致跳远距离的缩短，如图7.12所示。

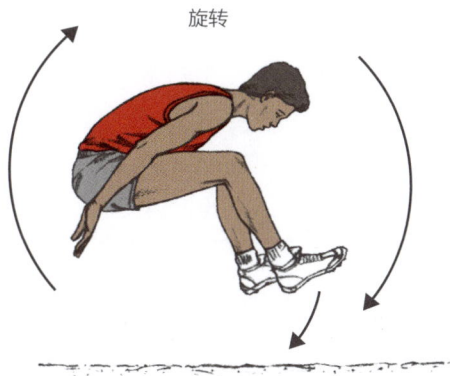

图7.12　在空中，弯曲的身体姿势会增加跳远运动员的角速度，因此双脚会更早地接触地面

为了抵消起跳时多余的向前的旋转力，专业的跳远运动员会在空中向着同一方向旋转手臂和双腿。优秀的跳远运动员会呈现一种类似骑行动作的高踢腿的姿势，以停止身体进行向前的旋转动作，并使身体向相反方向旋转，如图7.13所示。这种旋转动作的改变可以帮助运动员在落地时获得较好的身体

手臂的顺时针旋转

逆时针方向
的反作用力

双腿的顺时针旋转

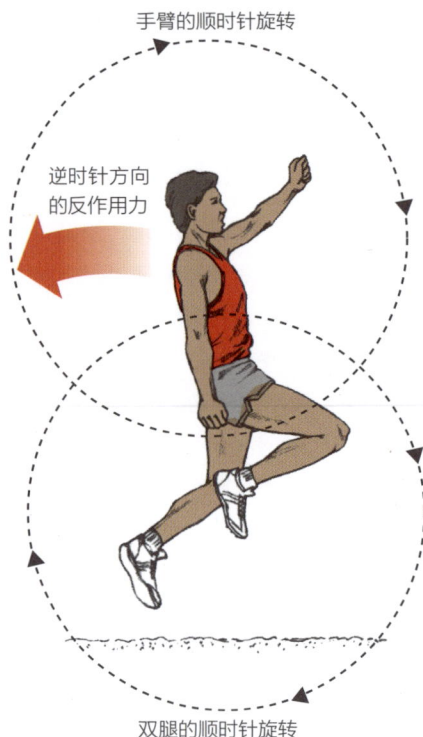

图 7.13 双腿和双脚的前旋动作会使运动员身体向后旋转

姿势和较长的跳跃距离。

　　运动员能够从手臂与双腿的旋转动作中获得的反作用力大小，由运动员在起跳时获得的角动量大小以及手臂与双腿产生的角动量大小决定。手臂和双腿伸展时进行的有力的旋转动作会形成最大的角动量。优秀的跳远运动员会在跳离地面时弯曲双腿，并通过向前旋转手臂来增加自身获得的动量（Allen et al.，2016）。这样的动作可以最大限度地抵消运动员身体向前的旋转力。

　　一个观测角动量的好地方是游泳池。小孩子会跑着跳下跳板，他们不想自己的双脚被跳板向后侧掷出。他们可能会在空中惊恐地发现自己发生了旋转且就快要使用腹部砸向水面。这时，他们会开始疯狂地挥舞手臂。这些小孩子在没有学习运动生物力学知识的

情况下，展现出了角动量在调整运动方向方面的应用。他们会高频率地向不理想的旋转方向旋转手臂和双腿。在不知不觉中，他们的行为成了优秀的跳远运动员的精确动作的粗糙复制品。

角动量的转化

　　跳水运动员、体操运动员和高空杂技滑雪运动员常常会将扭转动作和翻转动作相结合。在这些复杂的运动技术中，运动员会同时绕他们的横轴（两髋之间的轴）进行翻转动作，并绕长轴（从头到脚的轴）进行扭转动作。运动员们总结出了一种最值得一提的用于混合翻转和扭转动作的运动技巧。在开始使用技巧时，运动员会进行翻转动作，此时没有扭转动作出现。下文将对这些动作的力学原理进行探讨。

- 在起跳时，跳水运动员对地面产生推力，帮助身体进行旋转，进而获得角动量。与跳远运动员相似，起跳时获得的角动量会在跳水运动员落向水面的过程中保持不变。
- 在腾空过程中，运动员会开始绕横轴（两髋之间的轴）进行旋转。
- 接着，运动员会进行一套动作，将翻转动作中的角动量转移到扭转动作中。
- 运动员此时会同时进行翻转和扭转动作。
- 在完成所需周数的翻转和扭转后，运动员会完成第 2 套动作。
- 这些动作会停止扭转动作，运动员会继续进行单独的翻转动作。
- 将翻转动作中的角动量转移至扭转动作中的方式被称为身体倾斜技巧。

身体倾斜技巧

　　扭转动作的身体倾斜技巧需要运动员将身体向翻转的中心外侧倾斜，使得一部分

的角动量被转移到扭转轴心。解释这一技巧的最佳方式是将跳水运动员想象成一块绕横轴翻转的砖块。运动员在腾空过程中的角动量是在起跳时获得的，具体内容如图7.14所示。

- 在图7.14a中，一定量的角动量存在于砖块的横轴周围。
- 假如在翻转动作中，砖块向侧面翻倒，呈水平方向倒下，如图7.14b所示。旋转动作还在继续，但是砖块现在开始绕长轴旋转，这使得砖块的纵轴变成了翻转轴线。
- 再将砖块倾斜一定程度，但并不使它完全水平，如图7.14c所示。砖块会同时进行扭转和翻转动作。这是为什么呢？

倾斜的角度使得一部分的角动量被转移到了扭转轴线上（图中砖块的长轴），但是

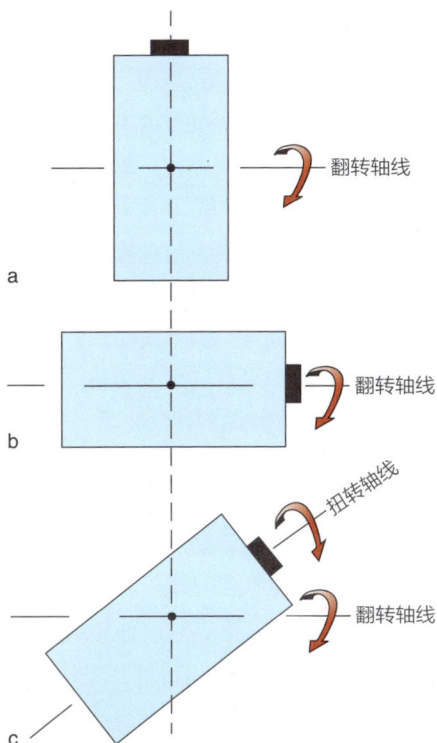

图7.14 扭转动作中身体倾斜技巧的力学图示

仍有一些保留在原本的翻转轴线上。另外，砖块绕扭转轴线的旋转惯性（阻力）要小于绕翻转轴线的旋转惯性，砖块会以大于翻转速度的速度进行扭转。如果砖块恢复至原本的位置，整个过程会完全相反：扭转动作会慢慢消失，所有的角动量会回到翻转轴线上。

身体倾斜技巧的原理说明，当运动员以翻转动作开始跳水并在空中略微倾斜身体时，他们会同时进行翻转和扭转动作。但是，运动员如何在空中倾斜身体呢？以下就是这个问题的答案。

- 当运动员从跳板上起跳时，他们会向两侧伸展手臂，如图7.15a所示。
- 接着，在腾空过程中，他们会向下移动一只手臂，同时向上移动另一只手臂，如图7.15b所示。

要注意，虽然一只手臂向上移动，一只手臂向下移动，但是两只手臂都在以顺时针方向进行旋转。这些顺时针的手臂动作产生的角动量会使运动员的身体产生逆时针方向的反作用力。双臂的90度移动（一只手臂向上移动90度，另一只手臂向下移动90度）可以使运动员的身体以垂直角度为基准倾斜大约5度，这足以使运动员完成一个扭转动作。向后移动手臂可以停止扭转，并恢复至原本的运动姿势。

常见的翻转与扭转动作的混合顺序如下文所述。运动员会以翻转动作起跳，在腾空过程中，运动员会举起一只手臂并放下另一只手臂；运动员的身体发生倾斜，使得扭转和翻转动作开始同时发生；当运动员将手臂恢复至原本位置时，扭转停止，翻转动作继续进行，且会在运动员做出入水动作时完全伸展至最小值。

跳水运动员还知道，他们身体的倾斜

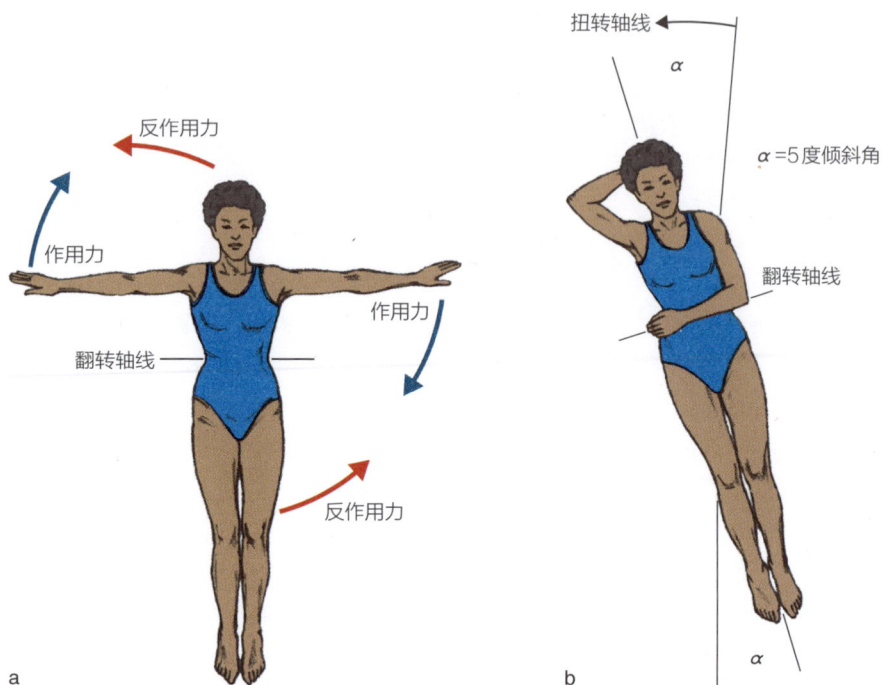

图7.15 a. 向外伸展双臂的运动员绕翻转轴线旋转；b. 当运动员抬起一只手臂并落下另一只手臂时，身体发生倾斜，一部分的翻转角动量被转移至扭转轴线上

角度越大，能够完成的扭转程度就越大。那么，他们如何才能加大身体的倾斜角度呢？在完成绕纵轴的半周扭转后，运动员下方的一只手臂会被举起并在后脑勺处弯曲，另一只已经抬起的手臂会被放下，拉至环绕腰腹的位置。这一重复的手臂动作会使运动员倾斜的角度加大，进而使得扭转的速率增大，也为运动员完成转体三周的跳水动作提供了可能性。

猫式扭转技巧

这一扭转技巧之所以被称为猫式扭转技巧，是因为猫能够在没有受到任何训练的情况下自然而然地展现出这个技巧所包含的力学形式。实验结果显示，如果使猫从距地面1米的高度反向下落，它能够在空中完成扭转动作，使自己四脚落地。图7.16a至图7.16e展示了猫的下落过程。猫的身体中段在图7.16a

中形成了一个尖尖的角。

这个重要的角度使猫可以通过扭转上半身来对抗下半身的旋转惯性。猫先做的动作是建立与地面的视线接触。

- 猫拉动四肢，将上半身转向地面，如图7.16b和图7.16c所示。
- 通过拉动四肢，猫会减少上半身的旋转惯性。由于后腿完全展开，猫的下半身具有更大的旋转惯性。
- 因此，具有较小旋转惯性的上半身会完成较大角度的扭转，并产生最小限度的来自下半身的呈相反方向的反作用力。
- 当猫看到地面后，它会伸展前腿，准备落地，如图7.16d所示。这个动作会增加其上半身的旋转惯性。
- 猫向内拉动后腿，减少下半身的旋转

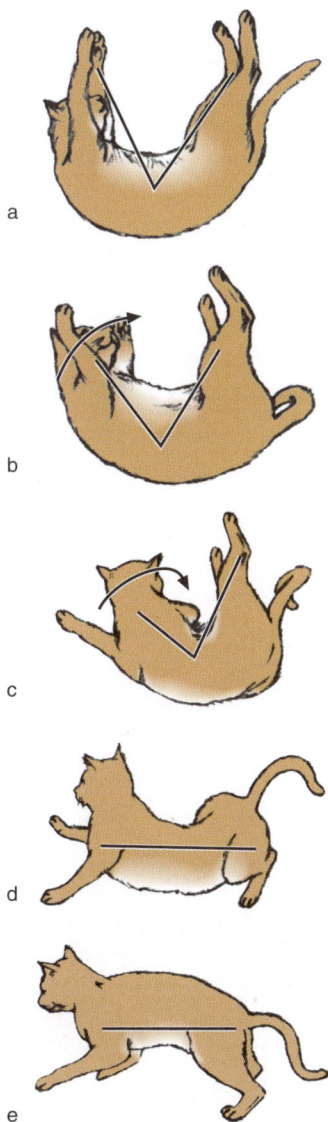

图7.16　猫式扭转。猫可以降低上半身的旋转惯性，并且通过扭转上半身来对抗下半身的较大的旋转惯性。注意图7.16a~c中猫的身体角度的变化

惯性，并使下半身进行旋转来对抗上半身较大的旋转惯性。当身体完全对齐后，猫就做好了安全落地的准备，如图7.16e所示。

猫式扭转与身体倾斜技巧不同，它可以在不对翻转的角动量进行转移的情况下完成

动作。猫式扭转需要运动员的身体形成一定的角度，或是将腰部以一定的方式弯曲。弯曲的方向并不重要，可以向前、向后或向侧面弯曲，它们都会带来同样的效果。90度的弯曲角度较为有利（上身指向前方），但在猫式扭转中，身体角度可以远远大于90度。蹦床中具有猫式扭转技巧的基本技术是髋部扭转。

髋部扭转中呈直角的身体姿势也会在跳水运动中出现。在这个姿势中，下肢伸出长轴，长轴变为两髋到头部的距离。这个动作正是猫式扭转的基本原理。猫式扭转需要通过扭转旋转惯性较小的身体的某一部分来对抗具有较大旋转惯性的身体的另一部分。

猫式扭转技巧常常被用在带有翻转和扭转动作的跳水起跳动作中。在这些跳水动作中，运动员会结合使用猫式扭转和身体倾斜这两种技巧。图7.17a至图7.17e展示了一名跳水运动员带有翻转动作和扭转动作的起跳动作。要注意，在图7.17a中，运动员的手臂在肩部上方完全向外展开。绕翻转横轴进行的旋转由起跳时开始发生。图7.17b展示了猫式扭转技巧需要的90度的屈体姿势和使用身体倾斜原理完成的一只手臂上抬，另一手臂下降的旋转动作。在上半身进行扭转以对抗下半身的旋转惯性后，腰部的角度会恢复正常，如图7.17d和图7.17e所示，来使绕身体长轴的扭转动作继续发生。

跳水运动员和高空杂技滑雪运动员也会使用其他的扭转和翻转技巧。然而，这些技巧的相关内容超出了本书的范围，这里不再讲解。如果运动员想要开展训练活动或是对体操、跳水、花样滑冰、高空杂技滑雪、蹦床或其他需要扭转和旋转动作的运动项目进行训练，一定要确保自己理解这些活动的力学原理，并且要选择使用能够确保安全的运动技巧。

图7.17 起跳后同时使用猫式扭转和身体倾斜技巧的跳水运动员

运动中的角动量转移

- 以作用力与反作用力大小相等、方向相反的原理为基础，运动员可以将身体某一部位具有的角动量转移至另一部位。
- 转移角动量的关键因素是质量和角速度，以及以旋转轴为基准的质量分布情况。
- 角动量的转移可以越过不同的平面（如横向、纵向）。

本章小结

- 角动量是旋转式的线性动量，它描述了旋转动量的数量。物体的角动量由质量、角速度和质量的分布决定。
- 在短时间的腾空运动中，如跳水、跳远、体操和跳高等，运动员在起跳时获得的角动量会在腾空过程中保持不变，即运动员的角动量是守恒的。
- 当运动员的角动量守恒时，旋转速度的增加或减少与运动员身体质量的分布有关。例如，身体贴合越紧密，角速度就越大。
- 在腾空过程中，运动员身体某部分运动的角速度的增加或减少与身体其他部分的角动量有关。在腾空过程中，运动员整体的顺时针旋转可以被运动员的手臂和双腿的顺时针旋转动作抵消。逆时针旋转也具有同样的原理。
- 跳水运动员可以综合使用身体倾斜、猫式扭转、其他扭转技巧以及翻转动作。
- 扭转动作的身体倾斜技巧需要运动员在开始扭转动作前进行翻转动作。这一技巧使用了特定的手臂动作来使身体倾斜出翻转轴线。这一动作会将翻转轴线具有的角动量转移到扭转轴线上去。接着，运动员会同时进行扭转和翻转动作。当身体倾斜停止时，扭转动作也会随之停止，但翻转动作会继续发生。
- 猫式扭转技巧不需要任何角动量的转移就可以在空中完成。运动员不需要首先进行翻转动作。这一技巧需要运动员弯曲腰部，通过旋转身体中具有较小旋转惯性的某一部分来对抗具有较大旋转惯性的身体的另一部分。

关键术语

角动力学

角动量

平衡点

重心

角动量守恒

守恒

密度

重力

重力加速度

旋转速度

合力

角动量转化

参考文献

Allen, S. J., M. R. Yeadon, and M.A. King. 2016. "The Effect of Increasing Strength and Approach Velocity on Triple Jump Performance." *Journal of Biomechanics* 49(16): 3796–3802.

Haase, S. C. 2017. "Management of Upper Extremity Injury in Divers." *Hand Clinics* 33(1): 73–80.

Heinen, T., M. Supej, and I. Čuk. 2016. "Performing a Forward Dive With 5.5 Somersaults in Platform Diving: Simulation of Different Technique Variations." *Scandinavian Journal of Medicine and Science in Sports* 27(10): 1081–1089.

Korkmaz, S., and E. Harbili. 2016. "Biomechanical Analysis of the Snatch Technique in Junior Elite Female Weightlifters." *Journal of Sports Sciences* 34(11): 1088–1093.

Walker, C., P. Sinclair, K. Graham, and S. Cobley. 2016. "The Validation and Application of Inertial Measurement Units to Springboard Diving." *Sports Biomechanics*: 1–16.

Wicke, J., D. W. Keeley, and G. D. Oliver. 2013. "Comparison of Pitching Kinematics Between Youth and Adult Baseball Pitchers: A Meta–Analytic Approach." *Sports Biomechanics* 12(4): 315–323.

第 **8** 章

稳定性和不稳定性

本章将对以下知识进行介绍

- 稳定性在运动技术中的重要性。
- 运动员如何利用线性稳定性与旋转稳定性。
- 决定线性稳定性与旋转稳定性水平的力学原理。
- 一些运动技术需要减小稳定性的原因。
- 旋转物体的转动稳定性与转动阻力成正比的原因。
- 重心和重心线的评估方式。

本章将对运动技术中的稳定性进行讨论。读者将会了解为什么一些运动技术需要运动员尽可能地保持稳定性，但有一些运动技术却需要运动员暂时地将稳定性减小至最小限度。读者还会了解为什么稳定性与质量和惯性有关，尤其是为什么运动员对稳定性的保持通常是与转矩的一种对抗，为什么破坏运动员稳定性的扭转力会与运动员用来获得稳定性的肌肉力量产生的扭转力产生对抗。稳定性和不稳定性都是强大的运动技巧，运动员可以将它们加以使用。为了将其投入实践，本章将首先对稳定性的力学原理以及决定稳定性的因素进行介绍，让读者知道，通过改变支撑面或重心线，可以改变运动员的稳定性或不稳定性。

很多运动员会自然而然地学会如何进行移动，并且他们也似乎本能地知道如何将自身的稳定性最大化。但是，并不是所有运动员都具备这样的能力。年轻的运动员，尤其是正处于学习阶段的运动员，常常会出现不良的运动姿势，这些不良的姿势会降低他们的运动表现。

- 如果运动员在完成投掷、扣球或击打动作时无法合适地摆放双脚，他们的动作带来的反作用力会导致他们无法站稳或"飞"向相反方向。
- 这些运动员在对手对其进行阻止、拦截或挑战时无法保持有效的运动姿势。

- 当运动员变得不够稳定或者失去平衡时，他们就无法正确地调整动作以快速获得对自身的控制力。
- 如果运动员想要忽然移动，这也是无法实现的，因为他们的运动姿势使他们不能快速地改变动作。

为了更方便理解，我们在此处规定，运动员和物体二词是可以相互替换的，也就是说，如果本文讨论的是运动员的稳定性，那么，同样的理论也可以应用在物体上。本章中的例子展示了与运动技术中一些特定姿势对稳定性的需求相关的错误行为，大部分的错误行为可以很简单地通过学习与稳定性相关的力学原理来进行改正。本章将对这些原理进行介绍。

稳定性的基本原理

大部分的日常活动需要人体对自身稳定性进行掌控，也就是说，人们可以选择保持现有的稳定姿势，或是选择向某个方向进行移动（Punt et al., 2015）。稳定性的力学定义是人体能够承受的阻力大小。一个人的稳定性越强，表示他所能产生的对抗阻力的力就越大。

当世界冠军级别的体操运动员完美地在平衡木上完成一套动作后，他就成功地克服了会使他落下平衡木的力。我们将体操运动员与美国职业橄榄球联盟中的跑卫做比较。

跑卫要在受到对手重复的撞击拦截的情况下完成转体和转向动作，并继续向达阵区推进。尽管这两种运动存在着巨大的差异，但是，世界冠军级别的体操运动员和橄榄球运动中的跑卫相比，二者都展现出了对自身稳定性的卓越控制能力。

平衡一词可以指代对使运动员保持稳定的力的控制能力。这个词语意味着运动员具有对自身稳定性的控制能力，并且能够有控制地改变稳定性。无论是在静态还是动态的情况下，运动员都需要保持稳定性。

例如，为了完成倒立动作，运动员需要对稳定性进行控制，将所有的动作幅度最小化，来使自己尽可能地保持静止。在高度动态的情况下，例如一名跑卫在跑向达阵区时，运动员需要在与来自对手的力、重力、摩擦力和空气阻力的拦截力发生接触时，保持自身的稳定性。

稳定性的力学原理

从力学角度来说，我们可以通过简单的几何图形来说明稳定性的概念。一条边在地面上的三角形是稳定的，如图8.1a所示；只有一个顶点在地面上的三角形是不稳定的，如图8.1b所示；圆的稳定性是中性的，如图8.1c所示。稳定性在应用运动生物力学中的影响可以被分为以下两大类。

- 线性稳定性与呈某个方向运动的运动员有关。
- 旋转稳定性与呈旋转运动的运动员有关。

线性稳定性

运动员（或物体）可以产生一定量的阻力来对抗使其产生移动的力。在开始运动后，运动员还可以产生一定量的阻力来对抗使其停止运动或改变其运动方向的力。这两种情

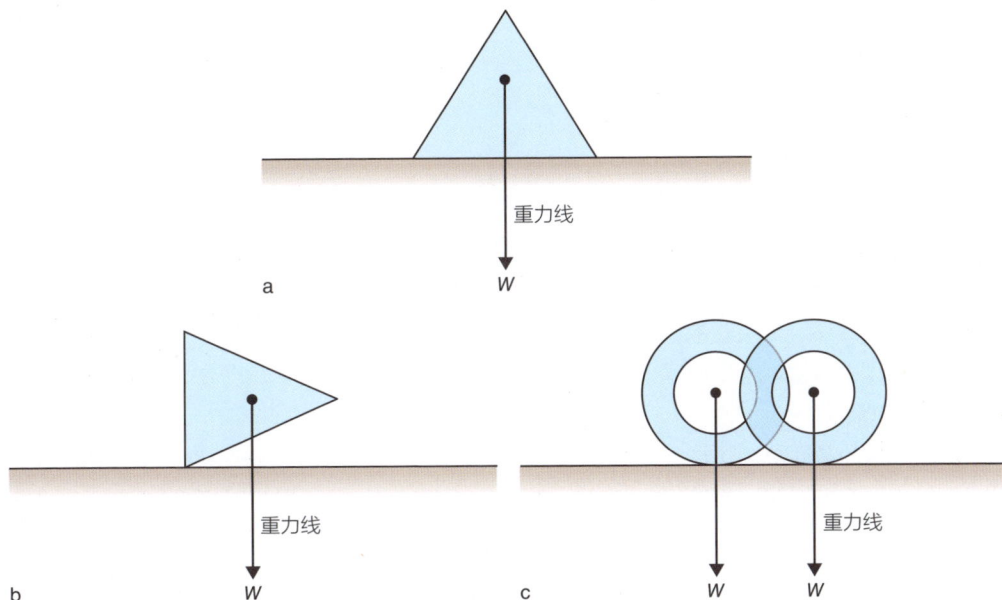

图8.1 使用简单的几何图形来说明稳定性概念

[源自：E. Kreighbaum and K. Barthels, *Biomechanics: A Qualitative Approach for Studying Human Movement*, 4th ed. (Upper Saddle River, NJ: Pearson Education, 1996), 332.]

况都属于线性稳定性。如相扑选手可以抵挡来自对手的试图使他向某一方向运动的力；接着，当他撞击对手时，对手也需要施加力来阻止或改变他的运动方向。

如果一名136千克的相扑选手增重到181千克，那么他将需要更大的力量来克服自身的惯性并使自己发生移动；同时，他的对手也将需要施加更大的力量才能移动这名变得更重的选手，改变其静止稳定的姿势。在这名增重的相扑选手向对手发起进攻时，对手也需要施加更大的力量才能改变他的运动方向。因此，相扑选手的质量越大，其所具有的惯性和稳定性也就越大。由此可见，线性稳定性与质量直接相关。相扑选手对这一原理深有体会，因此，他们会通过举重训练来增加自身力量，同时也会通过不断进食来增加自身体重。

运动员是否需要有良好的线性稳定性，取决于运动技术的需求。在赛艇运动中，运动员需要在出发点和终点之间运动最短的距离。为了达到这一目标，他们需要抵抗任何会使他们偏离赛道的力。体重较重的运动员在冲向终点线时有着巨大的线性稳定性，8名运动员的体重和赛艇的质量共同构成巨大的总质量。又长又窄的船体，加上运动员们的划桨动作，使得他们能够以极大的速度将赛艇呈直线推进。使他们偏离直线运动路径或减慢他们前进速度的力主要来自风、浪和船体及船桨在水中运动时产生的摩擦力（还包括较少的空气阻力）。

与之相反的是冲浪运动员、花样滑冰运动员和障碍滑雪运动员，他们与赛艇运动员的不同之处在于他们必须完成突然的转向。这些运动员也需要有一定的线性稳定性，但是却不需要一直保持直线运动，他们需要完成一些突然的、弯度较大的转向动作。因此，想要快速进行移动和转向的运动员并不需要像

相扑选手一样有着较重的体重。试想，一名障碍滑雪运动员如何才能在完成一系列急转弯动作的同时，有效地控制自己181千克的体重呢（Falda-Buscaiot et al., 2017）？对于壁球运动员、羽毛球运动员和足球守门员来说也是如此。巨大的身体质量意味着巨大的惯性，而巨大的惯性需要运动员施加大量的身体力量来使身体产生移动。一旦身体开始移动，巨大的惯性就意味着身体有较大的保持直线运动的趋势。因此，过大的质量意味着较高的稳定性，但是对需要突然改变运动方向的竞速运动技术来说，这是一种劣势。

另外，无论运动员处于静止还是移动状态，摩擦力都在运动中扮演着重要的角色。在运动员处于静止状态时，摩擦力对于增加稳定性起着至关重要的作用。试想，在奥运会重量级摔跤比赛中，一名体重较重的摔跤运动员在赛场上将躺倒的姿势作为防守姿势；该运动员以伸展的姿势平躺时，将会难以被移动，摔跤运动员会因为极重的体重被重力拉向地面。这就是对手需要用巨大的力量来拉动、推动或滚动处于防守姿势的运动员的原因。

将这种情况与速滑竞赛中的情况进行对比。速滑运动员都较为强壮，具有一定的肌肉力量，但是他们的体重要远远轻于摔跤运动员。而且，摔跤场地的地面和光滑的冰面带来的摩擦力有着显著差异。即使速滑运动员向冰面施加微小的向后推力，也会使运动员进行摩擦力极小的滑行运动。速滑运动员此时的稳定性要远远小于摔跤运动员的稳定性。

无论接触面的材质如何，体重较重的运动员都会获得更多的支持力。在类似橄榄球一类的运动中，和体重较轻的跑卫相比，与地面接触面积较大的、体重较重的前锋运动员会在他们的双脚与草坪之间形成更大的摩擦力。前锋比跑卫的体重更重，惯性也更大，

因此虽然前锋具有更大的牵引力，但是却没有像跑卫一样强大的机动性。对手想要阻挡前锋的运动时，必须克服前锋与地面之间的摩擦力。

旋转稳定性

旋转稳定性是一名运动员（或一个物体）在倾斜、翻转或在一个圆圈内旋转时产生的阻力。但是，如果使运动员（或物体）旋转的扭转力足够大，旋转稳定性则会变成运动员（或物体）保持转动且对抗使其旋转速度减慢的阻力的能力。下面将对使运动员能够避免跌落或被翻倒、被倾斜、被旋转的原理进行介绍。这些重要的原理在运动中被广泛应用。

每种运动所需的用于保持平衡的力的大小是各不相同的。优秀的短跑运动员通常不会在100米短跑竞赛中思考自身的稳定性，而优秀的篮球运动员也不会想在把球带到场上时摔倒。但是，对于其他一些运动来说，运动员必须花费大量的精力来保持自身的稳定性。如在柔道运动中，运动员在向对手进行攻击或受到对手的攻击时，不仅需要试图使对手失去稳定性，还需要保持自身的稳定性（Barbado et al., 2016）。在举重运动中，运动员需要在将杠铃举过头顶时对其加以控制；在竞速自行车运动中，运动员在一开始就尽可能保持稳定，以试图超越对手。这些运动员都在保持着不同水平的旋转稳定性。

- 良好的旋转稳定性可以使运动员更好地对抗使其失去稳定性的力和自身受到的转动抗力。
- 运动员的旋转稳定性越强，需要破坏其平衡性所需的转矩就越大。

下面将对运动员与破坏其平衡的转矩的对抗进行介绍。破坏运动员的旋转稳定性的减稳转矩可能来自很多外部因素。它可能来

自重力、空气阻力、某个对手施加的力或是这些力的混合体。运动员所受转矩的旋转轴可能在他们身体上的任何位置、对手身体上的任何位置或是在一些外部物体上。

- 如果一名体操运动员在平衡木上失去平衡，那么他的旋转轴将会是身体与平衡木的接触点，也许是踮脚旋转动作中的一只脚的前脚掌或是倒立动作中的双手。
- 在柔道的钩腰动作中，旋转轴是运动员与对手臂部的接触点。
- 如果短跑运动员在冲刺动作中被绊倒，那么他的旋转轴将会是双脚与赛道的接触点。

当体操运动员完成一个难度较大的单手倒立时，他的平衡状态并不稳定，他需要努力地保持平衡。如果他使自己的身体晃动了哪怕一点点的距离，其产生的扭转力（转矩）也会使他开始旋转。地球在运动员的重心处施加拉力，旋转轴将会是运动员手部与地面或运动装置的接触点。晃动的幅度越大，扭转力就越大。在单手倒立中，体操运动员必须使用支撑手部和前臂的力量（以及全身的其他肌肉力量）来对抗使其失去平衡的力。运动员会通过施加相反的转矩来达到这一目的，如果这一相反的转矩足够有力，就可以使运动员向相反的方向发生旋转，直到获得平衡状态。但是，如果运动员的重心位置距离正确位置（支撑手的正上方）移动得太远，运动员很可能无法拥有足够的力量来将自己拉回平衡位置。最终，重力会赢得这场对抗，运动员会以倒立姿势摔落。图8.2展示了一名重心向左偏移过多的体操运动员。距离 d 越大，重力产生的转矩就越大。

将单手倒立的体操运动员与图8.3中所示的两名摔跤运动员进行比较。显而易见，两

图8.2 重心偏离支撑面时，重力会产生减稳转矩。重心线偏离轴心的距离 d 越大，重力产生的转矩就越大

名摔跤运动员都不具备任何的稳定性。防守方正在被抛掷出去，其与地面完全失去了接触。进攻方仅有一只脚与地面发生接触，且他的重心和重心线远远偏离支撑面。在这样高度不稳定的姿势中，进攻方赌上了自己的全部来抛掷对手，但他的这种牺牲也确实得到了成果。

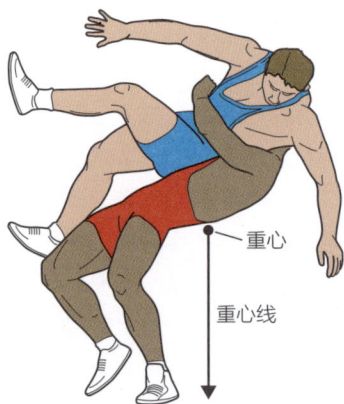

图8.3 与地面接触的进攻方的摔跤运动员的重心严重偏离了支撑面。在这样不稳定的情况下，运动员为了抛掷对手也将自己置于险境中

图8.4 是另一个与摔跤有关的例子，它展示了为什么说旋转稳定性是两种转矩之间的

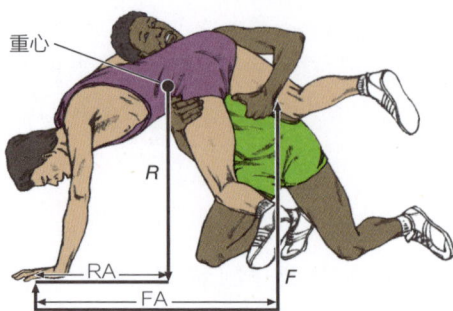

图8.4 摔跤是一场转矩之间的对抗。进攻方的力（ F ）×力臂（FA）与防守方的阻力（ R ）×阻力臂（RA）产生对抗

对抗的原因。进攻方施加的转矩（力×力臂）与防守方施加的相反方向的转矩（阻力×阻力臂）产生了对抗。这时，防守方的体重也就成了阻力，他的手部成为旋转轴。进攻方试着通过增加施力和增加使用的前臂长度来向对手施加扭转力。防守方显然无法通过在竞赛中增加体重来加大自身的旋转稳定性，但是他可以试着保持阻力臂的最大长度。在图8.4中，防守方可以通过增加臂与对手的距离来进一步延长阻力臂（要注意，这里的臂是指重心与旋转轴的垂直距离，而不是人体手臂的长度）。

试想，在摔跤比赛中，一名重量级摔跤运动员面部朝下躺倒，四肢展开。每当对手抓住他的手和脚来试图使他翻滚时，他都立刻移动身体，以确保进攻方无法获得有利的杠杆位置（Chaabene et al., 2017）。这个例子就仿佛是一个人在使用撬棍抬起石头时发现石头一直在移动，因此一直无法获得有利的杠杆位置来抬起石头。

将重量级摔跤运动员与在平衡木上单腿直立的体操运动员相对比，如图8.5所示，摔跤运动员会尽可能地将自身的旋转稳定性最大化。他的体重和重心都会尽可能地贴近地面，并且他会持续不断地转移重心位置，伸

重心线

支撑面

图8.5 体操运动员的支撑面是双脚与平衡木的接触面。重心线位于这一支撑面的正上方

展手臂和双腿来对抗进攻方施加的转矩。体操运动员的重心位于平衡木的正上方，他们甚至还要使用单腿进行站立。体操运动员和摔跤运动员都成功地保持了自身稳定性。但

—— 体育应用 ——

稳定性和抛掷动作

当运动员（或物体）进行旋转、挥动或转向时，他们的旋转稳定性由转动阻力（旋转惯性）决定。转动阻力越大，稳定性就越强。从第6章可知，通过增加物体质量和扩大物体与旋转轴之间的距离可以增加转动阻力。那么，这种旋转稳定性是如何体现在运动中的呢？以掷铁饼为例，男性运动员使用的铁饼的质量为2千克，是女性运动员使用的铁饼质量的2倍，其直径也比女性运动员使用的铁饼的直径大5厘米。如果其他因素相等，男性运动员使用的铁饼（具有更大的质量和更好的质量分布情况）能够比女性运动员使用的铁饼更好地克服气流的不稳定影响。

与铁饼相似，橄榄球也会在旋转的飞行中保持更大的稳定性。它所获得的旋转力越大，它的角动量和稳定性也就越大。这时，角动量通过增加球体的角速度而被增大了，球体的质量和质量的分布没有发生改变。当四分卫向接球手传球时，球体的飞行特点与发出的子弹相似。绕球体长轴的旋转动作使球体获得了陀螺稳定性（旋转带来的稳定性）。这种稳定性会帮助橄榄球克服气流和空气阻力带来的降低其稳定性的力。如果没有旋转运动的发生，橄榄球将在空中翻滚和移动，它的飞行路径将不够准确，且无法飞行较远的距离。同样的情况也会发生在没有发生旋转运动的铁饼中。

是，体操运动员具有较差的旋转稳定性，因为很小的转矩就可以破坏他们的稳定性；而摔跤运动员会通过不断地改变自身姿势来保持较强的旋转稳定性。

增加稳定性的因素

存在使体操运动员获得较小稳定性和使摔跤运动员获得较大稳定性的不同情况是因为决定稳定性水平的力学原理不同。这些原理与运动技术息息相关。下文将对这些原理以及其对人体动作的影响进行介绍。

增加支撑面的面积

运动员的支撑面的面积越大，运动员的稳定性就越强。**支撑面**通常是指运动员的身体与地面的接触面。但是，支撑面并不是一直都在运动员的下方。任何对运动员产生的力施加阻力的事物都可以成为支持物。

- 如果有氧运动课上的一名学员在进行小腿拉伸动作时靠向墙面，那他的支持物就包括了地面和墙面。
- 对悬挂在高低杠其中一杠上的体操运动员来说，这个杠就是他的支持物，而这个支持物位于他的头顶上方。

提起支撑面时，它的支撑面积又意味着什么呢？试想一名体操运动员单脚站立于平衡木的一侧，这时，他的支撑面就是脚部与平衡木接触的面积。如果他将另一只脚也放在平衡木上，那么支撑面的面积就由一只脚的面积扩大成了双脚的面积。此时体操运动员的稳定性要比单腿站立时的稳定性更好。由此可见，当双脚站在平衡木上时，运动员前后向的稳定性要强于侧向的稳定性。如果想要将运动员推下平衡木，从前面或从背后推动运动员要比从侧面推动运动员更难达到目的。在图8.4中，防守方的支撑面从在垫子上的一

只手一直延伸到与对手接触的地方，因为他的对手正在试着使用过肩摔将其摔到地上，此时对手的身体是一个不稳定的支撑面。

从这些例子中可知，稳定性与支撑面的面积直接相关。尽可能扩大支撑面的面积的运动员会获得更好的稳定性，但单手倒立动作中的体操运动员仅仅有一只手掌大小的支撑面积。如果运动员移动至头手倒立动作，支撑面将会变成一个由头和双手构成的三角形区域，如图8.6所示。

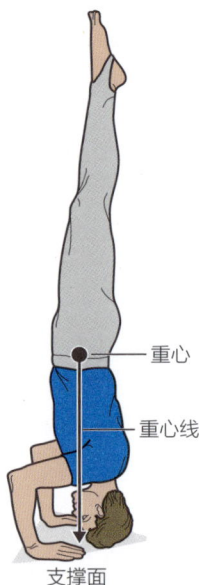

图8.6 在头手倒立中，支撑面是由头和双手构成的三角形区域

当一名摔跤运动员面朝下躺在地面上，且尽可能地伸展四肢时，他的支撑面将由全身面积组成。这样，运动员就会获得最大的稳定性。摔跤运动员会在防守和进攻时利用这一姿势。如果处于进攻状态，运动员想要将对手控制在某个特定的位置来阻止对手的移动，他也需要将自己的稳定性最大化，与进行防守时的原理相同。运动员稳定性的最大化会使对手难以形成与之对抗的阻力。

支撑面中的重心线

只要穿过运动员重心的垂直线能够落入支撑面的范围内，运动员就可以保持自身的平衡，如图8.5所示。重心线（穿过运动员重心的垂直线）与支撑面的中心点之间的距离越近，运动员的稳定性就越强。反之，重心线越是靠近支撑面的边缘，运动员的稳定性就越差。支撑面的面积越大，运动员就越能够轻松地使这条垂直线落入支撑面的范围内。

与无生命的物体不同，生物可以调整和改变自己的姿势，进而使自身的重心线保持在支撑面的范围内。如果运动员要在极小的支撑面上保持平衡，并且其重心产生了一定的移动，那么这样会增加对手对其施加难以对抗的转矩的概率。因此，体操运动员的单手倒立动作需要运动员具有强大的力量和控制力。这一动作的支撑面的面积仅是运动员支撑手的手部面积。此时，其重心不能偏离出支撑面的正上方，因此运动员必须使用一定的肌肉力量来保持这一姿势。

与单手倒立完全相反的动作是摔跤运动员伸展四肢的防守姿势。假设摔跤运动员的重心位于腹部位置，则他的重心线要偏离一米的距离才会贴近支撑面的边缘。这也就是摔跤运动员常常使用这一姿势的原因。

运动员并不是永远需要将重心线保持在支撑面的范围内。当进行走路或跑步运动时，运动员需要向前迈步。随着腿部动作，运动员的重心会偏离支撑面，身体也会从稳定变为不稳定状态。当运动员将双脚放下时，重心会移回双脚之间，运动员也会再次回到稳定状态，如图8.7所示。

- 当运动员进行冲刺跑时，他们会从一种不稳定状态变为另一种不稳定状态。
- 当重心线偏离到支撑面外侧时，又会

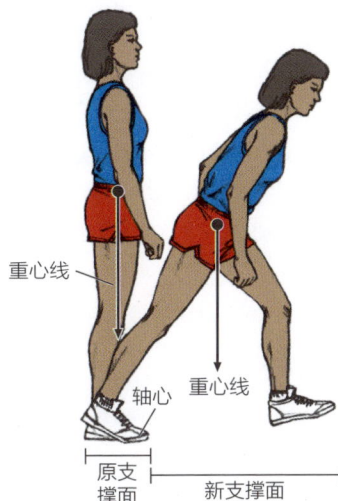

图8.7 向前迈步，运动员会变得不稳定；双脚再次接触地面，运动员重新恢复稳定状态

瞬间回到支撑面内。这样的反复移动会在运动的全程中重复发生。

- 当冰球运动员在冰面上滑行时，也会出现同样的情况。

当跑步运动员、速滑运动员、骑行运动员和障碍滑雪运动员绕弯道进行运动时，都会通过倾斜身体来完成转弯动作。这个姿势是动态稳定性（移动中的稳定性）的一个例子。他们如果在弯道的中央忽然停下，就会摔到地面上。

在倾斜身体进入弯道时，他们的重心线没有位于支撑面的范围内。他们移动的速度越快，转弯的角速度就越大，他们需要向弯道内倾斜的角度就越大，因此重心和重心线偏离的程度也就越大。适当程度的倾斜会使运动员进入弯道时施加的力与相反方向的力相抵消。

那么，运动员是否会进行一些需要将稳定性最小化的运动技术呢？答案是肯定的。篮球运动员或冰球运动员进行快速的加速运动，游泳运动员和短跑运动员进行起跑运动都是这样的例子。在短跑起跑时，运动员想要尽可能快地离开出发点；在出发口令发出时，他们会将重心线前移，使其更加靠近双手与跑道的接触位置，如图8.8所示。这一高度不稳定的姿势满足了以下两种需求。

- 将短跑运动员的双腿伸展到有力的推力姿势。
- 在起跑之前，尽可能地使运动员向终点方向移动。

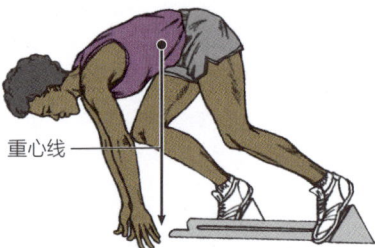

图8.8　在短跑的起跑动作中，运动员的重心线被移动到支撑面的前方边缘处

重心线

在包含突然的方向改变的运动技术中，运动员需要完成各个方向上的快速移动。短跑运动员起跑时的准备姿势对于突然的、快速的100米跑步竞赛来说十分有利。但是，如果网球运动员使用短跑运动员的准备姿势来为接球做准备，就会显得十分可笑。这种准备姿势对于突然的、单方向的移动来说也许十分有利，但是对于需要朝多个方向进行的移动

来说是没有必要的。

排球运动员的接球动作和足球守门员的截球动作都需要运动员快速地朝某个方向运动。他们无法预知球体的运动方向、速度和转动方式，不能过早地决定接球动作。因此，这些运动员会使用一个较小的支撑面并将重心线控制在支撑面的中间。这样，他们就不需要花费太多的时间来改变自己的运动方向，进而可以快速地向各个方向移动。

低重心

比起重心较低的运动员，重心较高的运动员往往具有更差的稳定性。因此，需要完成突然的扭转、转向和拦截等动作的优秀跑卫的身高，往往要低于其他橄榄球运动员的身高。他们在跑动的过程中会更加贴近地面，因此也就具有更强的稳定性，且能比身高较高的运动员更好地保持自身的稳定性。

为了理解稳定性与运动员重心高度的关系，可以试想一名运动员使用同样大小的支撑面来完成直立和蹲伏动作。在两种姿势中，运动员向侧面倾斜同样大小的角度，如图8.9、图8.10所示。要注意，虽然倾斜的角度相同，但在图8.9的直立姿势中，运动员的重心线偏离了支撑面的范围。当运动员处于蹲伏姿势时，如图8.10所示，运动员的重心线依然在支

体育应用

走钢丝者的杆与稳定性

马戏团中的走钢丝者，如法国的菲利普·珀蒂（Philippe petit），可以走过两栋高楼之间的绳索。为什么这些大胆的表演者在手拿一只长杆时会获得巨大的稳定性呢？当杆子长度较长、向下弯曲且两端负重时，为什么这些表演者会获得更大的稳定性呢？向下弯曲的杆会降低表演者和杆体混合的重心位置，如果在杆子的两端加上一定重量，杆子就会进一步降低这一重心。另外，杆子的长度越长，它产生的对抗旋转力的阻力也就越大。长的、弯曲的、负重的杆可以帮助表演者避免向两侧倾斜或落下绳索。如果没有这样的杆子，走钢丝者将会很难保持平衡。

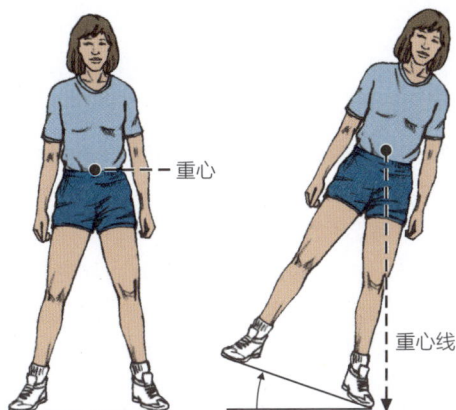

图8.9 对于直立的运动员来说，当身体倾斜时，运动员的重心线会偏离支撑面的范围

撑面的范围内。因此，如果其他变量保持不变，运动员的重心高度越低，运动员的稳定性就越强。

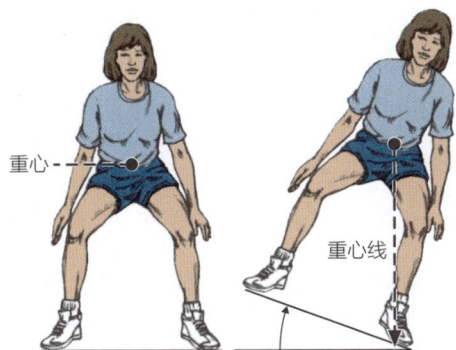

图8.10 对于呈蹲伏姿势的运动员来说，当身体倾斜时，运动员的重心线仍然会保持在支撑面的范围内

降低重心高度以增加稳定性的原理是运动员在对抗运动的防守状态中使用蹲伏或平躺姿势的原因之一。摔跤运动员和柔道运动员不仅会降低自身的重心高度，还会扩大自身的支撑面面积。这样能进一步增强自身的稳定性，并且使对手难以破坏他们的稳定性。

跳台滑雪运动员知道，如果他们落地不稳，就会失去姿势得分。他们通常使用屈膝

旋转法来完成落地，以降低他们的重心位置。这种落地方法需要运动员弯曲双腿来帮助自己保持平衡（Chardonnens et al., 2014）。身高较高、体重集中在上半身的皮艇运动员的重心位置较高，比起身高较矮、体重集中在髋部位置的运动员，他们的稳定性要更低（重心位置较高的皮艇运动员可以通过使用带有较宽横梁的皮艇来增大支撑面的面积，进而解决重心位置较高的问题）。

举重运动中存在着许多由于重心位置升高而稳定性降低的例子。运动员举起的重量越大，运动员的手臂越长，运动员和杠铃的混合重心就越高。运动员和杠铃的共同重心线必须保持在运动员双脚形成的较长但较窄的支撑面中间。另外，杠铃和运动员伸展的手臂还具有绕肩关节旋转的趋势。

如果允许杠铃轻微地产生偏离，运动员就必须马上调整姿势并使用肩部肌肉发力来将杠铃拉回原来的位置，以确保杠铃位于支撑面的中心上方。图8.11展示了挺举动作中举起阶段的姿势的最后状态。

图8.11 在挺举动作中，运动员与杠铃的共同重心必须位于支撑面的中心上方。杠铃也必须位于运动员肩部的正上方

这一姿势的稳定性更多地是来自向前和向后的稳定性，因为这一方向上的支撑面的面积更大。但是，在这种姿势下，两侧的支撑面的面积会较为狭窄。即使运动员向两侧进行了微小的移动，也可能会使运动员和杠铃的共同重心线偏离支撑面的范围。在举起阶段的最终姿势中，运动员必须将双脚合并，呈直立姿势，并控制杠铃，使其稳定3秒。显而易见，在这一姿势中控制沉重的杠铃是非常困难的。杠铃轻微的偏移就可能使运动员失去控制，进而导致挺举动作失败。

增加体重

这一原理说明，如果其他因素保持不变，运动员的体重越重，运动员的稳定性就越强。因此，对抗运动会分成不同的重量级别。如果要求体重很轻的摔跤运动员举起并旋转体重很重的摔跤运动员，他怎么能成功呢？

体重在对抗运动中的价值与在橄榄球运动中的价值是相似的。在橄榄球运动中，身材魁梧的前锋不论受到任何对抗力都要能够保持自身姿势不变。他们的体重越重，需要使他们失去平衡和改变姿势的力（转矩）就越大（Brock et al., 2014）。因此橄榄球运动员的体重常常会接近或高于136千克。但是，橄榄球运动并不像对抗运动一样分有不同的重量级。

在所有运动技术中，与体重较轻的运动员相比，体重较重的运动员在失去控制和失去平衡时，需要产生更大的肌肉力量才能恢复平衡状态。如果体重较重的运动员不具有充分的肌肉力量来控制自身动作，那他们额外的体重就会成为一种严重的劣势。

在柔道运动中，运动员总是会利用对手的身体重量，如果对手处于运动之中，他们会充分利用对手的动量。阻止对手的推力并使其向相反的方向运动是非常低效又困难的行动。运动员应该利用对手的运动，使其绕某个轴心（如髋部或腿部）进行旋转运动，接着将一定的力与重力结合，使对手向地面的方向转动。

体重较轻的相扑运动员试着对抗体重较重的相扑运动员时也会试图使用这样的方式。显然，躲避冲向自己的181千克重的对手是个好主意。如果运动员本身体重较轻，他就可以试着在体重较重的对手冲过自己身边时破坏其稳定性（快速躲避到一边，同时使对手倾斜）。接着，运动员可以将自己的力与重力相结合，使对手摔向地面，甚至使其"飞"向观众区。

向力的来源方向扩展支撑面

无论支撑面的材质如何，如果运动员的支撑面的面积朝着受到的力或施加的力的方向变大，运动员的稳定性就会增强。比如，力可以是对手试图向运动员施加拦截或阻止的力，也可以是运动员在抛掷、击打（棒球运动中）或向前突刺（剑术运动中）时产生的力。当运动员想要保持自身稳定性并且在被对手撞击后继续奔跑时，他不仅需要考虑来自对手的撞击力，还要考虑这个力的来源方向。

- 为了保持稳定性和直立姿势，运动员必须向受力方向增加自己的支撑面面积。
- 如果撞击力来自前方，运动员需要从前至后地扩大支撑面。
- 如果撞击力来自侧面，运动员需要朝着这一方向扩大支撑面。
- 运动员还会自然而然地朝着撞击力的来源方向倾斜。

本章将在后面对运动员向撞击力产生倾斜的力学原理进行解释。这一原理的第2个应用包括了运动员向特定方向施加力的情况。

如果对棒球运动员进行观察，可以看出，他们会朝着施力方向扩大支撑面。通过这样的活动，他们可以获得良好的稳定性，可以在不失去平衡的情况下将力施加至较远的距离。如果他们不这样做，就会向相反方向施力。无论是在完成极快的全垒打动作、快速的抛掷动作，还是仅仅在进行传球，他们都在使用同样的原理。

运动员能够使用的支撑面的实际尺寸由施加力的大小决定。试想，运动员可以在单脚落地的情况下毫不费力地将非常轻的乒乓球抛掷出几米的距离。这是因为乒乓球的质量非常小，在这一情况下，球体几乎不具备任何运动速度。现在，试着在单脚落地的情况下将一个巨大的健身实心球抛掷得尽可能远。这时，健身实心球向某个方向运动的同时，运动员也会被推向相反方向。

现在，我们可以将接住一个缓慢地飞向自己的乒乓球和接住一个高速运动的重物（如健身实心球）进行对比。运动员可以轻松地在单腿站立的情况下接住乒乓球，因为乒乓球所具有的动量非常小，运动员可以轻松地保持平衡。而接健身实心球则会带来不同的结果。如果运动员想要保持稳定性而不被健身实心球击倒，他就必须使用双脚触地，形成较大的支撑面，并且运动员需要向球接近的方向伸长身体。球的质量越大，运动的速度越快，运动员需要的稳定性就越大。

向力的来源方向移动重心线

向力的来源方向移动重心线和重心的原理与向力的来源方向扩大支撑面的原理直接相关。

- 跑卫会特意倾斜身体进行拦截动作。
- 冰球运动员会向试图用身体拦截自己的对手的方向倾斜身体。

- 摔跤运动员在格斗中会向对手倾斜。
- 棒球运动员会向即将到来的球的方向进行倾斜。

这个原理中有趣的是，运动员会通过将重心线移至支撑面边缘来使自己暂时失去稳定性。这样的姿势需要进攻方施加一定量的力和动量来将防守方推回到支撑面的后部边缘。如果进攻方成功了，防守方就会失去平衡。但是进攻方用于将防守方从前部边缘推至后部边缘的时间往往会使防守方找到机会躲开进攻，且将自己的防守状态转变为进攻状态。

向力的来源方向移动重心线的原理不仅存在于拦截动作中，还存在于接住沉重的健身实心球的动作中。运动员可以扩大自己的支撑面，将重心向健身实心球飞来的方向移动。这样，健身实心球的动量会将运动员推回至稳定姿势。

同样值得注意的是，运动员可以为自己提供更多的时间来对健身实心球施力，使健身实心球的速度降低。"更多的施力时间"是对进行拦截动作的推力的一种表达（如长时间施加的较小的力）。比起短时间内施加的巨大的力，长时间内施加的较小的力可以使运动员舒适地、无痛地接住沉重的健身实心球。

运动员施力时存在着明显的差异。在以上例子中，运动员会向着施力方向扩大支撑面。但是，运动员会将重心移动到支撑面的后部边缘，有时甚至会暂时地移动到支撑面的范围之外。优秀的掷标枪运动员会以后仰的姿势开始掷标枪动作，他们的重心在开始时会在支撑面的后部边缘外侧。接着是释放动作，此时，他们的重心会在支撑面的前部边缘外侧，如图8.12所示。于是，掷标枪运动员通过尽可能长的距离和尽可能长的时间来对标枪施加了极大的力。

在类似摔跤和柔道的对抗运动中，运动员必须要了解使重心过于靠近支撑面边缘的危险性。试想，运动员正在进行一场柔道比赛。运动员在倾向对手的同时向对手施加推力，而对手也在向运动员进行同样的动作，这样会使运动员的重心重新靠近支撑面的前部边缘。忽然，对手停止了对运动员的推力并且用力地拉动运动员。这时，运动员正在施加的推力忽然成了对手施加的拉力的额外助力。因此，运动员的重心将会瞬间移动到支撑面的范围外，运动员会随之失去稳定性并且被对手抛掷出去。

在感知到对手的推力就要转化为拉力时，运动员需要立刻向反方向移动重心并且向同方向扩大支撑面。处于进攻和对抗之间的运动员的重心位置变化正是柔道的精髓。运动员可能会在某一刻保持稳定，但是稍不注意就可能在下一刻向地面进行旋转运动。

要记住，控制旋转稳定性的所有因素之间都存在着紧密的联系。在其他因素无法满足的情况下，仅对其中一种因素进行调整是无法有效地增加稳定性的。例如，如果运动员想要扩大支撑面，就必须向施力方向扩大。足球运动员可以向着来自右侧的拦截力来扩大支撑面，但是如果他的重心线依然贴近支撑面的左侧边缘，那么他依然会因对手的拦截而轻易地被撞翻在地。

知识小结

如何增强稳定性

运动员可以通过以下方式增强稳定性。

- 增加支撑面的面积。
- 将重心线保持在支撑面的中心位置。
- 放低重心高度。
- 增加体重。
- 向力的来源方向扩大支撑面。
- 向力的来源方向移动重心线。

超重量级竞赛中的摔跤运动员要比低重量级竞赛中的运动员具有更强的稳定性。但是，如果运动员在运动中只有较窄的支撑面，且重心高度较高、距离支撑面边缘较近，那么他们额外的身体质量并不会产生有利的结果。同样，运动员可以通过降低重心高度来改善自身的稳定性，但是这一举动必须在重心线保持在支撑面的范围内的情况下才会带来有利结果。稳定性的相关原理与重心高度、支撑面的面积大小、身体质量、重心线等存在着紧密的联系且相辅相成，仅仅遵循其中一种原理并不会带来足够有利的结果。

重心线　　　　　　　　　　　　　　　　　　　重心线

图 8.12　在掷标枪运动中，运动员的重心由支撑面的后侧边缘开始移动，在支撑面的前侧边缘结束移动

运动员重心和重心线的评估方式

重心有时被认为是人体在没有转动趋势的情况下能够保持平衡的点。评估重心和重心线仅仅需要使用简单的科技工具。想要判断一个体育用品的平衡点，可以使用一个长度约为0.3米、宽度约为5厘米的角进行判断，使其形成类似跷跷板一样的装置。

- 将这个角放在平面上，角度朝上，类似一个三角形，将角的尖端作为顶点。
- 为了判断体育用品的重心位置，可以将这一体育用品放在角的顶点上。慢慢地将体育用品在顶点上进行移动，找出物体的平衡点，或者说是重心位置。
- 在体育用品上做好标记，标出重心位置。
- 图8.13展示了几种体育用品的重心位置。

- 如果想要对重心线进行评估，则需要使用细绳和铅锤，类似于建筑工地中使用的装置。由于重力作用，带有重量的铅锤底部会垂直地指向地面。这样的装置可以帮助运动员确认重心线的位置。

举例来说，试想一名足球运动员在被阻截前将脚移动到对方的方向，以增加自身的支撑面面积并提高自身的稳定性。为了找到这个运动员的重心线位置，也就是他为了获得最大的稳定性而将双脚移动到的位置，需要拿着铅锤，从他的肚脐位置垂下，得到的线就是他的重心线。运动员可以根据重心线来改变双脚位置，重心线的位置可以用于判断最具稳定性的姿势。

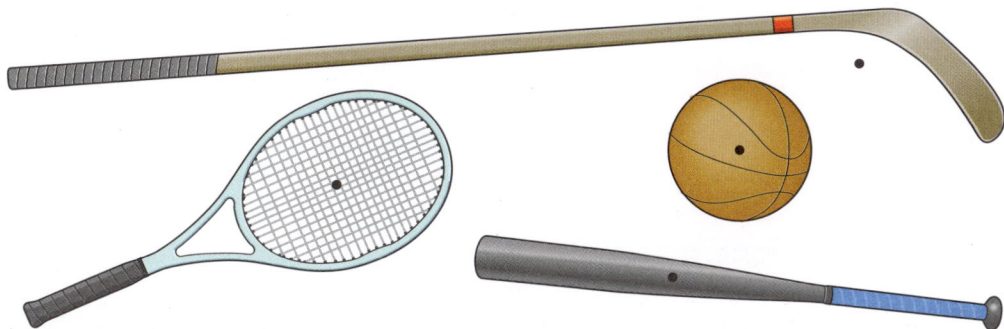

图8.13 体育用品的重心

[源自：S. J. Hall, *Basic Biomechanics*, 4th ed. (Boston: McGraw-Hill, 2003).]

本章小结

- 为了完成体育竞赛，运动员必须保持稳定性。稳定性是指运动员（或物体）对破坏其平衡的力产生的阻力。运动员的稳定性有所差异。运动员可以处于高度稳定状态或极弱的稳定状态。
- 从力学角度来说，存在着两种不同的稳定性：线性稳定性和旋转稳定性。
- 线性稳定性与运动员的质量和运动员与支撑面之间的摩擦力成正比。当运动员处于移动状态时，线性稳定性与质量和惯性直接相关。运动员的质量越大，惯性越大，他所具有的线性稳定性就越强。

- 运动员（或物体）的旋转稳定性是他们对使其倾斜或翻倒的力产生的抗力，也是在旋转过程中对使其停止旋转或放慢旋转速度的力产生的抗力。
- 旋转稳定性是转矩之间的对抗。破坏运动员平衡的扭转力必须与运动员施加的扭转力相互抵消，这样运动员才能保持平衡状态。
- 有多个原理与运动员的稳定性相关，运动员应该满足尽可能多的原理，以确保可以得到最大限度的稳定性：a. 当运动员支撑面的面积增大时，稳定性会随之增强；b. 当运动员的重心线位于支撑面的范围内，尤其是位于支撑面的中心位置时，稳定性会随之增强；c. 当运动员放低中心高度时，稳定性会随之增强；d. 稳定性与运动员的体重成正比，即体重越重，稳定性越强；e. 为了在受力后保持稳定性，运动员的支撑面需要向着力的来源方向进行扩大；f. 为了在受力后保持稳定性，运动员的重心和重心线需要向着力的来源方向进行移动。
- 一些运动技术要求运动员具有尽可能小的稳定性。短跑运动员和游泳运动员在准备姿势中会将重心线移至支撑面的前部边缘，并朝向他们即将进行运动的方向。需要向各个方向快速移动的运动员会保持较小的支撑面，并将重心线放置在支撑面的中心位置。
- 当物体或运动员正在进行旋转时，旋转稳定性与角动量成比例。旋转稳定性可以通过增加质量、增加角速度和减少靠近旋转轴的质量来进行增强。

关键术语

平衡	线性稳定性
支撑面	旋转稳定性
重心线	稳定性

参考文献

Barbado, D., A. Lopez-Valenciano, C. Juan-Recio, C. Montero-Carretero, J.H. van Dieën, and F.J. Vera-Garcia (2016). "Trunk Stability, Trunk Strength and Sport Performance Level in Judo." *PLoS One* 11(5): e0156267.

Brock, E., S. Zhang, C. Milner, X. Liu, J. T. Brosnan, and J.C. Sorochan. 2014. "Effects of Two Football Stud Configurations on Biomechanical Characteristics of Single-Leg Landing and Cutting Movements on Infilled Synthetic Turf." *Sports Biomechanics* 13(4): 362–379.

Chaabene, H., Y. Negra, R. Bouguezzi, B. Mkaouer, E. Franchini, U. Julio, and Y. Hachana. 2017. "Physical and Physiological Attributes of Wrestlers: An Update." *Journal of Strength and Conditioning Research* 31(5): 1411–1442.

Chardonnens, J., J. Favre, F. Cuendet, G. Gremion, and K. Aminian. 2014. "Measurement of the Dynamics in Ski Jumping Using a Wearable Inertial Sensor-Based System." *Journal of Sports Sciences* 32(6): 591–600.

Falda-Buscaiot, T., F. Hintzy, P. Rougier, Patrick Lacouture, and N. Coulmy. 2017. "Influence of Slope Steepness, Foot Position and Turn Phase on Plantar Pressure Distribution During Giant Slalom Alpine Ski Racing." *PLoS One* 12(5): e0176975.

Punt, M., S. M. Bruijn, H. Wittink, and J. H. van Dieën. 2015. "Effect of Arm Swing Strategy on Local Dynamic Stability of Human Gait." *Gait and Posture* 41(2): 504–509.

第 9 章

运动动力学

本章将对以下知识进行介绍

- 运动中的做功、功率和能量等的意义。
- 动能、重力势能和应变能的关系与区别。
- 动量如何守恒以及动能如何消耗。
- 能量守恒定律在运动中的应用。

在前文对运动生物力学的探讨中，主要使用牛顿三大运动定律对运动员或物体的运动进行描述和评估。对人体动作的分析还可以从能量和功率的角度进行，也就是探讨做功对运动员或物体的能量产生的影响。本章将对牛顿三大运动定律进行进一步的解析，并对做功、功率和能量等物理学术语进行介绍。这些概念在体育运动中的应用是十分重要的。本章首先会对运动生物力学的基础原理进行探讨，接着会将这些知识应用到体育运动当中。通过这一客观过程，我们可以对体育运动中的一些情况进行解释。

做功、功率、能量、回弹和摩擦力等力学概念在日常生活中常常出现。当人体进行运动时，这些运动可能包括了这些基础的力学概念。本章将对这些概念一一进行介绍。

- 做功：施加于某段距离上的力的大小。
- 功率：某段时间内完成的做功数量。
- 能量：人体能够完成的做功数量。
- 回弹：与某物产生撞击后的回弹程度。
- 摩擦力：对运动产生的阻力。

做功

在日常生活中，人们常常会用做功来描述一些并不有趣的活动。在健身房健身，虽然可能是有趣的，但是也意味着做功。在应用运动生物力学中，做功意味着物体或运动员在某段距离上施加了一定量的力。因为出现了距离，就意味着物体或运动员会从某个位置移动至另一个位置。由前几章的内容可知，在某段距离中施加的力一定与冲量相关，也就是施加了一定时间的力。从力学角度来看，当阻力移动一定距离时，做功就会和冲量有关。

运动员向标枪施加了一定时间的使其运动一段距离的力，因此，在向标枪施加冲量时，运动员也在向标枪做功（Stefani, 2014）。这样的冲量还可以阻止一些运动。例如，在曲棍球运动员击打球体后，来自草地的阻力会慢慢地使曲棍球停止运动。这时，草地就是在逐渐地对球体施加冲量。这个例子是冲量用于停止运动的例子，同时也是力学做功的例子。在这两种情况中，施加在标枪上的力和施加在曲棍球上的力都具有较长的施力时间，同时也使物体运动了很长的一段距离。

在体育运动中的一些情况下，虽然运动员充分发挥了自己的能力，但却没有在真正意义上做功。例如，在等长抗阻训练中，运动员会向静态的、不可移动的物体施加一段时间的肌肉力量。一项常见的运动是运动员将位于头部高度的举重杆在架子上推10秒。

- 如果举重杆没有弯曲或移动，就没有做功。
- 无论运动员的肌肉能够多么有力地进行收缩，或是完成了多少生理学角度的做功，只要举重杆没有移动一定的距离，就没有力学做功的发生。

功率

功率是指某个时间段内完成力学做功的效率。在日常生活中，我们常常使用马力一词来形容机器和引擎的力量，比如印第安纳波利斯500英里（1英里约为1.61千米）大奖赛中的赛车。

- 1马力（这里是指英制马力）是指机器（或人体）具有在1秒内将250千克重的物体移动0.3米的能力。
- 在公制系统中，功率通常以瓦特为单位（1马力约为745.7瓦特）。

那么，功率与运动又有什么联系呢？以举重运动为例，试想，两名运动员需要举起相同种类的杠铃。第1名运动员花费了2秒来将杠铃举过头顶，而第2名运动员只花费了1秒。他们将杠铃举起了相同的距离。在这组对比中，第2名运动员更为有力。这是为什么呢？

- 两名运动员将等重物体移动了等长的距离，他们完成了同样数量的力学做功。
- 但是，第2名运动员所用时间更短，因此也就更有力。
- 在大部分的体育训练中，功率是力量产生的速率，因此功率是比力量更为重要的因素。力量仅仅是运动员能够移动的质量的大小，与移动的快慢无关。

以下是展现功率的另一个例子。试想，两名运动员在进行100米跑步竞赛，假如他们的名字是斯科特（Scott）和里克（Rick）。他们同时以10秒的成绩冲过了终点线。假如在比赛当天，斯科特的体重比里克重，则斯科特是二者中更加有力的一位。因为斯科特移动的质量比里克移动的质量更大，但他们的运动距离（100米）和用时（10秒）都是相等的。这种情况也说明了功率与力量（肌肉产生力量的能力）的不同，因为力量并不包括施力的速度。以此为依据，由于举重是通过下蹲、仰卧推举和硬举动作来对力量而非功率进行评估，所以也许应该将该项目的名字改为力量举重。

在很多运动项目中，功率是极其重要的因素。因为缓慢的施力无法完成目标动作，尤其是在抛掷和跳跃等项目中，在奥林匹克级别的举重运动的抓举和挺举项目中，以及在类似体操需要完成前后翻转技术的项目中，这些运动的动作都无法缓慢地完成（MacKenzie et al., 2014）。这些项目中的好的运动表现需要运动员快速地施加能够使物体运动一段距离的较大的力。

能量

在日常生活中，能量充沛的人具有完成各种动作的能力。在力学中，能量特指运动员或物体可以完成力学做功的能力（在一定距离上对抗阻力的施力）。力学中的能量具有以下3种形式。

- 动能。
- 应变能。
- 重力势能。

动能

动能一词意味着它与运动相关，而动能是指物体或运动员通过移动完成力学做功的能力。物体或运动员的质量越大，移动速度越快，他们能够完成力学做功的能力就越强（Mytton et al., 2013）。

动量与动能的关系

任何移动的物体或运动员都会具有动量和动能。这两种因素是彼此相关的。

- 运动中的所有物体都具有动量和动能。
- 物体的质量越大，移动的速度越快，所具备的在一定时间内施力的能力也就越强（也就是所谓的冲量）。

牛顿第三定律常常与这些情况相关。它说明了对物体或其他运动员施加的冲量会被反弹到施加冲量的人或物身上。让我们看看撞击情况下的动量和动能，看看动量和动能的概念是如何联系在一起的，以及它们之间的区别。

最简单的方法是将动能看作一个移动的物体对与之接触的物体做功且同时受到来自对方的做功的能力。这个移动的物体可以是任何东西，比如跑向对手的运动员或是弓箭手射向靶子的弓箭。移动的物体具有完成力学做功的能力，它能够向与其产生撞击的物体施加一定距离的力。运动员跑向对手，撑竿跳高运动员落向地面，弓箭手将弓箭射入靶子等活动，都有动能的参与。动能的公式如下。

$$动能 = 1/2m \cdot v^2$$

m 是物体的质量，v 是物体的运动速度。

由此可见，动能与质量成正比；但是更重要的是，动能也与速度的平方成正比。这个公式说明了以下内容。

- 如果保持移动物的质量不变，但将其运动速度增加为原本的2倍，物体的动能将会增加至原本的4倍。
- 如果保持移动物的质量不变，但将其运动速度增加为原本的3倍，物体的动能将会增加至原本的9倍。增加至9倍的动能可以使物体对与其产生撞击的物体完成9倍的力学做功。

下面以弓箭手射箭为例进行讲解。弓箭手向靶子射出弓箭，弓箭会被推动至一定距离。接着，弓箭手使用1支质量为第1支弓箭质量的2倍的弓箭射击靶子，使它们的运动速度相同。第2支箭射入靶子的深度大约是第1支箭射入深度的2倍。弓箭手再次使用第1支箭进行射击，但使其运动速度增加为原本的2倍，弓箭射入靶子的深度大约会是原本深度的4倍；以3倍速度射出的弓箭将会得到大约9倍的射入深度。这个例子中使用了"大

约"一词，因为弓箭并没有将全部的动能用于扎入靶心。一部分动能被震动和噪声分散了，一部分动能转变为了热量，使弓箭的尖端区域微微发热。

移动中的运动员同时具有动量和动能。以橄榄球运动中的抢断动作为例，可以看出动量和动能是彼此相关但同时也具有巨大差异的。试想，一名136千克的前锋，如图9.1a所示，以1.2米/秒的速度进行抢断动作。

- 在这一速度下，前锋具有 $136 \times 1.2 = 163.2$ 个单位的动量。
- 68千克的中卫，如图9.1b所示，以2.4米/秒的速度进行抢断动作，他具有同样大小的动量（$68 \times 2.4 = 163.2$ 千克米/秒）。
- 如果他们各自的对手体重为81.6千克，移动速度为2米/秒，那么，他们的对手会具有163.2千克米/秒的动量。
- 在抢断动作中，136千克的前锋和68千克的中卫可以同样有效地阻拦81.6千克的对手。
- 在两种情况中，163.2千克米/秒的动量会与同样为163.2千克米/秒的动量相遇。
- 如果没有产生任何回弹，那么两名运动员将会像黏土一样黏在一起并且停止在他们相撞的位置。

现在，让我们对抢断动作中前锋和中卫的动能进行探讨。由于中卫的速度为2.4米/秒，他的速度是前锋的速度1.2米/秒的2倍。

- 如果前锋和中卫的体重相等，中卫的动能将会是前锋动能的4倍，因为中卫的移动速度是前锋的2倍（将速度增加至2倍会使动能增加至原本的4倍）。
- 但是，中卫的体重仅为前锋的一半。因此，中卫的动能是前锋动能的2倍。

前锋
体重＝136千克
速度＝1.2米/秒
动量（$m \cdot v$）＝136×1.2＝
163.2千克米/秒
动能（$1/2m \cdot v^2$）＝
$1/2 \times 136 \times 1.2 \times 1.2 = 97.92$焦耳

a

对手
体重＝81.6千克
速度＝2米/秒
动量（$m \cdot v$）＝
81.6×2＝163.2千克米/秒
动能（$1/2m \cdot v^2$）＝
$1/2 \times 81.6 \times 1.8 \times 1.8 =$
132.192焦耳

中卫
体重＝68千克
速度＝2.4米/秒
动量（$m \cdot v$）＝
68×2.4＝163.2千克米/秒
动能（$1/2m \cdot v^2$）＝
$1/2 \times 68 \times 2.4 \times 2.4 =$
195.84焦耳

b

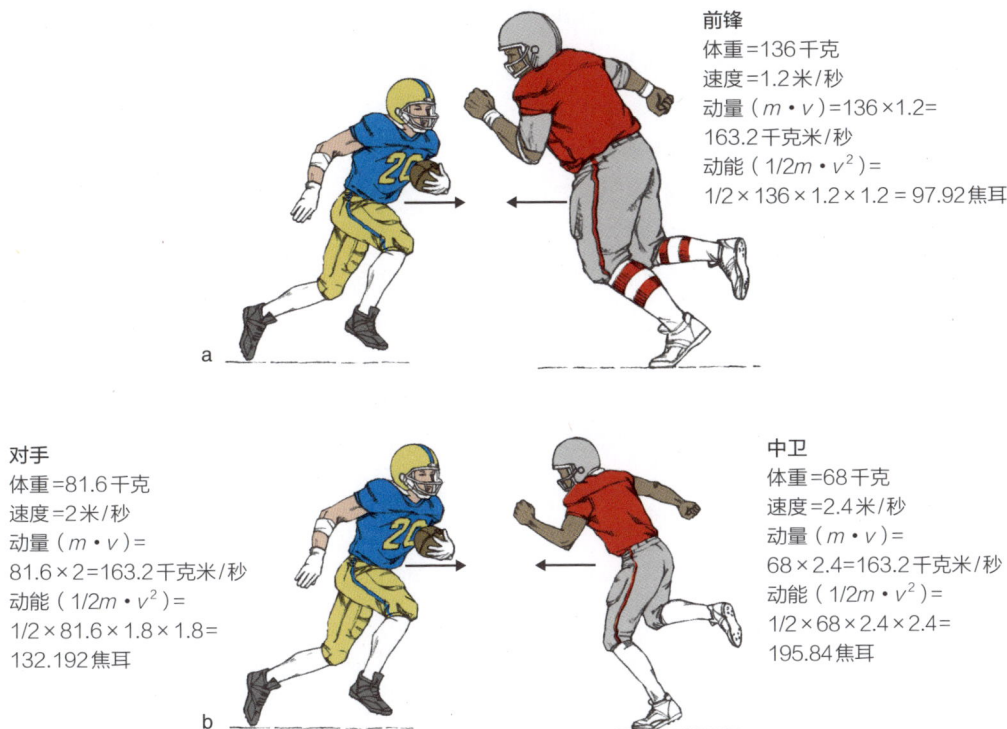

图9.1 抢断动作中的动量和动能。前锋和中卫的动量相等，但中卫具有2倍的动能

在抢断动作中，动能的翻倍是如何表现的呢？试想，弓箭手的弓箭被射入靶子或是在撑竿跳高开始时运动员使竿子进行的弯曲是动能翻倍的表现。在抢断动作中，中卫向对手施加的做功是前锋施加的2倍。试想，当中卫以2倍远的距离冲向对手时，他所得到的额外的做功能力很可能会使自己和对手感到严重的疼痛，甚至可能使骨骼受到一定的损伤。因为牛顿第三定律已经指出了其中的原理：任何动作都具有大小相等、方向相反的反作用力。

动能参与了一切产生移动的运动。关于

体育应用

网球拍中的科学技术

当网球拍与网球接触时，网球拍会先吸收网球的能量，接着再将其释放。最佳击球点是指网球拍中的一部分，这一部分可以使网球以最大速度和最低震动的状态飞向对手。由于科技的发展，网球拍的大小已经从老式木制球拍的483平方厘米增大至现代复合材料球拍的645平方厘米。在木制球拍中，最佳击球点位于网面的下部；在现代复合材料球拍中，最佳击球点的面积更大，位置也变得更高了。另外，现代复合材料球拍的材质更为坚硬，因此可以向网球传递更多的能量。当最佳击球点的位置较高时，运动员可以更有力地击打网球，同时受到更小的震动，网球将会以更大的速度离开网球拍。

动能的最有代表性的例子应该是汽车打滑时动能所带来的影响。汽车打滑是物体（人和车）做功的结果。试想，一个人以16千米/时的速度驾车行驶，忽然急刹车，汽车滑行了1.5米的距离。如果驾驶速度为32千米/时，则汽车的滑行距离会是多少呢？这时，如果将行车速度增加至原本的2倍，也就会将汽车的动能扩大至原本的4倍。

- 这时，汽车的滑动距离将会变为6米，也就是原本1.5米的4倍。
- 将汽车的行驶速度增加至48千米/时，急刹车后，会得到$3 \times 3 \times 1.5 = 13.5$米的滑动距离。
- 将汽车的行驶速度增加至64千米/时，急刹车后，会得到$4 \times 4 \times 1.5 = 24$米的滑动距离。

这些距离都是估计的数值，因为在急刹车过程中，一部分动能会被消耗在发热和发出噪声中，并且以上示例都建立在原本的滑行环境中的其他因素全都保持不变的基础上。但是，速度的增加会极大程度地增加物体的动能和完成力学做功的能力。因此，车速越快，就越需要保持较长的车距。如果有可能，我们应该选择带有防震刹车的汽车，将滑行距离最小化。

动能耗散

现在，以两名橄榄球运动员杰克（Jack）和皮特（Peter）为例。假如，皮特正在带球奔跑，而杰克正在接近皮特并试图完成抢断动作。两名运动员都在移动，因此都具有动量和动能。两名运动员在抢断过程中的动能会像动量一样守恒吗？

答案是否定的。两名运动员的动能并不会保持不变，一部分的动能会以多种形式分散出去，一部分动能被杰克用于攻击皮特，同样皮特也使用了一部分动能来向杰克做功。

他们会与对方产生碰撞，同时也会获得反弹。他们需要使用动能完成碰撞，但身体的弹性（应变能）会使他们互相弹开。

还有一些动能会在抢断过程中被用于产生噪声和热量。在运动中的所有撞击情况下，噪声和热量都会产生，比如下面几种情况。

- 棒球运动中球棒击打棒球发出的声音。
- 台球运动中球与球的撞击声。
- 排球运动中手部与球接触时发出的拍打声。

两个物体相撞后，二者都会轻微发热。噪声和热量会消耗两个撞击物的一部分动能。因此，在撞击中，撞击物的动量是守恒的，动能是不守恒的，动量也常常被称作是**动能耗散**。在车祸中，汽车中的金属会发生弯折或破碎，在汽车撞击时，两车会产生巨大的噪声和热量。现在的大多数现代汽车都采用了溃缩设计，以在受到严重的撞击时分散动能，将乘客受到的损伤降到最低。高速赛车也使用了同样的设计原理。

线性动量守恒

动量会在运动员或物体发生移动时产生，它在运动和带有撞击的活动中扮演着重要的角色。理解动量的一个简单方法是将它看作运动员对其他物体或对手产生影响的"武器"。冰球运动员以极大的速度击打的冰球具有能够将守门员向后击退的动量。这是为什么呢？

动量是质量与速度的乘积，虽然冰球本身质量较小，但冰球运动员可以使其以160千米/时的速度运动。当冰球撞击守门员时，冰球与守门员（加上衬垫、手套、面具、冰鞋和球杆）会在瞬间成为一个合并的物体。冰球的移动速度也会降低，同时失去一部分动量：因为守门员被向后击退，所以他会获得方向向后的动量。一个类似的例子是，当网球运动员以很快的速度发球时，网球会把对手的球拍向后撞。这一过程就是以线性动量守恒定律为基础的。

当物体或运动员互相作用时，如棒球被球棒击打或冰球选手彼此撞击，物体或运动员在撞击完成后的线性动量的总量与撞击发生前的总量相等。

- 如果两名橄榄球运动员在抢断动作中产生撞击时共带有100个单位的线性动量，那么在抢断动作完成后，他们的线性动量的总量依然是100个单位。
- 线性动量没有增加或减少，因此可以说此时的线性动量是守恒的。
- 线性动量守恒定律与牛顿第三定律直接相关。牛顿第三定律指出，每个动作都会具有大小相等、方向相反的反作用力。

我们以前文中探讨过的两名橄榄球运动员杰克和皮特为例，对线性动量守恒定律进行讲解。

- 如果杰克在竞赛中对皮特进行抢断，二者会同时对彼此产生大小相等且方向相反的力。如果杰克在抢断过程中对皮特施加了时长为1秒的力，那么，皮特也会对杰克施加完全相同的力。当观众看到运动员被撞击的画面时，似乎认为情况并非如此，但是从力学角度来说，这就是真实发生的情况。
- 这个解释可以说明，杰克和皮特各自经受了大小相等且方向相反的冲量。这样的冲量意味着杰克的力与施力时间的乘积会被皮特以相反方向施加到杰克身上 [$F \times t$（杰克）= $F \times t$（皮特）]。
- 由于杰克和皮特向彼此施加的冲量大小相等且方向相反，二者线性动量的变化也一定是大小相等且方向相反的。因此，如果皮特的线性动量在抢断过程中发生了一定量的增加，则杰克的线性动量一定会减少相同的数量。

- 杰克和皮特的线性动量的总量并没有在抢断过程中发生任何改变。线性动量从一名运动员身上转移到了另一名运动员身上，但是线性动量的总量并没有增加或减少。因此，可以说两名运动员的线性动量是守恒的。

运动中常常会发生撞击，有些撞击是在某个物体处于移动状态（如高尔夫球杆），而另一个物体处于静止状态（球座上的高尔夫球）时发生，这样的撞击与二者都处于移动状态的撞击并没有什么不同。用球杆撞击球后，高尔夫球会获得线性动量，而球杆会失去一部分的线性动量。撞击无法创造或消耗线性动量。在冰球运动中，冰球运动员需要以极高的速度滑行，因此会具有极大的动量。他们会在运动中进行极其严重的撞击，这也正是冰球运动的特点所在。同样，橄榄球运动中的防守前锋和进攻前锋通过健壮的身体和超过36.6米/秒^{2}的加速度产生极大的动量。与冰球运动员相似，在撞击发生时具有最大动量的前锋会在撞击中胜过对手。在体育运动中的这些撞击中，都发生了线性动量从一个物体向另一个物体进行转移的情况。

应变能

应变能与重力势能相似，是一种储能。如果物体能够在被压碎、拉动、扭转或推动后还能够恢复到原始形状（如弹簧），就可以说它们具有一定的应变能。

在完成这一过程时，一定会有力学做功的发生。在物体的形状被破坏后，它能够快速恢复原始形状的能力就是它的应变能。弓箭手的弓会在弯曲后弹回原始形状，这就是应用应变能的一个例子。使用高速视频对高尔夫球的变形进行观察，可以看到球体的应变能使球体在被球杆击打变形后快速回到了原始形状（Tao, 2013）。同样，汽车和摩托车中的弹簧也会在被弯曲后迅速弹回至原始形状。这些都是应变能的应用示例。

重力势能

重力势能是一种来自重力加速度的储能，也就是说它一直存在并且随时可以被使用。物体或运动员腾空升高时会具有重力势能，重力势能由地球的重力决定。

我们常常讨论的运动一般会在地面上发生，重力势能也会在物体或运动员以极小的距离上升时发生。

- 上升的高度越高，质量越大，物体所具有的重力势能就越大（距离面的高度=距离；质量=阻力；使其加速的力量=重力）。
- 与具有动能的物体或运动员不同，具有重力势能的物体或运动员只需要与地面保持一定的距离。
- 物体或运动员并不需要进行移动就可具有重力势能。

物体或运动员向地面上方升起以获得重力势能时，需要进行力学做功。如爬上10米高台并在下落过程中完成翻转和扭转动作的运动员，他们在爬梯子时需要抬起自己的体重，也就是要完成力学做功。随着攀爬高度的上升，他们的重力势能也得到了增加。

过山车的原理也是如此。乘客被过山车拉至车道顶部，这时，由于他们处于车道的最高点，过山车和乘客都具有最大的重力势能。当过山车向地面方向进行加速下落时，大部分的重力势能被转化为了动能。之所以说是"大部分的重力势能"，是因为并不是所有的重力势能都被转化为了物体的动能，一部分的重力势能被转化为了噪声和热量。

运动中的动能、重力势能和应变能

动能、重力势能和应变能在撑竿跳高运动中都有所体现。在撑竿跳高运动中，运动员在助跑时带着撑竿加速，在这一过程中产生的动能（因为运动员和竿子的质量都处于运动中）用于使竿子弯曲，动能被转化为了应变能，如图9.2所示。

当撑竿在起跳过程中发生弯曲时，运动员就通过对竿体施力且使其运动一定的距离，从而完成对竿体的力学做功。

- 如果运动员在助跑时的跑步速度较慢，竿子的弯曲程度更小，也就会储存更少的应变能。
- 与弓箭手轻轻拉动弓弦相似，没有达到理想弯曲程度的撑竿在恢复笔直的状态时无法完成足够的做功，也就无法推动运动员向前腾空足够的距离。
- 顶级的撑竿跳高运动员会将体操运动员和短跑运动员的技术相结合。
- 撑竿跳高运动员跑步的速度越快，身高越高，越有力，就能跳得越高。

来自乌克兰的谢尔盖·布勃卡（Sergei Bubka）能够在室内和室外场地中完成超过6

图9.2 在撑竿跳高运动中，弯曲的撑竿储存了一定的应变能，接着被运动员所使用

米的撑竿跳高。这样有力且善于短跑的运动员能够控制专门针对自己的体重定制的较长、较硬的撑竿，并且使用它完成极高的跳跃。如果运动员能够使这样的撑竿弯曲，那么撑竿就能储存巨大的应变能，这样的应变能可以在运动员跳向横杆时推动运动员快速跳起。

在撑竿跳高过程中，弯曲的撑竿会重新弹直，进而推动运动员跃向横杆。储存在撑竿中的应变能通过推动运动员向上运动完成了力学做功，运动员被升至空中，他也因此获得了重力势能。在撑竿跳高的最高点处，运动员停止上升。此时，运动员的动能为零，因为在那个瞬间，运动员处于静止状态。

但是，运动员与地面存在着较大的距离，由于升高了一定的高度，运动员也因此获得了很大的重力势能。当运动员朝着地面进行加速运动时，重力势能逐渐转化为动能。当运动员落地后，运动在最高速时停止，运动员也因此获得了较大的动能。

运动员向地面施加压力（增加接触时间，

进而降低冲量），因此一部分的能量会使运动员与地面的接触面微微发热。运动员压入地面的深度，落地时发出的噪声，以及产生的热量都是运动员的动能做功的表现形式。在运动员回到地面并停止移动后，他的重力势能为零，动能也为零。

运动中还有许多关于动能、重力势能和应变能的示例。运动员在跳水运动中弯曲跳板也是想要利用跳板的应变能使自己的身体弹起。在2000年的悉尼奥运会中，蹦床运动成为正式的比赛项目，运动员需要使用弹跳动作来逐渐增加蹦床的弹性程度。这样，伸展的弹簧才能够获得尽可能大的应变能。应变能会通过将运动员弹入空中来完成力学做功。蹦床运动员在到达飞行路径的顶点时，动能为零。

与撑竿跳高运动员相似，蹦床运动员在达到运动高度的顶点时所具有的重力势能最大。蹦床运动员完成下落后，他们的动能（在下落过程中逐渐增大）主要用于向蹦床中的弹簧施力，一部分动能会被消耗于产生噪声和热量，但是蹦床运动员会在与蹦床产生接触时通过重复的弹跳运动来弥补动能的这一消耗。运动员的肌肉推力加上落入蹦床时的动能，可以使弹簧再次伸缩，并将运动员再次弹入空中。将蹦床运动员和跳水运动员进行对比，我们就可以理解为什么蹦床运动员不想在运动过程中在蹦床上不断移动位置，他们会尽可能地将自己保持在蹦床中心。但是，

知识小结

运动中的能量

- 重力势能是一种储能，由重力加速度产生。
- 应变能与重力势能相似，也是一种储能。
- 在撞击中，撞击物的动量守恒，但是动能会发生改变。

跳水运动员必须离开跳板至一定距离时才能防止在落水过程中与跳板发生撞击。

能量守恒定律

虽然动能会在物体或运动员的形态发生变化时转变为热量和噪声，但真正的情况是一种形式的能量被转化为了另一种形式的能量，或者说是遵循了能量守恒定律。例如，一名蹦床运动员在下落过程中出现了失误，未落入蹦床，而是重重地砸在了木质地板上。当蹦床运动员下落的速度不断加快时，他的重力势能正在转化为动能，在与地面接触之前，运动员的动能达到了最大值。在与地面接触时，运动员的重力势能为零。当运动员的动作停止，动能似乎也消失了。但是，事实真的是这样吗？

在与地面发生接触后，蹦床运动员的动能被转化成了数百万分子的运动，有一些表现为噪声，有一些表现为热量，有一些表现为地板的运动，还有一些表现为运动员身体的变形。

- 此时能量转化的过程是：从一种形式的能量到动能，再到被转化为了其他形式的能量。所以，并不存在任何能量的消失。
- 现实生活中，能量是守恒的。

回弹

当球棒击打球体或球在地板上弹跳时，都存在着撞击或冲撞等情况。当两个物体撞击后分开，一个物体向远离另一个物体的方向进行运动（或者二者同时向远离对方的方向运动）时，就可以说这是一种回弹。撞击发生时和发生后的真实情况由许多彼此相关的因素决定。下面对球被撞击和发生回弹的情况进行介绍。

通常情况下，球和与其发生撞击的物体都是移动的（如球拍击打球体）。但有时，其中的一个物体是移动的，而另一个物体是静止的。比如用保龄球撞击球瓶，撞击结束后，保龄球的运动速度略微降低且失去了一部分的动量，而球瓶进行加速运动并获得了动量。

在其他常见的情况中，一个移动的物体（如壁球或篮球）会与静止物（如墙壁或地面）产生撞击并发生回弹。撞击的角度可以各不相同，两个物体可以顶部相撞（如篮球直接砸向地面），也可以彼此擦过（如擦边球或篮球的击地传球）。

回弹与弹性回缩程度

决定撞击后情况的一个重要的因素是物体具有的弹性回缩程度，也就是物体能够将自己推回至原本形态的力。一些物体具有较小的弹性回缩，或者说具有较小的弹性，它们会在撞击后像黏土一样黏在一起。花式沙包就不具备任何肉眼可见的回弹。同样，失去控制落向地面的运动员也不会出现被回弹至空中的情况，因为在这种情况下的人体仅具有很小的弹性。

高尔夫球具有极强的弹性回缩程度，它们会在受到球杆击打后改变形状（被挤压至变形）（Smith et al., 2015）。球体在此时会像受压的弹簧一样储存应变能，接着在恢复至原形的时候将应变能转变为动能。与撑竿跳高运动员的撑竿相似，应变能会产生动能，进而转化为球体离开球杆时的运动速度。

在物体发生接触时，动能会转化为噪声并使物体（在这个例子中则为球体）在受击后的温度略微升高。棒球在受到击打时也会出现相同的情况。在本垒打中，棒球几乎会由于击打而被压缩至正常尺寸的一半。但当棒球离开球棒时，它会弹回至正常形状。这

—— 体育应用 ——

恢复系数

恢复系数是指物体在受到击打后能够恢复至原始形状的能力。如球体在受到球杆、球棒或球拍的击打，或从地面、墙面弹开后能够恢复原状的能力。恢复系数对物体的反弹力和恢复力进行了描述。球类运动往往具有特定的比赛规则来对球体的弹动程度进行限制，同时，比赛规则也会对球杆、球棒和球拍的材料和制造方式加以限制。过多或过少的回弹都会改变运动的性质。最高的恢复系数为 1，最低的恢复系数为 0。孩子们

©Michael Maggs，经理查德·巴茨（Richard Bartz）编辑

玩耍的弹力球和高尔夫球具有较大的反弹力，它们的恢复系数为 0.8 至 0.9。网球的恢复系数为 0.72，棒球的恢复系数需要被控制在 0.51 至 0.57，篮球的恢复系数在 0.76 至 0.80。而壁球的恢复系数在 0.34 至 0.57，其具有较大范围的回弹和滞空能力。这些数值范围可以适应运动员的多种能力范围。另外，球体的恢复系数可能会根据气温的不同而产生变化；随着气温的升高，球体的弹性也会有所增强。

一动作产生的能量会增加棒球飞行的速度，这种额外的能量可以帮助优秀的击球员将球击出场或击入高处的看台区。物体的弹性回缩程度由与其相撞的物体的材质决定。橄榄球与人造材质发生碰撞后会以极快的速度回弹。但是，当球体落入潮湿泥泞的草地时，球体的回弹速度会大有不同。

回弹与气温

气温会影响球体受到撞击后的回弹情况。热量会导致球体内的空气发生膨胀，进而增加球体的回弹能力。在壁球运动中，运动员会在比赛开始前来回击打壁球，使它们更好地完成反弹。壁球只具有很少的甚至不具有任何的弹力，这会使运动员难以将球击打出去。优秀的壁球运动员需要在运动中使用弹性很小的壁球，即使对球体加热，使其中的空气变热时也是如此。这种壁球需要运动员

具有极强的运动能力。但是，新手往往会使用在加热后弹性变得较大的壁球。这种壁球在空中飞行的时间更长，新手能有更多的时间来调整位置和完成击球。

回弹中的角度、速度、旋转和摩擦力

在球体与其他物体发生撞击后，球体的运动状况由多种因素决定。除了前文中提到的因素，球体的回弹还会受到以下因素的影响。

- 球的运动角度和速度。
- 球是否旋转。
- 球和物体之间的摩擦力大小（下文将对其进行详细介绍）。

这些因素对乒乓球来说十分重要。乒乓球拍的粗糙且较软的表面会对乒乓球施加巨大的旋转力。虽然球体和桌面都十分光滑，但是旋转中的乒乓球在高速撞击桌面时产生的力是非常强大的。

上旋球会使球以较低的角度加速离开桌面，下旋球会使球向后倒退。下旋球的旋转方向与运动方向相反，因此，下旋球的运动速度会被减慢甚至开始进行反向运动。球体转动的方向在许多运动项目中都是至关重要的。在台球运动中，母球的旋转会对被撞击球的运动和母球在撞击发生后的运动产生影响。同样，高尔夫球杆向高尔夫球成角度地施加的后旋动作可以使球更好地飞起，并且使球在空中停留更长的时间（第10章将对此进行更加详细的介绍）。下旋球还可以防止高尔夫球滚落至赛场边缘。

- 在篮球运动中，优秀的篮球运动员会在释放篮球的瞬间对篮球施加后旋力。
- 他们会在释放篮球的瞬间使篮球在指尖滚动。
- 撞击篮筐或背板的后旋球不仅会在撞击时失去运动速度，还更有可能会由于向后的旋转而落入篮筐。

里克·巴里（Rick Barry）是最好的罚球手之一（有90%的准确率），他对于投球技巧有着深入的理解。他可以在抛掷篮球时使其进行剧烈的后旋运动，后旋运动有助于将篮球旋入篮筐。

大部分的篮球运动员会在竞赛中使用相同的罚球方法。即使他们是在头顶发出篮球，在释放篮球之前的指尖弹动也可以使篮球进行后旋动作。后旋可以帮助运动员将篮球后旋入篮筐，而上旋球则更有利于使篮球回弹至场内。

摩擦力

在试着移动或试着保持静止时，被称为**摩擦力**的接触力会对运动产生阻碍。摩擦力会出现在多种情况中，如跑步运动员的跑鞋与地面接触时，或是保龄球顺着球道滚动时

（Morio et al., 2015）。在这两个例子中，摩擦力存在于两种固体（非液体）表面之间。但是，当跳台滑雪运动员或一支标枪在空中飞行，或是游泳运动员在水中运动时，摩擦力也依然存在。在这些情况中，空气和水都是流体，会产生流体摩擦力。第10章将对流体摩擦力进行介绍，而本章将集中介绍固体表面之间的摩擦力。

各个运动项目和各种环境条件对于摩擦力的需求是各不相同的。在某些时刻，运动员可能需要较大的摩擦力，但是在其他一些时刻，运动员可能需要将摩擦力最小化。

- 在越野滑雪竞赛中，根据雪况选择正确的蜡的种类会为运动员带来足够的摩擦力，同时也需将摩擦力控制在一定范围内，使运动员可以在雪上滑行。
- 当橄榄球运动员忽然改变运动方向时，他们需要通过摩擦力来为自己提供足够的抓地力。
- 但是，在人造草皮上，运动员的鞋子与草皮之间的摩擦力有时会过大。在抢断动作中，运动员的脚可能会被困在某个位置，这可能会使运动员的膝盖和脚踝被扭伤。

另一个例子是网球运动。面向专业运动员开展的大满贯系列赛中包括以下3种竞赛场地：硬地球场、草皮和泥土地面。

- 硬地球场的纹理各不相同，在球场表面添加的粗砂岩越多，球体和球场表面之间的摩擦力就越大。增大的摩擦力可以使球在弹开时减慢球速。
- 草皮提供的摩擦力较小。温布尔登的短草地被认为是一种适合进行高速运动的表面。这种表面有利于强有力的运动员进行速度超过160千米/时的发球。而泥土地面与草皮的效果恰恰相反。

- 粗糙的泥土地面，如巴黎罗兰加洛斯体育场使用的场地，会使球体的运动速度急剧降低。该表面会大大降低发球上网打法的有效性。但是，发球上网打法会在草皮和硬地球场中为运动员带来极大的优势。在泥土地面上，防守方会具有更多的时间来接近球体和进行反击。在泥土地面上进行比赛的策略是用力地向对手反击并将球越过对手。

奥地利的托马斯·穆斯特尔（Thomas Muster）善于进行在泥土地面上开展的耐力比赛。他创造了泥土地面上46∶3的对战纪录，使他在1995—1996年的总成绩达到了极其优秀的111∶5。但是，当他在其他类型的地面上进行比赛时，往往无法达到这种水平的比赛成绩。西班牙的拉斐尔·纳达尔（Rafael Nadal）持续地展示了自己在泥土地面赛场上的运动能力，他也因为在2017年的法国网球公开赛中获得了10个项目的冠军而被称为泥土之王。而泥土王后是克里斯·埃弗特（Chris Evert），她赢得了法国网球公开赛中7个项目的冠军。

固体表面之间存在两种摩擦力，具体内容如下。

- 第1种为**静摩擦**。静摩擦存在于两个静止的物体相互接触的表面之间，且会对即将发生的动作产生阻碍。
- 第2种为动摩擦。动摩擦还可以再分为两种类型：一种是**滑动摩擦**，也就是两种物体相互滑动时产生的阻力；另一种是**滚动摩擦**，也就是物体（如球体和轮子）在支撑面或接触面滚动时产生的阻力。

摩擦力和施力的关系如图9.3所示。在静摩擦的计算中，摩擦力是静摩擦系数（μs）与正常或向下的作用力（R）的乘积。

计算动摩擦时使用的公式也是这样，只需要将静摩擦系数更换为动摩擦系数（μk）。

如图9.3所示，静摩擦在动作开始之前增加到了一定程度。在这个程度上，动摩擦要小于最大限度的静摩擦。在运动中，静摩擦和动摩擦都可以阻止某个物体的运动。

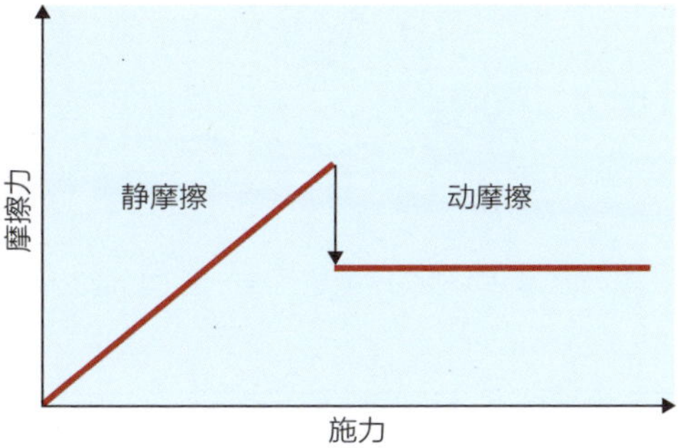

图9.3 摩擦力和施力的关系

[源自：S. J. Hall, *Basic Biomechanics*, 4th ed. (Boston: McGrawHill, 2003), 390.]

例如，当曲棍球处于静止时，它会在起初抗拒运动，这是由于球体和地面之间存在静摩擦。在运动员击球后，球体会同时发生滑动和滚动，进而产生滑动摩擦和滚动摩擦，进而对球体的运动产生阻力。但是，当球体停止滑动但持续滚动后，只有滚动摩擦被保存下来。

静摩擦和动摩擦

我们可以通过对橄榄球运动员推开阻力橇的动作的观察，来检验静摩擦和动摩擦。阻力橇是一种可以在地面上滑动，同时对运动员施加静态阻力和动态阻力的运动装置，如图9.4所示。阻力撬在静止时产生的摩擦力来自它的静摩擦，如果运动员使用很小的力推动阻力撬，阻力撬并不会发生移动。

这时，静摩擦大于运动员施加的力。如果运动员增加对阻力撬的推力，对抗运动员的摩擦力会达到一个临界值，这个值就是阻

静摩擦和动摩擦

图9.4　橄榄球运动员推开阻力撬时的静摩擦和动摩擦

体育应用

网球运动中的回弹

　　网球运动要比乒乓球运动更为复杂，因为影响网球回弹的因素不同。如网球场地可以是泥土地面、草皮或硬地球场，这些表面对网球的回弹都具有不同的影响。网球比赛可以在室内进行，也可以在室外进行，类似气温、湿度和风速等环境因素也会对网球的回弹产生影响。网球拍的尺寸、形状、种类和灵活度各有不同，网球拍的材质和张力也各有不同，网球的反应方式也会有所不同。网球会在被加热和被磨损后弹得更高。从密封罐中将网球取出一段时间后，网球会变得破旧并且失去其原本具有的弹性。

力撬的最大静摩擦。当运动员进一步增大推力后，就会克服阻力撬的最大静摩擦，阻力撬会开始滑动并转变为运动的状态。

　　静摩擦在这时会被动摩擦替代，动摩擦也就是阻力撬底部与地面之间的摩擦力。动摩擦往往要小于最大静摩擦。也就是说，使物体保持移动要比使物体开始移动更加轻松，由此可见静摩擦与动摩擦之间的差异。下面将对影响静摩擦和动摩擦大小的因素进行介绍。

　　阻力撬底部和地面之间的相对运动指的是运动员施力使阻力撬开始运动且保持运动。要记住，静摩擦比动摩擦大。从日常经验中可知，保持物体的滑动要比使其开始滑动简单得多。

　　另一个例子是在曲棍球运动中，击球的曲棍球运动员会使曲棍球滚过场地。场地带来的摩擦力和少量的空气阻力会逐渐使球体停止运动。球体受到了长时间（或长距离）的摩擦力和空气阻力作用，它的速度和动量会不断减少至零。球体受到的阻力很小，但是受力时间非常长。

推动两表面贴合的力

　　以阻力撬为例，将阻力撬底部推向地面的力是阻力撬向下的重力与地面向上推的推力的总和。这两种力将阻力撬和地面的接触面推到了一起。如果教练站在阻力撬上，那么阻力撬向下的推力和地面向上的推力都会相应增加，阻止运动员推动阻力撬的摩擦力也会变得更大。

在推动两平面贴合时，不需要过于看重质量。更大的质量意味着有更多的压力在将地面和阻力撬之间的接触面推在一起。当最大摩擦力出现时，阻力撬的质量加上任何添加的质量都必须垂直地作用在支撑面上。如果教练没有在阻力撬上笔直地站立，那么他的身体质量只有一部分成为向下推动阻力撬的力。

两个表面之间的实际接触面

"实际"这个词在此处非常重要，因为摩擦力的发生需要两个平面的接触。如果阻力撬的底部没有接触地面，就没有摩擦力产生。如果运动员通过向前或向上施力来抬起阻力撬，那么阻力撬会在与地面失去接触的瞬间失去摩擦力。同样，如果足球运动员的鞋钉是唯一与地面接触的部分，那么球员与地面的接触面的面积仅为鞋钉的面积，其他的鞋底部分并没有与地面接触，因此并没有产生任何摩擦力。

以下示例说明了实际接触面（如表面之间的接触部分）与推动两个表面贴合的力混合在一起的重要性。试想，有两个质量相等的阻力撬，但是它们的底部面积有所不同。

- 一名运动员推动其中一个阻力撬，接着以完全相同的方式和完全相同的施力大小推动另一个阻力撬。
- 比起底面较小的阻力撬，具有较大底面的阻力撬并不会更难以推动。因为阻力撬的质量分散在了更大的底面面积中，所以阻力撬会产生较小的指向地面的推力。
- 因此，两个阻力撬的摩擦力大小相同。

接触面的种类和材质

接触面的种类和材质不仅包括阻力撬的底面材质，还包括与阻力撬接触的表面材质。

知识小结
运动中的能量守恒

- 虽然动能会在物体（或运动员）变形时被转变为热量和噪声，但这一过程仅仅是一种能量被转化为了其他种类的能量。
- 气温会影响能量的守恒，尤其是在撞击后的回弹情况中。
- 在试着产生移动或保持静止时，一种名为摩擦力的接触力会对运动产生阻碍。

试想，使一个底面较为粗糙且具有凹痕的阻力撬在泥泞黏稠的地面上滑动，与使一个底面光滑的阻力撬在坚硬平整的地面上滑动相比，前者运动员所受到的摩擦力会更大。

运动中和日常生活中使用的材料多种多样，与它们相互接触时会产生不同程度的摩擦力。摩擦力较小的是速滑运动员在冰面上滑行的冰刀，冰刀推动地面产生的薄薄的水层会产生一些润滑作用，进而将摩擦力降至极低的水平。摩擦力较大的是橡胶鞋底与橡胶地面接触时产生的摩擦力。

滚动摩擦

滚动摩擦会在类似球体或轮子一类的圆形物体滚过接触面或支撑面时发生。滚动摩擦在保龄球、台球、曲棍球、骑行和足球项目中十分常见。滚动摩擦往往要小于滑动摩擦。人们之所以会使用车轮，正是因为车轮在滚过地面时仅会产生极小的摩擦力。这种极小的摩擦力是由于圆形物体在滚过地面时会与接触的地面分开。滚动摩擦会根据接触面的材质、推动两平面贴合的压力和滚动物的直径的不同而有所不同。

竞速自行车运动员会使用较窄的管状轮胎，并使轮胎充满气体，使轮胎内达到平均827千帕的压强。因此，即使自行车上载有运

滚轮对静摩擦的利用

很多车都带有防抱死的刹车装置，这使得车轮在刹车踩下的情况下也能继续转动。这种转动要好过车轮被忽然锁死并开始滑行的情况。与没有滑行的车轮相比，滑行的车轮具有很小的抓地力（对地面的抓力），而防抱死刹车装置可以在降低车速的同时防止车轮发生滑行。车子中的传感器可以对忽然的减速做出反应。它们会继续转动，而不会直接锁死车轮并引发滑行。有了防抱死刹车装置，车子可以更快地完成停车，且司机

阻止滑行的摩擦力

车轮向前转动

可以保持对车辆的控制。在车轮发生滑行时，控制车子是非常困难的。滑行的车轮的运动速度会被轮胎和地面之间产生的摩擦力降低。转动的车轮可以被认为与地面具有成百上千的接触点，它们会以静态状态轮流与地面发生瞬间的接触。因此，转动的车轮会由于静摩擦而减慢速度，静摩擦的强度要强于滑动摩擦。

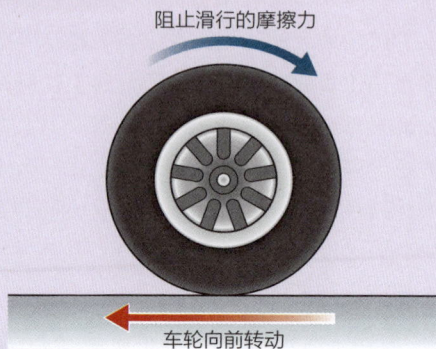

动员，车轮与地面之间的接触面也非常小，进而滚动摩擦也被降至最低。即便如此，轮胎的橡胶胎面和光滑的骑行赛道之间的接触也产生了极大的抓地力。滚动摩擦的存在是山地车漏气时或是亚充气状况的车胎会运动

得极其缓慢的原因。另外，较宽的、表面凹凸不平的山地车轮胎可以在崎岖的地势上提供更强的稳定性和抓地力。高压、较窄的管状轮胎在这样的路况中则往往无法使用。

运动中的做功、功率、能量、回弹和摩擦力

运动中，这些因素都非常重要，因为它们定义并量化了运动量。如通过计算做功（力 × 距离），可以将运动员之间的运动表现进行对比，进而判断运动员正在进行的训练是否有效，也就是判断运动员的做功是否在增加。同样，功率（力 × 时间）的计算也十分重要，运动员的功率越大，运动的效率就越高。要记住，储存、产生、失去和转化的能量可以使运动员获得力学的干预，最终使他们的运动表现有所改善。关于摩擦力的知识可以用于改善运动表现（如增大地面和鞋子之间的摩擦力，进而增强前锋拦截对手的能力）和增强运动的安全性（如降低网球场地和运动员之间的摩擦力，进而使运动员可以滑行得更远，而不会在跑过场地时忽然停止）。最重要的是，对这些力学因素的评估可以使运动员和教练获得客观的反馈，进而了解他们需要改进的训练内容。

本章小结

- 做功是指施加于某段距离上的力的大小。
- 功率是指某段时间内完成力学做功的效率。
- 能量是指人体或物体能够完成力学做功的能力。
- 回弹是指某物产生撞击后的弹回的程度。
- 摩擦力是指对运动产生的阻力。
- 在大部分的体育训练中，功率是某段时间内完成力学做功的效率，它是比力量更为重要的因素。力量仅代表了运动员能够移动的质量大小，并不代表移动的快慢。
- 力学能量存在着3种形式：动能、应变能和重力势能。
- 移动中的物体同时具有动量和动能。
- 物体或运动员的质量越大，移动的速度越快，在一段时间内施加力量的能力就越强。
- 如果移动物的质量保持不变，但是速度加快至原本的2倍，则物体的动能会增加至原本的4倍。动能一词意味着它与运动存在着关联。物体或运动员的质量越大，运动的速度越快，就会产生越大的动能。
- 上升的高度越高，质量越大，物体或运动员就会具有越大的重力势能（距地面的高度=距离；质量=阻力；使其加速的力=重力）。
- 与具有动能的物体或运动员不同，具有重力势能的物体或运动员只需要处于高于地面的位置。
- 重力势能是一种储能，它由重力的加速度产生。
- 应变能与重力势能类似，也是一种储能。
- 在撞击中，撞击物的动量守恒，但动能不守恒。
- 恢复系数是类似球体等物体在受到击打后恢复至原始形状的能力。
- 摩擦力的两种形式为静摩擦和动摩擦，静摩擦也就是存在于两个静止物体的接触面中，且对使物体开始运动的力进行对抗的摩擦力。动摩擦可分为两种形式：滑动摩擦，当两物体相互滑动时产生的阻力；滚动摩擦，也就是物体滚动时产生的阻力。

关键术语

线性动量守恒

动能耗散

弹性

能量

摩擦力

重力势能

马力

撞击

冲量

动能

能量守恒定律

功率

回弹

滚动摩擦

滑动摩擦

静摩擦

应变能

做功

参考文献

MacKenzie, S. J., R. J. Lavers, and B.B. Wallace. 2014. "A Biomechanical Comparison of the Vertical Jump, Power Clean, and Jump Squat." *Journal of Sports Sciences* 32(16): 1576–1585.

Morio, C.Y.–M., L. Sissler, and N. Guégue. 2015. "Static vs. Dynamic Friction Coefficients, Which One to Use in Sports Footwear Research?" *Footwear Science* 7(Suppl 1): S63–64.

Mytton, G., D. Archer, K. Thompson, and A. S. C. Gibson. 2013. "Reliability of Retrospective Performance Data in Elite 400–M Swimming and 1500–M Running." *British Journal of Sports Medicine* 47(17): e4.

Smith, A., J. Roberts, E. Wallace, P. W. Kong, and S. Forrester. 2015. "Golf Coaches' Perceptions of Key Technical Swing Parameters Compared to Biomechanical Literature." *International Journal of Sports Science and Coaching* 10(4): 739–755.

Stefani, R. 2014. "The Power–to–Weight Relationships and Efficiency Improvements of Olympic Champions in Athletics, Swimming and Rowing." *International Journal of Sports Science and Coaching* 9(2): 271–286.

Tao, S. 2013. "Sports Equipment Based on High–Tech Materials." *Applied Mechanics and Materials* 340: 378–381.

第 **10** 章

流体中的运动

本章将对以下知识进行介绍

- 流体静压、浮力、阻力、升力对运动员或物体在空气和水中运动的影响。
- 压力、温度、空气和水的材质对流体运动的影响。
- 表面阻力、型阻和波阻对运动员或物体在空气和水中运动的影响。
- 流体静压和阻力在运动中的含义。
- 高速运动中的运动员如何对抗或利用阻力和升力。
- 马格努斯效应和摩擦力对旋转球飞行轨迹的影响。

本章将介绍空气和水中的力对运动员的帮助或阻碍。在以下内容中，读者将会阅读到游泳运动员如何运用运动生物力学来借助水的阻力将自身运动的推力最大化，读者也会了解到为什么有的运动员在水中可以浮起，有的却会下沉。读者将会明白为什么骑行运动员在骑行时会使用低风阻车把、圆盘轮胎和光滑的运动服，以及为什么掷铁饼运动员喜欢在露天体育场利用逆风进行竞赛。读者还会了解到投手如何通过转动动作产生曲线球，以及为什么与光滑的表面相比，高尔夫球具有凹痕时能飞得更远更快。本章主要讲解在空气和水这两种常见的流体中的运动生物力学原理。

空气和水产生的力会对成百上千种运动产生影响，无论是潜水等水下运动，还是高山滑雪和赛车等高速运动，又或是陆地运动或是热气球和跳伞等高空运动。但是，在很多运动中，空气和水产生的力仅会对竞赛结果产生很小的影响。摔跤运动员不会在抛掷对手时考虑空气阻力的作用，而体操运动员也不会在平衡木上以适应空气阻力的速度移动。篮球运动也是一样，篮球运动员如果需要在室外进行比赛，除非遇到大风天气，否则他们并不会担心风力会影响他们的运动表现。

在流体中运动的基本原理

通常情况下，在空气或水这两种流体中移动的力量具有持续的趋势，也就是说它们会按照初始运动的方向继续运动。当与障碍物（运动员或物体）相遇时，空气和水会绕着障碍物流动，或者说移动。这种流动可以产生一定的力：有时会产生阻碍运动或减慢运动速度的力，而有时会产生升力、浮力或旋转力。"流动"一词的定义是平和而稳定的移动，但是，流动的数量是由物体在流体中的移动速度决定的。

为了理解这些流动力的运作方式，如图10.1所示，我们将球体周围的流体流动线标记了出来。这幅图有助于将物体或运动员在水或空气等流体中的运动概念化。这一概念在骑行运动中有所体现。

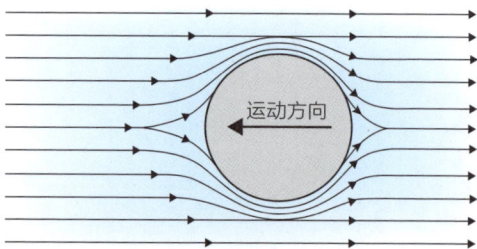

图10.1 球体周围的流体流动线

- 如果运动员的运动速度较慢，如8千米/时，就如同骑行运动员在骑行过程中的恢复体力阶段，则骑行运动员可能会通过坐直身体来拉伸背部和腿部，或是借由最小化的空气流动来拿取饮料。

- 当运动员的速度为之前速度的6倍，也

就是48千米/时的时候，空气流动的影响会在运动中扮演重要的角色。运动员会重新放低身体至流线型姿势，使身体在车把后呈紧密的卷曲姿势，随空气流动而运动。

从这一例子中可知，运动员的移动速度是流体中的运动状况的决定性因素，其他因素还包括流体的种类。在常态下，由于水的密度约为空气的800倍，运动员在水中对水流的依赖要远远强于在空气中对气流的依赖。为了说明在这两种流体中运动的区别，下面将对它们分别进行介绍。

虽然空气和水都是流体，但是空气不像水那样"厚重"和"稠密"。空气和水会按照运动员或物体的形状进行流动，且会很轻易地被塑形，如图10.1中的球体。空气和水会产生相似的力量。这些力量包括流体静压、浮力、阻力和升力。下面将对这些力和它们对运动表现的影响进行介绍。

流体静压和浮动

影响物体在流体（空气或水）中运动的基础力量正是**流体静压**，也就是流体在支持自身重量时产生的力。这种流体静压与**浮动**直接相关。

- 浮动意味着产生向上抬起物体的力，或者从传统的定义来说，是全部或部分浸入流体的物体受到的周围的流体产生的使其向上的力。
- 这个力由物体上方和下方的流体压力差产生。
- 向上的浮力大小等于能够替代整个物体体积的液体的质量大小。
- 这个力可以使物体浮动，或至少让物体看起来变轻了，下文将对其进行更加详细的介绍。

空气中的流体静压

想要理解流体静压的特征，首先需要了解空气流体和大气的特征。大部分人不会认为我们周围的大气在向我们施加向下的压力，但是事实确实如此。其实，重力会将地球的大气拉向地球表面，而人们正在地球表面运动，因此也会受到来自大气的压力。

理解这一概念的一个简单方法是，将大气看作躺在床上时盖在身上的一条条毯子，每条毯子会将上边的毯子托住，同时对下面的毯子施加一定的压力。现在，将地面看作是床。在海平面高度时，盖在身上的毯子最多；在高海拔地区，盖在身上的毯子也许只剩下了一条或两条。也就是说，海平面高度上存在着最强的大气压力，随着海拔的升高，大气压力会逐渐减弱。

大部分的体育活动都在海平面高度发生，因此大气压力对其产生的影响是非常大的。在海平面高度上，地表的大气压强约为101.325千帕，也就是说，人体的每平方厘米都会获得约10牛的压力。

如果对人体头顶的面积进行计算，就可以算出压在头顶的大气重量。对于成年人来说，这个重量可超过454千克。人类经过进化，已经可以承受这样的重量。人们一般感受不到这种重量，但是如果将重量移开，反而会出现严重的问题。

- 在海平面高度上，空气体积由约21%的氧气和约78%的氮气构成，其他成分大约占1%。
- 如果海拔升高，空气中的氧气和氮气的比例依然约是21%和78%。
- 但是，高海拔地区中的空气会含有更少的氧气和氮气，因为海拔越高，空气的压力越小，每一体积中含有的氧气和氮气越少。

珠穆朗玛峰的攀登者发现，当他们在前往峰顶的途中越过7925米高度时，空气中的氧气量仅为同体积的海平面空气中氧气量的1/3。珠穆朗玛峰的大多数攀登者会带有瓶装氧气作为额外供给。即使是在1524米左右的较低海拔的地区，适应低压空气和空气中含量较少的氧气情况也是非常重要的。偶尔决定将攀登5895米的乞力马扎罗山作为坦桑尼亚旅程的一部分的旅行者会发现，随着海拔的升高，当他们的身体试图获取所需氧气时，他们会开始进行频率更高的呼吸。他们常常需要在攀登的过程中承受更多的高原反应（Swann et al., 2016）。

水中的流体静压

在海平面高度上，水的密度几乎是空气的800倍。水几乎无法被压缩，它所产生的压力会随着深度的增加而增加。潜水员（使用了水下呼吸装置）知道，在海洋中每下潜10米，海水产生的压力升高的值与1个标准大气压的值相等，为101.325千帕。

- 因此，在10米深的海水下，潜水员会额外受到101.325千帕的压强，也就是大气作用于海水上的压强加上海水带来的101.325千帕的压强。这样，潜水员受到的压强总和为2个标准大气压，或者说是202.65千帕。
- 在20米深的海水下，压强会增加至303.975千帕，或者说3个标准大气压。
- 在30米深的海水下，潜水员每平方厘米的身体受到的压力会增加至约41牛，或者说受到的压强为405.3千帕，即4个标准大气压，如图10.2所示。

潜水员身体的大部分可以承受这一压力，但是体内的一些空气腔往往无法承受。如鼻窦、肺部和内耳都具有空气腔，这些位置所

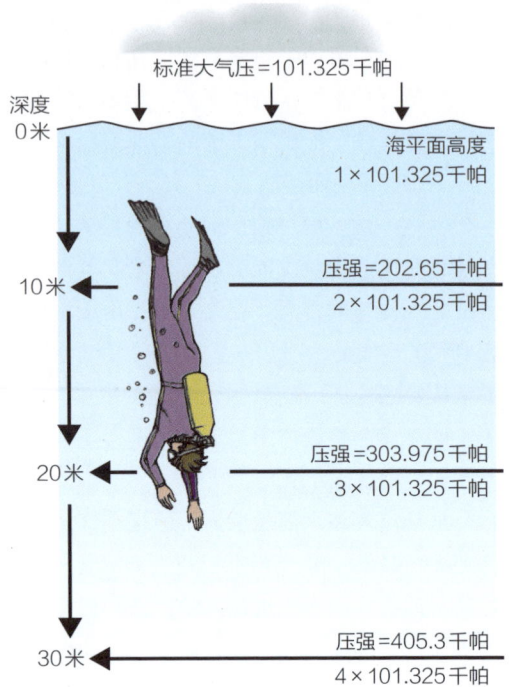

图10.2　潜水深度每增加10米，压强增加101.325千帕

受的压力必须与周围水体施加的压力相平衡。水的种类（淡水或盐水）也会影响压力的大小。盐水中具有盐质矿物，因此盐水的密度要大于淡水的密度。带有额外矿物的1立方米的盐水重量约为1025千克，要比1立方米的淡水重25千克。

当潜水员在海水中下沉时，他们会带有压缩空气缸。压缩空气缸的调节器会使潜水员肺部和空气腔内的压力与水体向潜水员身体上施加的压力相平衡。

- 在10米深的水底，从调节器吸入的空气体积会由于海水的压力而缩减至在海平面高度上的1/2。
- 在20米深的水底，空气体积会缩减至在海平面高度上的1/3。
- 在30米深的水底，空气体积会缩减至在海平面高度上的1/4。

从海底上升至海平面的过程中，会发生相反的过程，被压缩的空气会随着水压的降低而膨胀。

- 在10米深的水中吸入的一个肺容量的空气，如果回到海平面后空气依然存放在肺部，那么空气体积就会膨胀为吸入体积的2倍。
- 在20米深的水中吸入的一个肺容量的空气，空气体积会膨胀为吸入体积的3倍。
- 在30米深的水中吸入的一个肺容量的空气，空气体积会膨胀为吸入体积的4倍。

如果潜水员在跳水前没有检查压缩空气缸的计量表，使空气在水深30米处被用尽，潜水员感到恐慌并决定在升向海平面的过程中屏住呼吸，那么他会发现肺部内的空气会在到达海平面后膨胀为原来的4倍。人体的肺部无法承受这样的膨胀。潜水的基本原则是：永远不要屏住呼吸。这名不幸的潜水员很可能会由于空气膨胀而使肺部爆裂，进而导致空气进入血管出现栓塞。在遇到这样的情况时，潜水员的正确做法是随着水流向海平面升起，并保持正常的呼吸，同时确保肺部留有足够的空气，以避免身体的急速上升。

随着海水深度的增加，水压也会增大，这也就意味着，1罐可以在海平面持续使用1个小时的压缩空气缸在10米深的水下只能使用大约30分钟，在20米深的水下只能使用大约20分钟，在30米深的水下可能只能使用15分钟。潜水员降低下潜深度不仅因为压缩空气缸的使用时间有限，还因为潜水员在高压下呼吸会导致高浓度的氮气进入血管，进而影响中枢神经系统的正常运作。雅姆－伊夫·库斯托（Jacques-Yves Cousteau）将氮气对潜水员的这种影响称为"氮麻醉"。氮麻醉是指高浓度的氮气会使潜水员像喝醉了一样做出某些行为（Hemelryck et al., 2014）。其他的症状还包括失忆、反应迟钝、判断错误和丧失方向感等。

- 氮气浓度还可能在潜水员升向海平面时引发问题。如果潜水员的上升速度过快，会使由于压力而融入血液中呈液态的氮气从液体转变为微小的气泡，就如同拧开碳酸饮料瓶盖时的情形。
- 这些氮气气泡需要缓慢地经由肺部排出。但是，如果上升速度过快，潜水员没有充足的时间来通过肺部排出这些

——体育应用——

自由潜水

自由潜水是一种极限运动。在自由潜水运动中，潜水员会在没有任何呼吸辅助装备的情况下，比拼在一次屏息中能够完成的潜水时间、深度或距离的极限。在6种竞赛种类中，最为常见的一种是不设限潜水。来自新西兰的威廉·特鲁布里奇（William Trubridge）是目前无协助自由潜水世界纪录的保持者。他在没有呼吸辅助设备的情况下达到了超过100米的潜水深度。而世界上潜水深度最深的哺乳动物之一抹香鲸的潜水深度大约为2134米。要注意，自由潜水是一项危险的体育活动，需要在有效的监督下进行。自由潜水没有氧气罐，潜水员仅仅通过屏住呼吸来完成水下活动。潜水过程中的水压升高会引发一些身体损伤，如耳膜的穿孔或破裂，或是眼球的破裂。潜水员可以通过平衡鼻窦和耳部的压力来降低这些损伤出现的可能性。

气体，则气泡会滞留在关节、肌肉和身体的其他组织上。这会引发一种名为"减压病"的身体疾病，导致潜水员走路不稳且需要常常弯腰。

- 减压病的其他症状还包括丧失方向感、长红疹、瘙痒、头晕、恶心和关节疼痛等。
- 潜水员通常会通过保存充足的空气来缓慢地上升，以预防减压病的发生，他们还会在不同的水深处短暂地停留以进行减压，以为身体提供充分的时间，安全地将氮气从肺部排出。

如今的潜水运动已经比过去安全得多。气体的混合和装备设计的改善，以及良好的训练条件使潜水变成了一项十分有趣、舒适的运动项目。进行潜水运动的两项基本原则如下。

1. 永远和搭档一起潜水。

2. 理解潜水应用的物理学基本定律。

通过遵守这些原则，潜水员就可以安全地进行潜水活动了。

空气浮力

虽然浮力一般存在于液体中，但是，空气中也有浮力。接下来将对空气中的浮力进行介绍。举例来说，热气球的起飞正是利用了被加热空气的质量轻于周围同体积的较冷空气的质量的原理。

人们看在上空飞行的热气球时，其实就是注视着一个轻于空气的、充满气体（氦气）的物体。热气球由于受到向上的浮力而升在空中。当向上的浮力和其他向上的力与热气球受到的向下的重力达到平衡时，热气球会在设定的高度环形飞行。

水中的浮力

在类似水的液体中，浮力是流体静压的一个引申概念。水会产生一种向上的托举力，与物体的重力方向相反，将淹没在水中的物体向上推动。当一名运动员完全浸没在水中时，水会从各个方向对运动员施加压力。由于流体中的压力会随着深度的增加而增加，所以运动员下方受到的压力会大于其上方受到的压力。导致这种情况出现的力就是浮力，一种从下方推动运动员向上的力量。

多种体育运动都会受到水的浮力的影响，如游泳、赛艇、皮划艇和快艇，下面将对浮力的作用方式进行介绍。阿基米德原理说明了测量浮力的大小所依据的原理，当运动员完全浸没在水中时，作用在运动员身上的浮力等于可以替换运动员整个身体体积的水的重力（Pelz and Vergé, 2014）。当浮力大于向下拉动运动员的重力时，运动员就会被推至水面，如图10.3所示。

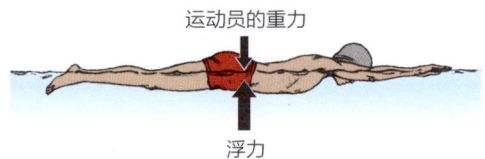

图10.3　当浮力大于向下的重力时，运动员会浮在水面

如果运动员的体重为90千克，而与运动员体积相等的水的重量大于90千克，那么浮力就会使运动员浮起。因为肌肉和骨骼的密度较大，它们的重量要大于同体积的脂肪重量，所以具有较多骨骼、肌肉和较少脂肪的运动员会具有较大的身体密度。因此，身体主要由骨骼和肌肉组成的运动员的重量往往会大于同体积的水的重量。

因此，向下的重力大于向上的浮力时，运动员会沉入水中。这一类的运动员常常会出现在一些选美竞赛中。具有健硕的肌肉的运动员往往更加擅长于陆地上的体育运动，在水中运动时他们往往会不断下沉，这是因为他们受到的浮力要小于自身产生的重力。

但是，如果这些运动员离开淡水，在海水中进行比赛，他们很可能会成功地浮起。因为海水中的盐分会使与运动员同体积的海水的重量大于同体积的淡水的重量。如果与运动员同体积的海水的重量大于运动员体重，那么运动员就可以在水中浮起。

另外，运动员受到的浮力根据水的密度和温度而有所不同。水温越高，水的密度就越小。因此，在冰冷的海水中漂浮要比在温暖的淡水中漂浮简单得多。冷的海水密度更大，其重量也要比同体积的淡水重量更重。在冰冷的海水中，与运动员同体积的水的重量往往会大于运动员的体重。

在长距离游泳中，运动员体内脂肪与骨骼和肌肉的比例起着重要的作用，尤其是在冰冷的海水中游泳时。身体脂肪不仅有助于浮力的产生，还可以使运动员保持温暖。脂肪也可以帮助运动员减少热量的流失，进而避免低体温的出现。与体内脂肪较多的运动员相比，具有较少脂肪的运动员会更快地出现低体温。

体内脂肪较少但穿着潜水服的运动员会更容易浮在水上。质量较轻的潜水服会在略微增加运动员重量的情况下，增加运动员在水中的体积。潜水服越厚，运动员在水中所占的空间就越大（运动员的体积就越大），所需的与运动员同体积的水就越多。浮力会因此增加，而运动员的体重几乎保持不变。穿着潜水服的运动员潜入水中时，增加的水深带来的压力会挤压潜水服。运动员潜得越深，潜水服就会承受越强烈的挤压，这时运动员就会开始下沉。

在靠近水面时，运动员会在髋部佩戴铅锤来对抗潜水服带来的额外浮力。当他们开始下沉时，增大的水压会挤压潜水服。这时，运动员必须使用空气缸向浮力背心中压入空气，以平衡由于深度的增加而失去的浮力。压入了空气的浮力背心会增加运动员在水中所占的体积，因此浮力也会随之增加。浮力背心中的空气过多会使潜水员浮上水面。

另外，如果运动员想要使自己保持在水下的一定深度，则他们需要向浮力背心中压入体积合适的空气来使向上推的浮力和向下拉的重力相互平衡。运动员都可以将肺部当作一个迷你的浮力背心。

- 通过深呼吸对胸腔进行扩展，运动员在水中所占的体积会增大。
- 运动员所受的浮力会随着体积的增大而增大，而其身体质量没有任何变化。
- 对于大部分运动员（不是所有运动员）来说，这种行为足以使他们浮在水面上。
- 向外呼气会带来相反的效果，运动员会开始下沉。这一现象可以在游泳池中轻易地被验证。

浮力向运动员或物体（如船）集中施加向上的推力的位置叫作浮力中心。与运动员的下半身相比，运动员的上半身在水中会占有更大的空间，且运动员上半身的重量通常会轻于同体积水的重量。

因此，运动员的上半身会比下半身受到更强的向上的推力。大部分运动员的浮力中心与重心位置不同，他们的浮力中心往往更偏于上半身的位置，一般位于胸腔下方。如果能以某种方式把水保持为水被运动员排开时的形态，那么运动员的浮力中心就是排开的水的重心。

运动员漂浮时的浮力中心往往比重心更加靠近人体的上半身。浮力往往会在胸腔下方集中施加向上的推力，但重力往往会在腰部附近施加向下的拉力。这两种力，一个向

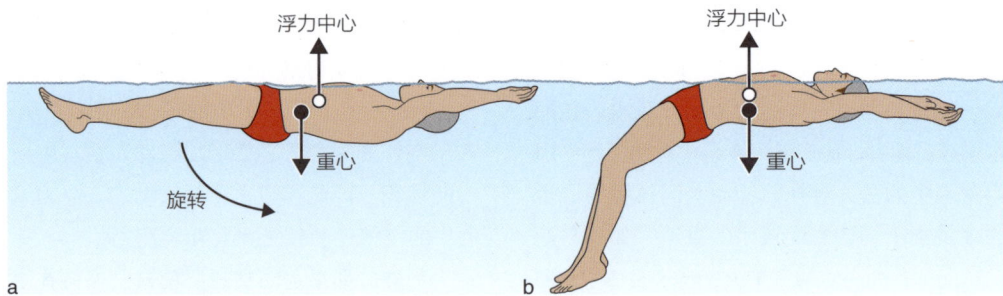

图10.4 a. 浮力和重力产生的转矩使运动员进行旋转；b. 浮力中心位于重心的正上方

[源自：K. Luttgens and K. Wells, *Kinesiology: Scientific Basis of Human Motion*, 8th ed. (New York: Times Mirror Higher Education Group, 1992), 364.]

上一个向下，引起运动员的旋转：运动员的下半身会下落，同时上半身会上升。当重心位于浮力中心的下方时，旋转停止：上半身在水面上方，下半身在水面下方。图10.4a展示了一名游泳运动员受到的向下的重力和向上的浮力。游泳运动员受到的重力拉力和浮力推力的次序如图10.4b所示。

当运动员的腿部脂肪较少、肌肉较多时，他的身体在潜入水中时会具有极大的转动趋势。具有这样身材特点的游泳运动员必须通过将头部放在水中来抵抗腿部的这种下沉趋势，同时还需要进行有效的打腿动作，以保持流畅的身体姿势。图10.5a展示了一种低效

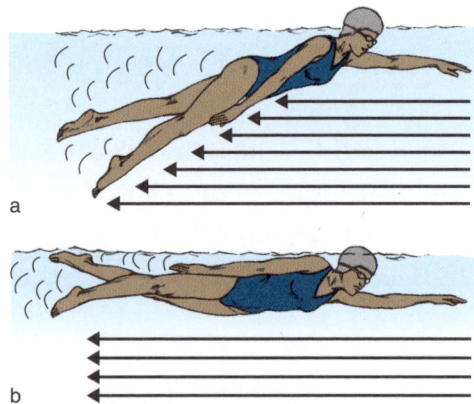

图10.5 a. 游泳时，较低的腿部位置会产生较大的阻力；b. 较高的腿部位置会减少阻力

的游泳姿势：运动员的身体倾斜朝下，且腿部在水面下方深处。这样的姿势会使运动员在运动过程中消耗过多的能量。当运动员的身体与运动方向平行时，水的阻力会减少，运动员消耗在推动力上的能量也会随之减少，如图10.5b所示。

为了保持船体的稳定性，船体的重心必须位于浮力中心下方。帆船的龙骨（底部结构）可以对抗波浪和风带来的扭转力。上身重量大于髋部和腿部重量的皮划艇运动员会将重心（船体与运动员的混合重心）位置拉升至接近浮力中心的位置，甚至可能使重心位于浮力中心上方。这时，极小的扭转力就可能使皮划艇上下颠倒，甚至翻倒在水中。此时，在皮划艇下方且完全没入水中的运动员就成了与帆船的龙骨相似的结构。

为了将皮划艇翻转180度并使自己浮出水面，皮划艇运动员必须向上弯曲身体，使重心尽可能地靠近浮力中心。在做出这一姿势后，运动员需要使用船桨和有力的髋部推力来让自己和船体进行旋转，并离开水面。这个动作被称为爱斯基摩翻转。与海中的皮划艇运动相比，运动员在灵敏的河中皮划艇运动中可以更为轻松地完成这一动作。

阻力和升力

当人体在流体中移动时，阻力和升力会产生一个合力。阻力方向与运动方向虽在一条直线上，但方向相反，与运动进行对抗；升力方向与阻力方向垂直，如图10.6所示。这两种力会产生一种合力。下文将分别对不同的阻力和升力进行介绍。

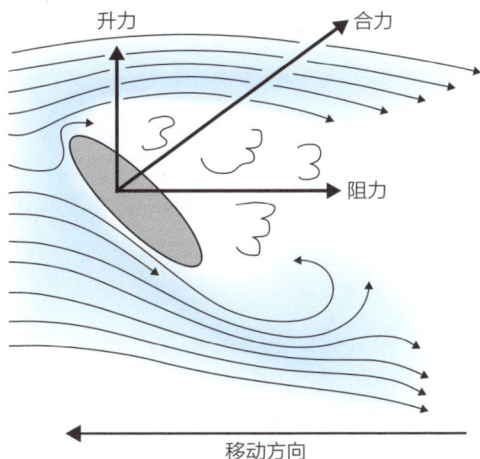

图10.6　升力与阻力产生的合力

阻力和相对运动

在大部分情况中，阻力是一种流体力，并且与使运动员试图完成动作的力呈对抗关系。阻力会对运动员施加推力、拉力和拖力。

- 如果运动员向左侧跑，阻力会指向右侧。无论运动方向如何，阻力都与运动员的运动方向相反。能够增加阻力的因素是显而易见的。
- 运动员的运动速度更快，空气对运动员施加的推力和拉力就更强。如果运动员跑下沙滩跑入水中，就如同铁人三项竞赛开始的部分一样，那么他们身体所受的水中的阻力要大于空气中所受的阻力。

阻力由以下因素决定。

- 流体的种类。
- 流体的温度。
- 流体的密度和黏性。

决定阻力的因素还包括运动员的身材、形态和运动员使用的物体的尺寸、形状和表面材质。身形庞大的短跑运动员如果穿着毛衣运动，则他所受到的阻力要远远大于身材较小的运动员穿着光滑的紧身衣运动时受到的阻力。

在考虑阻力时要记住，进行运动的是物体还是人这一点并不重要，移动的可以是运动员也可以是流体，或是二者同时发生移动。如果流体正在移动，那么即使运动员保持静止站立，阻力依然存在。重要的是对相对运动的考虑（如流体和运动员经过对方时的运动速度）。

下面将对相对运动这一概念进行讲解。图10.7展示了相对运动中的3个变量。图10.7a中，运动员正在以32千米/时的速度在8千米/时的风速中逆风奔跑。运动员在向一定的方向以32千米/时的速度运动，而气流正在以8千米/时的速度向相反的方向运动，气流与运动员的相对速度为40千米/时。图10.7b中，运动员正在以32千米/时的速度在8千米/时的风速中顺风奔跑，气流与运动员的相对速

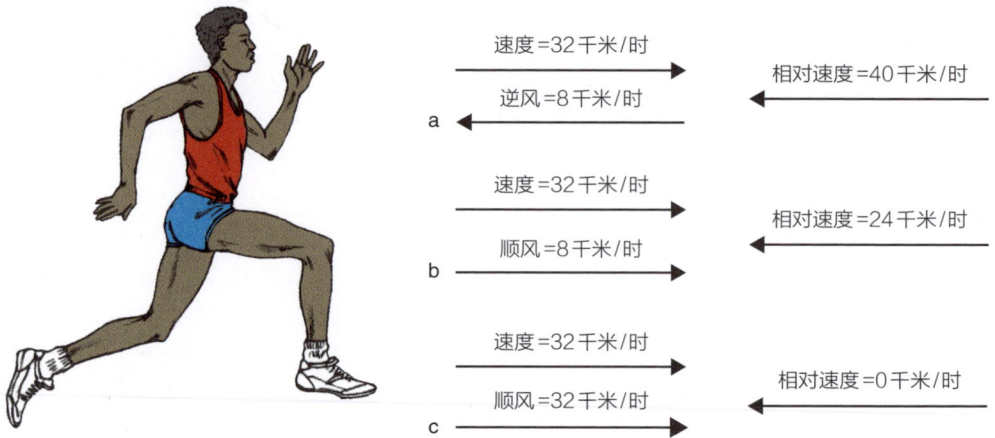

图10.7   短跑运动中相对运动的3个例子

度为24千米/时。图10.7c中，运动员以32千米/时的速度在32千米/时的风速中顺风奔跑，气流与运动员的相对速度为0千米/时，这是因为运动员与气流正在以相同速度向相同的方向运动。在这3个例子中，运动员受到的摩擦力在图10.7a中最大，在图10.7c中最小。

空气中的阻力和相对运动

风洞可以测量物体在空气中移动时受到的阻力大小。风洞可以观测飞机、赛车、速滑运动员、跳台滑雪运动员、竞速自行车运动员或任何物体在空气中运动时的空气动力学特征。例如，当空气在风洞中掠过竞速自行车运动员时，风洞会完成对阻力的测量，包括不同自行车材质、不同衣服材质和运动员的不同身体姿势下产生的不同阻力。

风洞可以提供关于如何减少某个物体受到的由气流产生的阻力的信息，还可以提供理想运动条件的身体形状和运动姿势等信息。这样的信息可以被用在类似滑翔和跳台滑雪等运动中，或是用在类似标枪和铁饼等抛掷运动中。

大部分的掷铁饼运动员都会知道，在逆风中以一定角度释放铁饼（像滑翔机一样）会使铁饼飞行较远的距离。风洞测试可以判断出理想的飞行路径和铁饼根据风速和风向产生的恰当的旋转动作（Asai et al., 2007）。由风洞测试中转动的铁饼和对掷铁饼运动员的实际实验可知，与在没有风的天气中掷铁饼相比，在风速为24~32千米/时的逆风情况下掷铁饼，铁饼的飞行距离会增加6米甚至更多。

因此，运动员会根据所处情况来调整铁饼的飞行方式。掷铁饼运动员可以了解哪些体育场馆会以有利的方向吹起稳定的风，他们会尽可能地选择在这些场馆中进行比赛。现在，在掷铁饼、掷标枪、掷链球和推铅球等运动中，创造世界纪录时对赛时风速没有任何要求；而短跑竞赛和跳远竞赛中则对赛时风速有一定的要求。

水中的阻力和相对运动

优秀的游泳运动员常常会在名为水槽的特殊观察缸中进行游泳练习。教练会通过侧面的窗户或水中摄影机来观察他们的划水动作。在水槽中，涡轮机推动水流经过游泳运动员的身体。涡轮机的速度可以调整，使水以各种速度流经游泳运动员。因为水流处于动态之中，游泳运动员需要调整自身的游泳频率来使自己保持在原本的位置。

在游泳池中，这种情况恰恰相反。泳池

中的水处于静态之中，而游泳运动员在水里游来游去。在流动的河中，水和游泳的人都在流动。这3种情况（在水槽、游泳池和河中游泳）提供了3种不同的相对运动，也就是物体与其他物体之间形成的运动。在这3种情况中，一种物体是运动员本身，另一种物体则是水。

- 如果运动员和周围的水的运动情况相同，那么他们的动作产生的阻力也是相同的。
- 也就是说，无论是人在运动还是物在运动，他们产生的阻力都可以是相同的。

空气和水中的表面阻力

表面阻力也叫作黏性阻力或表面摩擦力。这些名称清楚地展示了表面阻力的特征。当运动员或物体在空气或水等流体中运动时，流体会产生一种边界层，也就是一层与运动员或物体直接接触并产生表面阻力的空气层或水流层。由于流体的黏性，这一边界层会对与其接触的表面产生黏性和阻力。图10.8展示了一个在空中缓慢运动的球体周围的边界层。

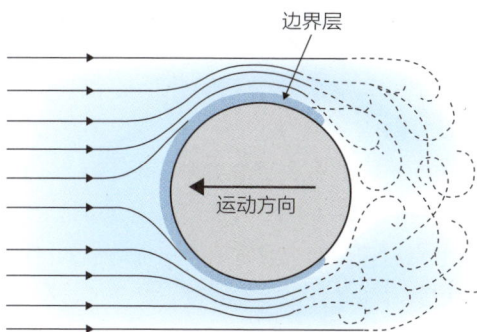

图10.8　一个在空中缓慢运动的球体周围的边界层

黏度是指流体的流动性。黏度也可以被看作是流体的黏性、流体移动的阻力和流体附着在经过自己的其他物体上的能力。

空气具有比水更弱的黏度，但是与水不

同的是，空气的黏度会随着温度的升高而略微变强，但是水的黏度会随着温度的升高而减弱。

- 水和空气的黏度占表面阻力的一大部分，随着黏度的增强，表面阻力也会增强。
- 表面阻力、型阻和波阻这3种阻力是影响运动员或物体运动的最重要的阻力。

表面阻力由运动员或物体在空气中的运动产生，例如竞速自行车运动员踩踏自行车。在这个例子中，表面阻力由空气的黏度、运动员和自行车与空气的接触面积决定，且会受运动员和自行车与空气的接触面的粗糙程度的影响，还与运动员和空气的相对速度有关。这些因素的增大或增强会使表面阻力随之增强。

型阻

在介绍了表面阻力后，现在将对它的类似概念——型阻进行介绍。型阻也被称为形状阻力、外形阻力或压差阻力。就像这些名称所表达的含义一样，型阻由运动员或物体的形状和大小产生，比如在空气中穿行的赛车。

- 在运动员或物体推开空气时，其前端会产生一片高压区域。
- 而后端会产生乱流区域，尾端则会形成**尾流**（类似水面上船尾的痕迹），也就是一片旋涡状的带有吸力的低压区域。
- 前端高压区域和尾端低压区域会导致压力的不平衡，进而对前进运动产生抗力。这种抗力就叫作型阻。

如果运动员或物体与空气之间的相对速度增大，或者运动员或物体的形状有利于前端高压区域和尾端低压区域的形成，他们受到的型阻也会随之增强。那么，什么样的形状才是有利于压力区域形成的形状呢？

试想，一名运动员尽可能快地在强风中

笔直地坐着蹬一辆老式自行车。高速移动的笔直的身体会在运动员的身体前方形成很大的高压区域，并在运动员的身体后方形成很大的乱流低压区域。如果运动员的衣服较为宽松，则随风拍动的衣服、车上带有的巨大袋子和行李不仅会增强运动员所受的型阻，还会增强他受到的表面阻力。

在很多需要运动员和运动器材进行高速运动的运动项目中，运动员都需要尽可能地降低型阻和表面阻力。在这些运动项目中，运动员的身体姿势和运动设备的设计主要具有以下功能。

- 消除具有较大横截面积的部位，需要以正确的角度将空气推向流体流动的方向。
- 避免使用结块的、不平整的、突出的、粗糙的边缘，应使用流畅的、光滑的平面与气流接触。
- 避免运动员或物体后方出现低压湍流。

空气中的型阻

在骑行、高山滑雪、赛车、雪橇和划船等高速运动中，运动器材的设计师会将流线

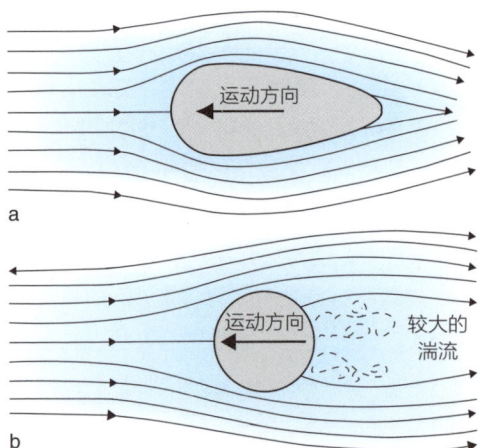

图10.9　a. 水滴形圆柱体防止了湍流出现在物体后方；b. 圆形球体后方出现了湍流

型作为设计时的参考，这些运动器材的表面也往往是非常光滑的。

- 图10.9a和图10.9b将水滴形圆柱体和圆形球体周围的气流情况进行了对比。
- 注意，图10.9a中，水滴形圆柱体引发的气流模式避免了湍流。
- 图10.9b中，圆形球体的后端产生了湍流。
- 水滴形物体如果能更接近飞镖形状，阻力就能够被减少。加上非常光滑的表面材质，这个形状将会进一步减少阻力。

下面将对骑行竞赛进行更加详细的介绍，进而解读如何在骑行过程中将阻力降至最低。优秀的运动员会减去多余的体重，并且使用由材质较轻的金属和现代复合材料制作而成的自行车，从而将无效的重量降至最低。通常情况下，他们使用的自行车在整体上是倾斜的（车架前轮方向的下方倾斜），且具有较大的后轮和加长的把手。这些因素混合在一起会使运动员的背部与地面保持平行，使运动员充分利用空气动力。运动员在骑行时的头部位置较低，双臂伸展，双手放在前方。这一平整的骑行姿势将前方高压区域的面积降至最小，进而使运动员模仿机翼的形状，使用双手和双臂划开空气，为自己创造最佳的前进路径。

为了降低由表面摩擦力带来的阻力，运动员会穿着非常光滑的低阻力连体紧身衣，衣服上没有任何褶皱或宽松的部分。他们还会使用紧身的不分指手套和没有鞋带的鞋子或靴子，四肢和面部也都会经过刮毛处理。他们会佩戴水滴状的空气动力型头盔。头盔的前方往往会有一个尖端，用于"劈开"前方的空气，而后方的刀片形帽檐可以减少运动员后方产生的乱流和低压。

自行车圆盘形的后轮，可以除去车轮辐

条带来的阻力。前轮由极强的复合材料制成，具有3个横截面为水滴状的较大的辐条。另一种前轮的设计是使用少量的（14个）具有极强张力的刀片形辐条。这些设计都是为了降低普通自行车上原本数量的（36个）环形辐条带来的巨大阻力。空气动力型自行车的其他部分都是水滴形，并且会极力避免横截面形状为圆形的设计。

即使是采用了一切改装来避免无效的姿势和多种阻力，运动员也无法像采用斜卧姿势（向后斜卧）的骑行运动员那样获得极其高效的空气动力。采用斜卧姿势的骑行运动员会使用极轻的玻璃纤维壳盖住身体。以这种姿势骑行的运动员可以达到128千米/时的运动速度，远远大于世界顶级竞速自行车运动员的72千米/时的骑行速度。

环法自行车赛或奥运会自行车比赛中不允许使用这种极轻的外壳，使用这种外壳的自行车被称为人力汽车。对于普通人来说，以斜卧姿势在极轻的壳子内骑行可以在消耗较少能量的情况下骑得更快。但是，由于身体高度的降低，这些骑行运动员很难被机动车注意到，而且在遇到侧风时车体难以保持稳定。

站在这种水滴状的人力汽车前，可以看到它们又窄又长的外形。它们狭窄的、带有尖端的外形会减少自行车前部的横截面面积和运动时前方产生的高压区域的面积。壳子的两侧和整流罩都非常流畅、圆润和光滑，所有的人力汽车都带有又长又尖的尾巴。这种尖尖的尾巴会填充人力汽车后端在运动时出现的低压尾流。这样的设计与速滑运动员的装备设计应用的原理相同，都是为了把型阻和表面阻力降至最低。

与使用这些人力汽车的运动员相似，在雪橇内后躺的雪橇运动员也会穿着紧身的、光滑的运动服，甚至还会试着降低由他们的面部产生的阻力。虽然与人体的其他部位相比，鼻子的尺寸并不是很大，但它仍然是一个突出物，因此也会在运动中增加一定的阻力。为了解决这一问题，运动员会用塑料壳盖住面部。即使只能让运动时间缩短0.01秒，佩戴这种塑料壳也是值得的，因为0.01秒常常会是第1名与第2名之间的差距。

水中的型阻

如上文所述，由于水的密度较大，水中运动产生的型阻自然会更大。优秀的游泳运动员、跳水运动员、划船运动员和皮划艇运动员都会使用相同的流线型姿势，就如同上文中讨论的在空气中运动的姿势一样，如图10.9a所示。他们想要产生尽可能小的湍流（Formosa et al., 2014），就要花费大量的资源来努力降低船体的型阻。

这些努力还包括测试船的龙骨和船首的尺寸和形状。例如，在2003年的美洲杯帆船赛中，获得前4名的船的横梁（帆船的宽度）都比原本的设计窄0.2米，因此降低了帆船的型阻。比赛中，瑞士队、美国队和新西兰队使用的龙骨弧度、形状和尺寸都各不相同，但

> **知识小结**
> ## 阻力和升力
>
> - 在流体中运动时，阻力和升力会产生一种合力。阻力方向与运动方向虽处于一条直线上，但方向相反，并对运动产生阻力。升力方向与阻力方向垂直。
> - 运动员可以调整自己的飞行路径（或是所使用的物体的飞行路径）来利用阻力和升力。
> - 3种阻力为表面阻力（也叫作黏性阻力或表面摩擦力）、型阻（也叫作形状阻力、外形阻力或压差阻力）和波阻。

都致力于降低船体的型阻。2017年的美洲杯帆船赛中，新西兰队和美国队在决赛中使用了设计先进的多体船，这些船使用了保证运动稳定性的超薄中插板和用来降低重量、增强力度的航空材料。

空气和水中的波阻

第3种阻力发生在水和空气的接触面上。这种阻力被称为波阻，它会对游泳（尤其是蛙泳和蝶泳，它们包括许多在水面上下的动作）和其他类似划船等水上运动产生影响。因为波阻发生在空气和水的交界处，所以空气和水中的波阻无法拆分。

当游泳运动员在水中运动时，波浪会在他们的前方堆叠，制造出一个高压的水墙，阻挡运动员向前移动。运动员移动的速度越快，向前推动的水的横截面积就越大，产生阻力的水墙面积也就越大。因此，如果一名游泳运动员像一艘船一样拨开水面，则他所产生的波浪将会非常巨大。

- 在较快的竞赛速度中，与表面阻力和型阻相比，波阻会带来更多的不利影响，且会消耗运动员更多的能量。

- 表面阻力和型阻会以速度增加倍数的平方倍增加。
- 因此，如果游泳运动员将速度增加至原本的2倍，那么他受到的表面阻力和型阻就会增加至原本的4倍（2×2）。
- 但是，波阻会以速度增加倍数的立方倍增加。如果运动员将速度增加至原本的2倍，那么波阻会增加至原本的8倍（2×2×2）。
- 如果运动员将速度增加至原本的3倍，那么波阻会增加至原本的27倍（3×3×3）。

低效的游泳技巧和较差的泳池设计会导致波浪的产生。顶级的泳池具有特殊设计的排水槽和赛道分割物，它们会吸收波浪并阻止波浪从一个赛道扩散到其他赛道。这也是用于区分竞赛级泳池中快池的标准之一，因为快池可以降低波阻，进而可以使运动员更快地完成游泳运动。

当运动员的游泳技巧不足时，波阻和其他阻力都会随之增强。在夏威夷铁人三项赛和女子铁人三项赛中，大海给所有运动员带来的波阻是一种强有力的阻力。专业的游泳

体育应用

船体中的力量转移

为了增加船的运动速度，任何力（如风吹动船帆）都必须以最小的损失情况转化到船体上。没有转移到船体上的力都会从船上消散出去，不会对增加船的运动速度做出任何贡献。这种转化的重要性可以在美洲杯帆船赛的刚性中插板中展现出来。这种刚性中插板能更有效地将风力转化为船速从而提高船体运动效率。调整和安装这些大船的船帆需要使用绞盘，最常见的船用绞盘会在水平平面上移动，运动员可以单手操控。为了增强力的转化，帆船竞赛中出现了螺纹磨床。手握曲柄（与自行车踏板相似）会在垂直方向上移动，让运动员可以使用双手调整船帆。在2017年的美洲杯帆船赛中，新西兰队的获胜船只是进一步地使用了自行车的测力计来调整船帆，但却大大增强了力的转化。因为运动员的双腿更为有力，且能够比手臂产生更大的力量，所以与骑行中的手握曲柄相比，在船只中，运动员可以使用双腿来产生更大的力量。

运动员会提高自己的游泳技巧，将自己游泳时受到的波阻降至最低。他们还会学习在领先的游泳运动员的尾流中跟随运动。这一策略模仿了骑行运动员的跟骑行为，使得自身能够在较低的能量消耗下完成游泳动作。但是，他们的脸很可能会被前方的选手踢中。以下是两种对抗波阻的方法。

- 第1种方法是使运动员尽可能长距离地在水下游动。过去，运动员常常会在蛙泳、仰泳和蝶泳中使用这一方法，运动员几乎会在水下完成整圈的游泳运动。为了使运动员回到水面上，现在的竞赛规则将水下运动的距离限制在了15米以内。
- 第2种方法是尽可能高地离开水面（像水上飞机一样）。这个方法常常被高速运动的船只所使用。水对船体的滑行表面施加的压力会将船体的一部分或整个船体抬出水面。这种姿势可以减少水对物体施加的波阻、表面阻力和型阻，船体只需要与远远小于这些阻力的空气阻力相对抗。

阻力对球体飞行运动的影响

如果对表面光滑的球体、带有接缝的球体（棒球）和带有凹痕的球体（高尔夫球）的空中运动进行检验，会发现阻力对它们的影响存在着巨大差异。这些差异决定了棒球、网球和高尔夫球各不相同的飞行情况（Jinji and Sakurai, 2006）。

与水滴状物体相比，球体并没有极强的空气动力学优势。其实，所有的圆形物体都会产生较大的阻力，如图10.10a和图10.10b所示。而且，运动员无法像改造赛车、雪橇或自行车横杆的横截面一样改变球体的横截面来使其更加符合空气动力学。球体永远都会是球形，无论大小。

为了理解阻力对球体飞行的影响，我们试想一个表面光滑的球体在空中进行缓慢的运动。在这一速度下，与球面接触的空气的边界层会顺着球体表面流畅地流动。它的流动形式就像是一块胶合板上的叠片。这种形式被称作**层流**，或者说是流线流动，如图10.10所示。低速运动中，球体主要会被边界层的黏稠材质产生的表面阻力所影响。

如果使球体进行高速的运动，从而使球体周围的气流速度增大，则层流会开始分开。流畅的层流会与混乱的湍流混合。因为空气正在以更快的速度绕过球体，空气无法像在低速运动中一样围绕球体的轮廓运动。这时，边界层会随着球体的一部分轮廓运动，它会在球体的顶端分开，急速向球体后端运动。球体

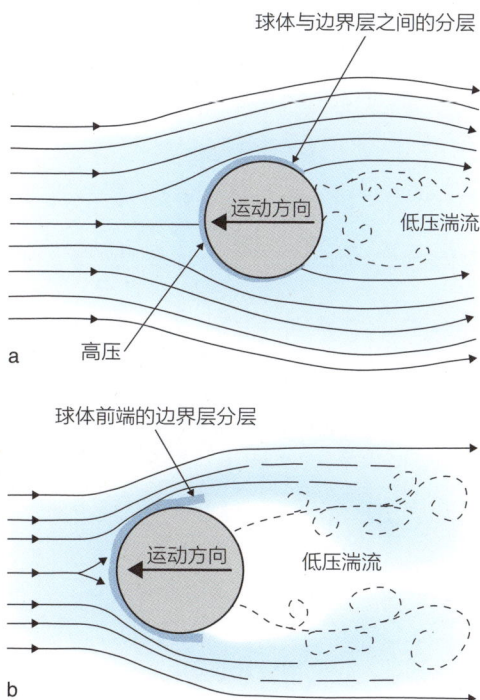

图10.10 湍流：a. 高速运动中，边界层与球体后部分开；b. 在更高速的运动中，边界层移动至球体前方

的后端会出现低压湍流，如图10.10a所示。

- 当空气和球体经过对方的速度增加时，球体击打空气的部位会不断产生压力。因此，球体的前方会出现高压区域，球体的后方会出现低压区域，球体会受到增大的型阻。
- 如果球体和空气以更快的速度经过对方，那么边界层的分开位置会从球体的前端移至球体前方。因此，球体后方会产生更大的尾流，如图10.10b所示。球体前方更大的高压和后方更低的低压会进一步增强型阻。

最后，如果球体和空气都以极高的速度经过彼此，边界层会变得极其动荡。这时，令人意想不到的变化发生了：边界层变得极其动荡，当它绕过球体上的凹痕时，边界层分开的位置会移动至球体的后端，进而减小了后方低压尾流的尺寸，如图10.11所示。

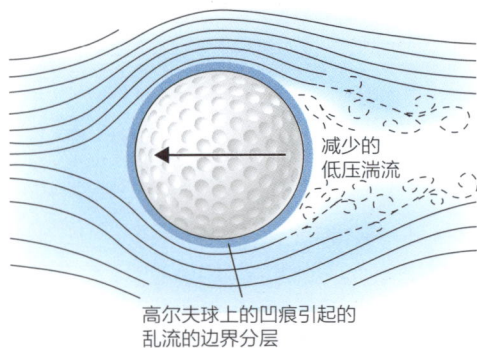

减少的低压湍流

高尔夫球上的凹痕引起的乱流的边界分层

图10.11 湍流。在极高的运动速度下，边界层会变得极其动荡，进而减小了低压尾流的尺寸，型阻也随之减小

因为低压尾流减少了，所以球体受到的型阻也会随之减小，球体受到的表面阻力会随之增强。这些型阻和表面阻力的变化对于类似棒和高尔夫球一类的运动来说十分重要。因为它们的球体中的接缝和凹痕使球体周围形成动荡的边界层，不仅是在高速运动中，在低速运动中也会发生。

因此，与完全光滑的球体相比，球体的接缝和凹痕会降低型阻，使球体飞行得更远更快，并且使球体可以更好地保持飞行路径。

- 虽然带有接缝和凹痕的球体表面因为变得更加粗糙，会增加球体受到的表面阻力，但是更多阻力（如型阻）减小了，球体受到的总阻力也减小了。
- 当球体开始旋转时（旋转是棒球和高尔夫球运动的一部分），与表面光滑的球体相比，带有接缝和凹痕的、表面粗糙的球体可以更好地完成曲线飞行，并且可以更好地保持这一运动曲线。

升力

想要对作为推力作用的升力的产生原理进行解读，首先需要了解飞机机翼周围发生的气流情况。机翼的横截面叫作**翼型**。翼型具有多种多样的形状和尺寸：有些很宽，有些很窄，有些是对称的，还有很多翼型的下表面主要呈直线形，但上表面为曲面。

- 为了产生升力，翼型会与经过其周围的气流形成倾斜角度。
- 倾斜的角度被称为**攻角**。15度以内的攻角被认为是最利于产生升力的角。
- 研究显示，经过翼型上表面的空气速度会在从机翼顶端运动至尾端的过程中增大。
- 另外，气流会因翼型上表面的斜坡而产生向下的偏移，同时在下表面上，空气的运动速度被减慢，并且会在顺着机翼下表面的运动中向下偏移。

瑞士数学家丹尼尔·伯努利（Daniel Bernoulli）指出，流体运动速度的降低会增大流体产生的压力，而流体运动速度的增高会减小流体产生的压力。这一概念被称为伯努利定律。在翼型中，翼型下方的空气压力被增大了，而翼型上方的空气压力被减小了，如图10.12所示。这种从下向上的压力差会导致升力的产生。

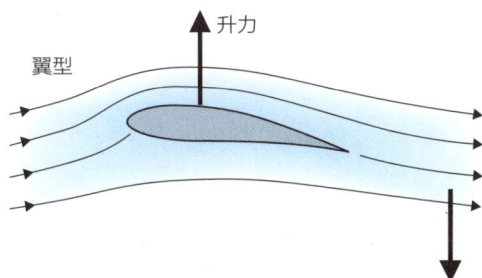

图10.12 翼型（机翼的横截面）产生的升力。翼型上方的压力小于翼型下方的压力。翼型上下的气流会向下偏移，产生升力

当空气经过翼型的上下两面，空气向下偏移时会产生相应的反作用力，进一步加强升力。如果直接将空气分子下移，也就是增大攻角，会产生大小相等、方向相反的反作用力。因此，伯努利定律和牛顿力学定律会共同作用，对翼型施加升力，如图10.13所示；同样的过程也会发生在水中。

最后，流体的稠度和流体与物体间的相对运动会对升力产生极大的影响。当空气和水较为稠密（密度较大）时，升力增强。另外，流体越快地经过物体，物体受到的升力就越大。

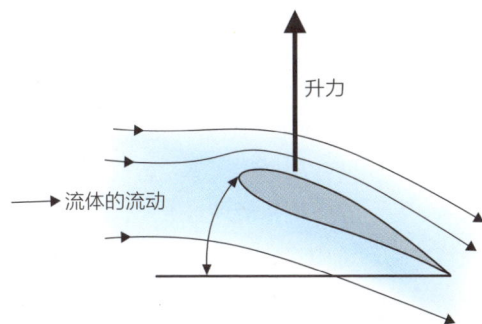

图10.13 增加15度以内的攻角（提升机翼前部边缘与气流之间形成的角度），以增强升力

因此，与淡水相比，滑水运动员会在滑过海水时受到更大的升力和更大的阻力。同样，跳台滑雪运动员也会在较低海拔的地区获得更大的升力，因为与高海拔地区的稀薄空气相比，低海拔地区具有密度更大的空气。

空气中的升力

当运动员抛掷铁饼时，铁饼对空气施加力，空气也会对铁饼施加反作用力。

空气产生的力可以被分为两种。一种力的方向与气流的运动方向相同，直接与物体的前进产生对抗。这个力就是前面提到的阻力。另一种力与阻力的方向垂直，被称为升力。

在风洞中进行的倾斜着抛掷铁饼的实验，表明抛掷铁饼时的倾斜角度（也就是攻角）的不同会决定铁饼受到的升力和阻力的大小。当铁饼的前部边缘向上倾斜时，如图10.14所示，空气会向下进行偏移并产生向上的大小相等、方向相反的压力。这一大小相等、方向相反的压力会对铁饼施加向上的升力。

铁饼的前部边缘会在升力消失之前保持倾斜向上的角度。如果倾斜角度过大，升力会消失，而阻力会急剧增大，进而使铁饼停止运动。

- 图10.14a展示了最糟糕的情况。一个铁饼以此种方式被投掷出去，没有受到任何升力并且非常快速地落向了地面。
- 如果将铁饼的前部边缘向下倾斜，如图10.14b所示，升力会向下作用。虽然看起来很奇怪，但这个力依然叫作升力。
- 升力的作用方向并不一定是向上的，虽然这个名词似乎预示着向上的作用方向，但升力可以朝着任何方向作用。
- 升力和阻力的合力会向后方和下方作用，与铁饼的运动方向相反。

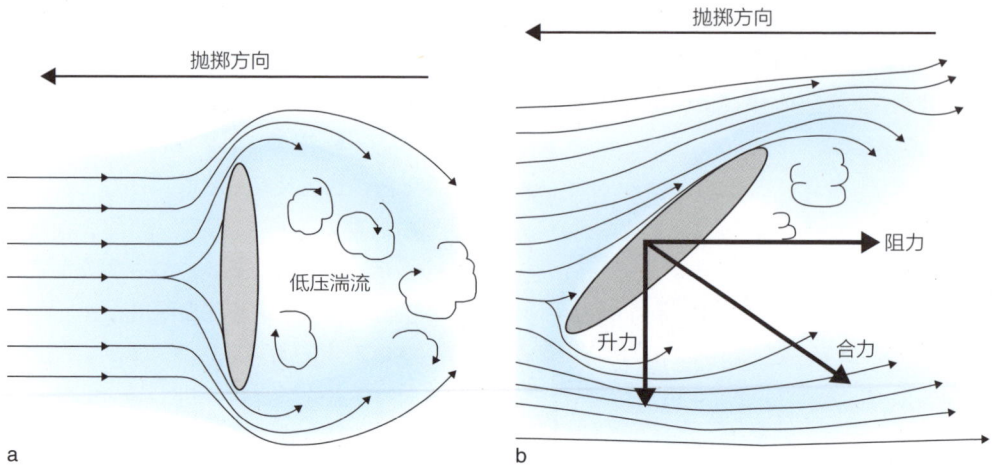

图10.14 a. 以过大的攻角掷出的铁饼不会受到任何升力；b. 以负的攻角掷出的铁饼会受到向下的升力

有很多因素会影响升力在运动器材和运动员身上的作用。升力会受运动员的身体姿势影响，因为身体形状会影响气流运动模式。挪威、芬兰和日本的优秀的跳台滑雪运动员在向下滑行时使用的姿势与起跳后的姿势完全不同。在加速向下的滑行中，他们会放低身体，使背部与地面保持平行。这个姿势与骑行选手的骑行姿势十分相似，都是为了将上半身受到的空气阻力最小化。起跳后，他们会伸展身体，使身体呈向前向上的姿势，如图10.15所示，使用这样的攻角来将升力最大化。通过保持这个姿势，他们可以使用升力来延长停留在空中的时长，进而产生较远的跳跃距离。

- 跳台滑雪运动员在空中的运动速度越快，他们受到的向上推动的升力就越大。
- 跳台滑雪运动员需要保持理想的身体角度来将升力最大化。他们必须随着飞行速度的减慢而不断改变身体角度。
- 同样，跳台滑雪运动员与气流的接触面积的大小也会影响升力。如果接触面积扩大，升力也会随之增强，就如同较大的机翼面积可以增强飞机受到

图10.15 跳台滑雪运动中的升力

的升力一样。

- 跳台滑雪运动员可以使滑雪板呈V字形，使滑雪板和运动员的身体同时产生升力。使滑雪板在运动员脚下保持相互平行的跳跃姿势非常低效，运动员已经不再使用这样的运动姿势了。

运动员所需的升力大小在各项运动中都有所不同。在下坡速滑项目中，运动员需要在特定的赛道中达到最大的运动速度，通常会大于209千米/时。升力是下坡速滑运动员最不需要的力，因为升力会导致他们与雪地地面失去接触，所以他们的滑板又长又重且

几乎没有任何弧度，以确保它们不会向上升起。下坡速滑运动员需要尽可能地使上半身与地面平行，从而使他们的上半身产生的升力非常小。他们的运动姿势和装备设计都是为了使运动员一直保持在雪面上。

滑水运动中的滑板的运动与速滑运动中的滑板的运动有所不同，因为在水中，升力是非常重要的。如果没有升力，运动员将无法升至水面上方。船必须使运动员具有足够大的运动速度，从而帮助运动员获得升力。船的运行速度越快，运动员获得的升力就越大。另外，在刚刚开始时，滑水运动员会使他们的滑水板与水平面呈一定的角度。当他们这样做时，来自水面的反作用力会和来自船体的拉力一起对运动员施加升力，使运动员升至水面上方，做出滑行姿势，如图10.16所示。

向下的升力以及阻力和升力的合力通常会在赛车竞赛中出现，赛车的扰流板的后部会向地面倾斜。这种设计会增大轮胎和地面之间的摩擦力，使车子获得更好的抓地力，如图10.17所示。

水中的升力

本章的前面对阻止运动员运动的阻力进行了介绍，下面将会对如何将阻力和升力用作推力进行介绍。在以下部分中，读者会了解到，阻力和升力是可以被用作推力的。这里

图10.16 滑水运动中的升力和阻力

以游泳运动为例进行讲解。

在20世纪60年代后期，人们认为游泳运动员通过向后推动和拉动水，进而为自己提供向相反方向运动的推力。如果运动员向左游泳，那么运动员的手和手臂就需要向右推动水，形成将运动员向左推动的阻力（反作用力）。图10.18展示了游泳运动员向右运动的手的侧面图及受到向左的阻力的侧面图。

20世纪70至80年代，一些人认为推进阻力的看法是错误的，他们认为流体静压为运动员提供了主要的推力。这种观点指出，比起直接向后推动水来使自身向前运动，运动员应该集中于完成上下运动的S型推拉动作，使用手和手臂来产生升力。

认为升力才是推力的提倡者发现了运动

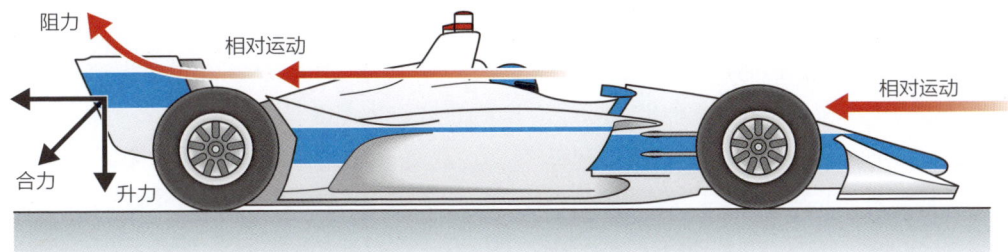

图10.17 扰流板向下压动赛车时产生的升力、阻力和合力能够增强抓地力
[源自：J. G. Hay and J. G. Reid, *Anatomy, Mechanics, and Human Motion*, 2nd ed. (Englewood Cliffs, NJ: Prentice-Hall, 1988), 228.]

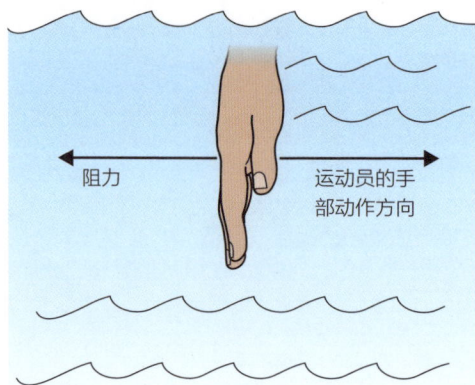

图10.18   运动员向右推动水以创造水推动运动员向左运动的阻力

员使用手和手臂进行S型推拉动作的趋势。这个动作发生在几乎所有的游泳姿势中，尤其是在自由泳和蝶泳运动中。

- 他们认为，在这些摆动的上下运动中，运动员将手部当作机翼，而流过手部的上表面和下表面的水流会产生升力，其原理与空气经过机翼时对机翼产生升力的原理相同。

- 通过改变划水动作中的手部角度，如图10.19所示，运动员可以像翼型一样找到最理想的攻角。

- 这些手部动作被称为叶片动作，因为运动员正在使用手部形成升力，这一方式与螺旋桨叶片所使用的方式相同。

现代研究显示，虽然升力的某一部分在游泳运动员的手部和手臂动作中可以被称为推力，但是升力对推力的贡献并不如阻力对推力的贡献大。游泳运动员会使用滑水即将结束时的手臂恢复动作和将头伸出水面呼吸等动作，因而手部上下移动的动作依然存在。在自由泳、仰泳和蝶泳中，教练不再让运动员使用额外的手部上下移动的动作，而是让运动员使用较长的直线推拉动作。推进阻力再次成为推力的主要组成部分。根据游泳运动

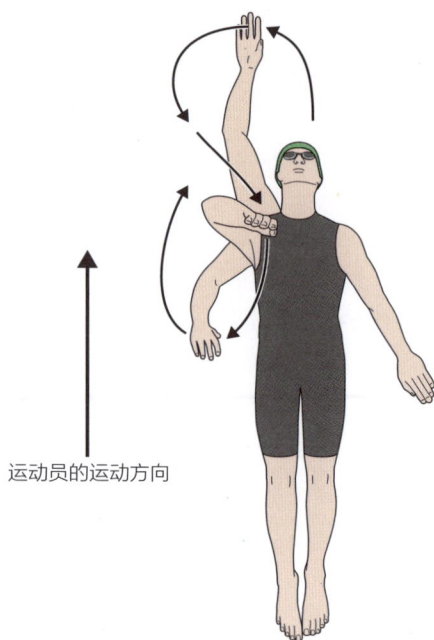

图10.19   运动员改变划水动作中的手部角度来产生升力

的手部角度和其他推力平面（如手臂），阻力带来的力将会与升力合并为一种合力，推动运动员进行运动，如图10.20所示。

优秀的游泳运动员的运动视频显示，大部分运动员主要使用了直线的推拉动作，尤其是在自由泳、仰泳和蝶泳中。在仰泳中，阻力被认为是推力的主要组成部分，虽然这种划水形式需要最大限度地进行向两侧的手部和手臂运动。以下总结了运动员应该在自由泳中完成的动作（第13章将对自由泳的划水动作进行更加详细的介绍）。

- 改善推力的效率并将阻力降至最低值。身体保持伸展，保持在水平位置，以降低型阻、前侧阻力和波阻。

- 使用长的、放松的、有节奏的动作。使用两只手臂进行长距离划水训练。

- 避免使用高频率的拍水动作。这种动作会缩短运动员的划水距离，并且消耗运

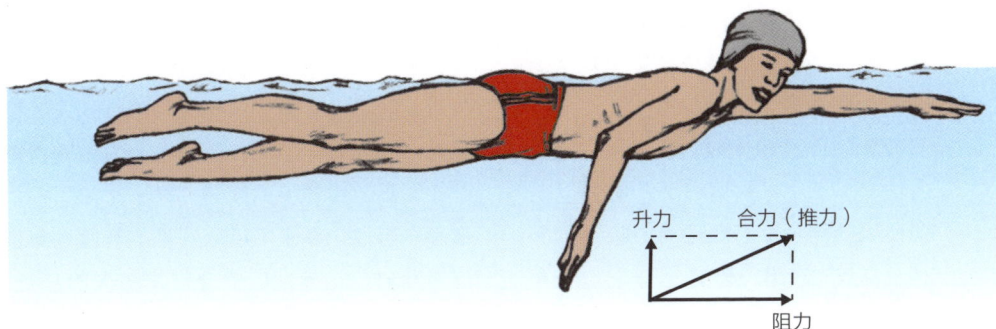

升力　合力（推力）

阻力

图10.20　阻力可以与升力形成一种合力，进而在手部和手臂运动的某一阶段为运动员提供推力

───**体育应用**───

骑行中的跟骑

　　将骑行运动员使用跟骑和不使用跟骑的最快速度进行对比，可以清晰地看出跟骑给骑行运动员带来的优势。跟骑是指骑行运动员跟随在另一名运动员的身后进行骑行。利用对方后部的气流进行跟骑，跟骑的运动员只需要使用较小的力就能够推动自行车。奥林匹克自行车赛场中，在没有速度车的协助下，运动员骑行的最高速度达到了80千米/时。使用斜躺姿势躺在塑杆壳中踩踏自行车的运动员在高海拔地区骑行时，最高速度达到了128千米/时。1995年，在邦纳维尔盐滩，荷兰的弗雷德·洛姆派伯格（Fred Rompelberg）在特殊设计的速度车后跟骑，其跟骑速度达到了269千米/时。这是目前骑行速度的世界纪录。弗雷德·洛姆派伯格的自行车带有两个链轮，用于增大后轮的旋转周数。在这种装置的帮助下，车轮一圈的转动可以使车体移动32米。这样的齿轮系统使弗雷德·洛姆派伯格无法直接从静止状态开始加速，他需要先被拖动至137千米/时的运动速度，然后才能在速度车的后方被释放。

动员的能量。研究显示，在水中的能量消耗会以划水频率增加倍数的立方倍增加。也就是说，将手臂在水中的运动频率增大为原本的2倍时，需要消耗的能量会增大为原本的8倍（2×2×2）。

- 避免在推力阶段过于强调手部和手臂的侧面（向两侧）动作和垂直（向深处伸展）动作。
- 当手臂在水下施加拉力时，弯曲手肘。要记住，前臂是重要的产生推力的表面，而手部是前臂的伸展面。
- 尽可能长距离地推动和拉动水体，动作方向与运动方向平行。匀速运动时，

确保一只手臂进行推拉，另一只手臂在水中还原。

- 保持低头动作，因为这可以使双腿抬起，形成高效的降阻姿势。随着每次划水动作的进行而滚动身体，使自己持续地使用最窄面与水体接触。
- 当手在身体之前进入水面时，用手抓住水并试着使用该抓力向前移动，使身体越过手与水的接触处。
- 避免剧烈的上下左右动作，以免产生巨大的波阻。流畅的动作有利于在水中运动，而动作剧烈的运动员在水中会具有一定的劣势。

- 考虑在皮肤接触水的地方刮毛，并且穿着包裹全身的紧身泳衣，尤其是运动员的踢腿动作不够有力且无法使自身在水中保持水平时。包裹全身的紧身泳衣（没有任何褶皱）会增强运动员所受的浮力，帮助运动员将身体保持在高效的降阻姿势中。

升力和涡旋推力

涡旋是一团旋动的流体或气体。涡旋（也被叫作涡流）会在机翼的翼尖和边缘处产生。它们还会在船桨、桨叶、船体和运动员的身体在水中移动时出现。蝶泳中，运动员可以通过模仿海豚的波状摆尾动作制造涡旋。

现代研究显示，当运动员的动作具有旋转惯性且具有进行对抗两侧动作的趋势时，水会产生旋转并形成涡旋。涡旋会在同一点旋转，与小孩子玩的陀螺相似。运动员的波状起伏动作，尤其是在蝶泳中，会使水产生涡旋。运动员可以向这些涡旋施加推力，使自己在水中移动，如图10.21所示。每个涡旋都可以被看作对运动员产生的力的抗力。

运动员在水中运动，在身体的上侧和下侧产生涡旋，并通过推动涡旋助力前行。在2016年的里约热内卢奥运会和残奥会中，大部分运动员在蝶泳以外的项目的开始阶段都使用了会产生涡旋的波状起伏动作，尤其是暂时保持在水下的运动员。

另外，在游泳运动中，涡旋发生器也具有一定的作用。涡旋发生器可以增强运动员胸部、下背部、臀部等身体部位周围的涡旋皱纹，形成大小不一的涡旋。当运动员在水中运动时，涡旋发生器可以降低运动员所受到的型阻和表面阻力。泳衣上的涡旋发生器就如同高尔夫球上的凹痕。对于游泳运动员来说，当他们在水下以流线型的身体姿势进行运动时，涡旋发生器会带来极大的益处。当运动员浸入水中并在水下运动时，也就是比赛的开始阶段、转弯阶段和冲刺阶段，涡旋发生器的作用最为明显。

涡旋发生器可以使一团团旋转的水平行地流过运动员身体的长轴。它们会将边界层外快速移动的水流和边界层中与运动员接触的缓慢移动的水流混合在一起。这样的混合是为了减轻边界层在运动员身体上流过时的分层行为对运动员造成的影响。

马格努斯效应

马格努斯效应［也被称为马格努斯力，以发现者古斯塔夫·马格努斯（Gustav Magnus）的名字命名］讲述了一种重要的升力，对于所有想要打出弧线球的运动员来说非常重要。球体被抛掷、击打或踢中后呈弧线飞行并开始旋转时，就是马格努斯效应带来的结果。高尔夫球运动员、棒球投手、足球运动员、网球运动员和乒乓球运动员都会使用这一效应来使球体的飞行路径呈弧线。尤其是棒球运动，更是依赖马格努斯效应。棒球投手在掷出曲线球、滑球和内曲线球时使用旋转力的能力和在投掷不旋转球时（接着使击球员击打不

图10.21 蝶泳中的涡旋推力

旋转球）将旋转最小化的能力是棒球运动的精髓所在。

马格努斯效应会在以下情况中出现。投手在掷出以逆时针方向旋转并向前运动的棒球后，会产生上旋球，如同第6章的图6.11中排球的运动。逆时针旋转和向前运动的混合意味着球体上方的空气粒子在以慢于球体下方的空气粒子的速度进行运动，因为在球体的上方，逆时针旋转动作的方向与球体的运动方向相反。球体上方以较慢速度运动的空气会创造出一个高压区域，下方以较快速度运动的空气会创造出一个低压区域。这种压力差会使球体从高压区移动至低压区，并且会使球体呈曲线运动，这种现象就被称为马格努斯效应，如图10.22所示。

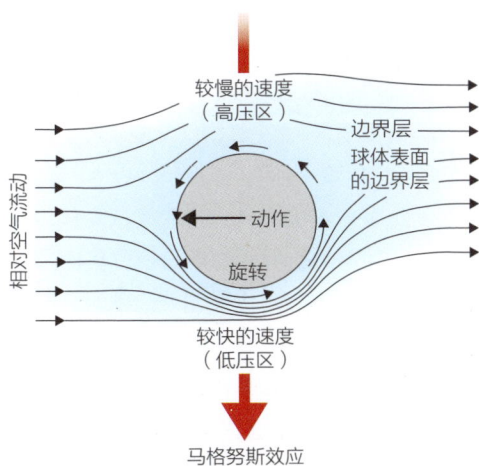

图10.22 球体的马格努斯效应

马格努斯效应可以在各个方向上产生，因此，运动员可以完成下旋球、上旋球和侧旋球。

- 足球运动员会使用马格努斯效应来使球体呈弧线运动，绕过防守方进入球门（"香蕉球"）。
- 运动员在球体上产生了转矩，引起了压力差，进而改变了球体的飞行路径。

- 网球运动员和排球运动员会在发出上旋球并使球体在飞行中忽然落下时使用马格努斯效应。
- 优秀的高尔夫球运动员会使用马格努斯效应完成拉球和击球动作，也会使用马格努斯效应将球推向左右两侧。
- 马格努斯效应可以与重力相结合或是与重力相对抗。
- 上旋与重力相结合，使上旋球呈弧线运动，越过球网并落向地面。
- 上旋的旋转方向与球体的运动方向一致，旋转使球体在落地后进行加速运动。
- 后旋与重力相对抗。后旋的转动越强烈，球体在空中停留的时间越长。
- 后旋球的转动方向与球体的运动方向相反，旋转会使球体的运动速度降低，甚至会使球体在落地后产生回跳。
- 经验丰富的运动员可以通过对手的球拍的运动判断出球体的旋转方向。

挥动高尔夫球杆时，较大的角度可以对球体施加巨大的后旋力。这种旋转力可以帮助球体对抗重力，使球体升起，同时也使球体在落地后有可能完全停止或向后滚动。棒球上突起的接缝与高尔夫球上的凹痕具有一样的作用。接缝会形成一个较厚的边界层，因此，转动的球体也会利用马格努斯效应完成运动。投手会通过手腕的剧烈运动掷出曲线球，使球体剧烈地旋转。球体的转动越剧烈，马格努斯效应就越强，球体的运动路径也就越弯曲。投手常常会将上旋和侧旋相结合，使球体不仅会落下，还会向两侧运动，如图10.23所示。此时，转动力、重力和阻力会混合起来，共同完成这个动作。

那么，当棒球几乎没有旋转时，又会发生什么呢？在棒球运动中，旋转程度极小的球被称为不旋转球；在排球运动中，几乎不旋转的

图10.23 在马格努斯效应的影响下，球体向下并且向侧面移动

发球是飘球。不旋转球和飘球的特点可以总结为无法预测。在棒球中，即使是投手本身也无法确切地知道球体具体的落地位置。不旋转球和飘球会在飞行过程中移动和飘动，这种不稳定的运动会使击球员和接球员十分困惑。使用不旋转球的投手会以较慢的速度投球，使球体的运动速度较慢，在到达击球员处时，球体可能仅完成了一周的旋转。

- 在飞行过程中，经过棒球的气流在一瞬间抓住接缝，又在下一瞬间与球体的光滑表面接触。
- 球体可能会先呈直线运动，接着忽然向右转或向左转，甚至向后转。
- 投手知道，将球在一定速度下释放首先会带来一个正常的飞行路径。
- 在球体运动的过程中，球体的速度会降低至临界值，阻力忽然增大，球体会忽然落地。
- 这些都会使击球员感到困惑。但是，如果投手出现了失误，在投球时施加了过多的旋转力或过快的速度，则不旋

转球会成为击球员轻松的击打目标。

影响空气和水中运动的因素

空气明显不像水那样厚重、高密度和黏稠。压力的不同，温度的改变，空气和水包含的物质不同（如空气中的水和水中的盐），都会改变流体的运动方式和流体对运动表现的影响。

运动员的竞赛环境从热到冷，从海平面到高海拔，有时空气湿度（空气中的水的比例）也会非常高。这些环境因素的不同会影响运动员的运动速度、棒球和羽毛球的飞行速度、曲线球和不旋转球的运动程度。以下总结了空气温度、压力和湿度对物体运动带来的影响。

- 气温。气温上升，空气密度降低，对物体运动产生的阻力也会随之下降。
- 气压。气压降低（从海平面移动至高海拔地区），空气密度降低，对物体运动的阻力也会随之下降。
- 湿度。湿度上升，空气密度降低，对物体运动的阻力也会随之下降。

当然，当湿度过高并出现降水时，湿度不会带来降阻效果。降水过程中，水的形态不再是蒸汽形态，投手掷出的棒球需要推开雨水来完成运动。这时，球体必须对抗降水带来的阻力。

这些大气因素说明，与寒冷的环境相比，运动员或物体（棒球或高尔夫球）会在温暖的情况下运动得更快更远；与海平面高度相比，运动员或物体（棒球或高尔夫球）会在高海拔地区运动得更快更远；与干燥的环境相比，运动员或物体（棒球或高尔夫球）会在高湿度的环境下运动得更快更远。因此，击球员和投手可以在美国丹佛地区使棒球运动的速度增加，因为丹佛的海拔要远高于海

平面。

另外，投手投出曲线球和不旋转球时，需要厚重的空气来抓住球体上的接缝，并使球体发生移动。球体的快速运动无法形成颤动的不旋转球，所有的投球都会受环境因素影响。总的来说，密度较大的空气有助于球体的移动，但是高海拔地区稀薄的空气可以使球体的运动速度更快。不旋转球在高海拔地区或温度较高的环境中的颤动程度更低。这样的环境条件对打击力较强的运动员和快球投手更为有利。

快球在高海拔地区运动得更快，竞速自行车运动也是如此。很多骑行竞赛的世界纪录都是在高海拔地区创造的，这些高海拔地区包括科罗拉多斯普林斯、波哥大和墨西哥城。在一小时的骑行竞赛中，高海拔带来的优势会抵消一部分由氧气含量降低带来的劣势。为了解决这一问题，运动员提前适应高海拔地区的环境是十分重要的。高海拔会为快球投手、全垒打击球员、竞速自行车运动员带来优势，但是却会对羽毛球运动员造成劣势。以同样的力量和路径击打羽毛球，与在海平面的羽毛球相比，在高海拔地区的羽毛球会飞得更远，因为它所受到的飞行阻力更低。为了解决这一问题，运动员会使用更轻质量的羽毛球，让高海拔地区稀薄的空气

降低球体的运动速度。

水的稠度与空气的稠度不同。水的密度是多种多样的，由水中的化学成分决定。一名运动员试图在死海中游泳，死海中的水与泳池中的水之间的巨大差异使他十分震惊：死海中的水十分黏稠，密度极大，因为水中含有大量的盐。这样的特点大大增强了水的阻力，同时也创造了极大的优势。即使是肌肉含量极大、脂肪含量极少的运动员也能在死海的水面上轻松地漂浮，甚至不需要进行任何移动。他们可以凭借充足的浮力在水面上躺着看书，丝毫不必担心自己会沉入水中。

知识小结

影响飞行的因素

- 为了在飞行中产生升力，运动员或物体可以使自己的运动方向与流体的运动方向形成一定角度。
- 对于所有运动员来说，马格努斯效应都是一种重要的升力。使物体在流体中运动的同时产生旋转，可以造成物体周围的流体的运动速度差异，进而引起压力差，最终使马格努斯效应出现，改变物体的运动路径。
- 马格努斯效应可以在飞行运动中与重力相结合，或是与重力相对抗。

本章小结

- 在流体中运动时，流体（空气或水）会流过运动员的周围，分开流动的流体粒子会重新相连。
- 运动员或物体在流体中的运动会受到一些力学原理的影响，包括流体静压（由流体的质量产生）、浮力（与物体浸入水中部分的重力相对抗的力）、阻力（阻止流体中的运动的力）和升力（与使物体偏离原有运动路径的力的方向垂直的力）。流体的流动会因运动发生在空气中或在水中而有所不同。
- 地表的气压约为101.325千帕。海拔的增加会使气压降低。

- 水几乎无法被压缩，因此，水压会随着下潜深度的增加而增加。在海水中，每下降10米，水压会增加1个标准大气压（101.325千帕）。
- 作用在运动员或物体上的浮力大小等于运动员或物体浸入水中后挤出的同体积的水的重量。
- 浮力中心是浮力向浸没在水中的物体集中施加推力的点。浮力中心的位置通常会在运动员身体的较高处，位于重心位置上方。运动员或物体的浮力中心和与他们同体积、同形状的水体的重心位置相同。
- 大气压、温度、空气与水中的物质含量会影响水和空气的运动。流体的密度越大、黏度越强，它们作用在运动员或物体身上的阻力就会越大。
- 浮力在体育中扮演着重要的角色，尤其与海水或淡水产生的流体静压的差异相关。
- 当物体在流体中移动时，阻力和升力会产生一种合力，合力方向与物体的运动方向相反，与物体的运动产生对抗。
- 3种阻力形式为表面阻力、型阻和波阻。
  - 表面阻力也被称为表面摩擦力或黏性阻力。表面阻力的大小由物体和流体的相对运动、物体与流体的接触面积、物体表面的粗糙程度和流体的黏度决定。表面阻力会以速度增加倍数的平方倍增加。
  - 型阻也被称为形状阻力、外形阻力或压差阻力。型阻的大小由物体与流体的相对运动、物体前端和后端的压力差、物体表面与流体运动方向之间的角度决定。型阻会以速度增加倍数的平方倍数增加。
  - 波浪阻力发生在水和空气的交界处。波浪阻力的大小由物体和波浪的相对速度、物体与波浪之间的角度、物体与波浪的接触面积和流体的黏性决定。波浪阻力会以速度增加的倍数的立方倍增加。
- 高速运动中，运动员或物体后方会产生低压尾流。骑行运动中的跟骑就是利用这一低压区域来提高运动表现。
- 在空中运动的球体受型阻和表面阻力的影响很大。增加表面阻力可降低球体的后方产生的低压尾流，还可以降低球体受到的型阻。高尔夫球上的凹痕增加了球体受到的表面阻力。
- 运动员或物体受到的升力由它们与流体的相对运动、与流体运动方向的角度、与流体的接触面积和流体的特质（如密度）决定。
- 游泳运动员会使双手双脚呈一定角度运动，以产生升力，进而产生推力。现代研究显示，游泳运动员的大部分推力来自对水体施加的与身体长轴平行的推拉动作。这种推力叫作推进阻力。
- 涡旋是一团旋转的流体（或气体），由鱼身和鱼尾波浪起伏的摇摆动作产生。运动员对这样的动作进行了模仿，尤其是在蝶泳运动中，更是对海豚的波状甩尾动作进行了模仿。这样的动作产生的涡旋可以降低阻力并产生推力。
- 涡旋发生器是泳衣全身或部分位置上的突出褶皱。它们会降低运动员受到的型阻和表面阻力，尤其是当运动员正在进行水下活动时。

- 可以通过对设备的改进和对运动技巧的调整来调整3种阻力（型阻、表面阻力和波阻）对运动的影响。
- 旋转物（如球体）在通过空气时会在旋转面上产生高压区域，旋转方向与运动方向相同的旋转面会产生低压区域，旋转物会从高压区域向低压区域偏离。这一现象被称为马格努斯效应。

关键术语

翼型	阻力	相对运动
攻角	型阻	表面阻力
阿基米德原理	流体静压	湍流
伯努利定律	层流	黏度
边界层	升力	体积
浮动	马格努斯效应	涡旋
浮力	马格努斯力	尾流
浮力中心	推进阻力	波阻

参考文献

Asai, T., K. Seo, O. Kobayashi, and R. Sakashita. 2007. "Fundamental Aerodynamics of the Soccer Ball." *Sports Engineering* 10(2): 101–109.

Formosa, D., M. G. L. Sayers, and B. Burkett. 2014. "The Influence of the Breathing Action on Net Drag Force Production in Front Crawl Swimming." *International Journal of Sports Medicine* 35(13): 1124–1129.

Hemelryck, W., P. Germonpré, V. Papadopoulou, M. Rozloznik, and C. Balestra. 2014. "Long Term Effects of Recreational SCUBA Diving on Higher Cognitive Function." *Scandinavian Journal of Medicine and Science in Sports* 24(6): 928–934.

Jinji, T., and S. Sakurai. 2006. "Baseball." *Sports Biomechanics* 5(2): 197–214.

Pelz, P. F., and A. Vergé. 2014. "Validated Biomechanical Model for Efficiency and Speed of Rowing." *Journal of Biomechanics* 47(13): 3415–3422.

Swann, C., L. Crust, and J. Allen-Collinson. 2016. "Surviving the 2015 Mount Everest Disaster: A Phenomenological Exploration Into Lived Experience and the Role of Mental Toughness." *Psychology of Sport and Exercise* 27: 157–167.

第2部分

运动生物力学的应用

运动技术分析

━━━ **本章将对以下知识进行介绍** ━━━

- 如何判断运动技术的技术目的。
- 如何判断技术的某些特征并对运动表现进行分析。
- 分析体育运动的检查表。
- 分析优秀运动员的运动表现能够带来的成果。
- 科学技术对运动技术分析的帮助。
- 如何将一项技术分为多个阶段和多个关键因素。
- 如何使用力学知识对技术进行分析和纠错。

以下3章（第11～13章）综合了本书介绍过的基础知识，将其应用到了实践中，这也正是应用运动生物力学的精髓。第11章和第12章是紧密相连的，它们将介绍如何将运动生物力学的知识应用到实践中。读者将会了解到有关如何将运动技术分为较小阶段的建议，这样做能够更加轻松地对运动员的运动表现进行观察和分析。第11章展示了一些观察技巧的相关示例，并且向读者传授了如何挑选出改进错误的方法。

运动中，运动员需要面对并解决的一大挑战就是观察运动员的运动表现并判断出需要改进的技术细节（如果有问题存在）。教练在对运动表现进行分析后，需要将得到的信息与运动员进行沟通。如在前文中提到的类似摄影机一类的科技产品，可以为分析运动员的运动表现提供极大的帮助。视频可以使运动员亲眼看到自己的动作完成情况。另外，如果需要对运动表现进行评估（如跑步步频），那么运动员可以将改进前与改进后的视频进行对比。这些客观的数据可以使运动科学家获取充分的证据，进而与运动员进行交流，并对他们的运动技术进行改进。这也正是运动生物力学的意义所在。

如果没有预先规划好的方法，评估员会对所分析的技术的速度和复杂性感到震惊。评估员会不知道该对技术的哪一方面进行观察，或是首先对哪种错误进行改正。其实，评估员可能会一次发现很多错误，并且因此感到绝望而放弃，进而给出十分模糊的反馈，比如"加大击打力度"或是"再积极一点"。这样的建议并不会给运动员提供多大的帮助，因为每名运动员对于词语的理解是不同的。因此，对运动员提出的建议必须是清晰直接的，这样才能使运动员完全理解自己需要改进动作的哪些方面以及改进到何种程度。

评估员需要提前收集运动技术的背景信息，并且参与运动员的每场训练，使用精确的计划来进行观察、分析和纠错。如果评估员了解运动员完成的运动技术的力学原理，并且知道如何找出重大错误，那么就可以帮助运动员快速改善运动表现。下面将会为评估员提供在开始纠错之前获取所需信息的具体步骤。

第1步：判断运动技术的目的。

第2步：标注技术特征。

第3步：了解该技术的表现。

第4步：将技术分为几个阶段。

第5步：将各个阶段分为多个关键因素。

第6步：理解与每个关键因素相关的力学原理。

评估员如果依次完成这些步骤，就能学会如何将一个运动技术分为多个重要部分（或阶段），并且还能了解如何在分析各个阶段时使用运动生物力学知识（Travassos et al.，2013）。

评估员会发现，比起对整个技术进行分析，将运动技术的各个阶段分开来分析是十分容易且方便理解的一个方法。

评估员不必在每次的教学或评估中重复以上每个步骤。在完成本章的学习后，评估员将会了解自己需要哪些信息，经过简单的练习后，评估员就可以记住大部分的步骤内容了。但是，在刚刚开始学习时，评估员需要将这些信息写下来，并将这些材料随身携带，使自己在训练或测试中有所参照。

第1步：判断运动技术的目的

运动员完成运动技术时存在的运动和调节的原则决定了技术目的，大部分运动技术都具有多个目的。了解这些目的是非常有用的，因为它们决定了运动员成功完成运动技术所需的运动技巧和力学原理。产生理想结果的过程中，结果与目的的关系如图11.1所示。在这一关系中，最重要的是想要的结果或技术，我们还需要了解可能会影响这一结果或技术达成的目的因素。

运动技术的最为常见的一些目的如下。

- 速度（运动员或物体尽可能快速地移动）。
- 准确度（运动员或物体尽可能准确地移动）。
- 姿势（运动员使用准确的所需姿势）。
- 距离（运动员或物体移动得尽可能远）。

下面将以几种运动技术为例，对技术目的的意义进行说明。参加100米短跑竞赛时，运动员的主要目的是提升速度。运动员不必担心自己的准确度，只需要在自己的跑道上完成运动，并尽可能快地完成竞赛。一名马拉松跑步运动员的跑步姿势往往要比100米跑步运动员的跑步姿势更为重要。因为在马拉松竞赛中，跑步姿势会影响运动员的能量消耗情况。

掷铁饼运动员的主要目的是尽可能远地掷出铁饼。铁饼的运动距离越远，运动员的运动表现就越好。但是，铁饼必须降落在赛区内，因此铁饼飞行的准确度也是一个重要的运动目的。如果铁饼落在了赛区外，那么抛掷距离就是无效的。以下目的对于掷铁饼运动员来说最为重要。

- 准确度（使铁饼落在赛区内）。
- 距离（使铁饼运动的距离尽可能远）。

另外，如果掷铁饼运动员失去平衡并摔倒在地，那么他的抛掷会被判为无效，即使铁饼落在了赛区内也是如此。

掷铁饼运动的准确度和距离这两个目的决定了与此相关的应用运动生物力学原理（Van Biesen et al., 2017）。

- 准确度的重要性说明了运动技巧的重要。
- 为了获得最远的运动距离，运动中的力学目的便是将释放铁饼时铁饼的运动速度最大化。

因此，评估员应该向运动员或教练讲解如何使铁饼在释放时获得最快的运动速度。铁饼的释放方式和转动方式决定了它的飞行特点和飞行距离（这些运动生物力学的原理都非常重要）。因此，评估员需要注意，理想

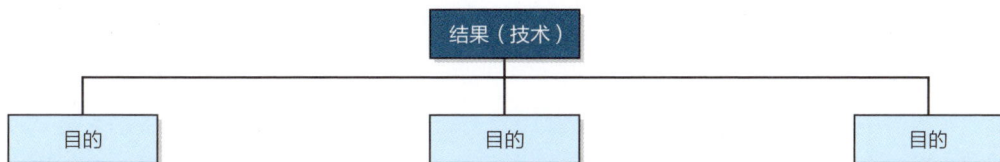

图11.1　产生理想结果的过程中，结果（技术）与目的的关系

的旋转运动和飞行路径也是掷铁饼运动中重要的运动目的。同时，运动员在抛掷铁饼时使用的身体姿势也会影响铁饼的飞行距离和飞行情况，还会影响运动员在释放铁饼后的稳定性。如果运动员抛掷出了世界纪录级别的距离，却由于摔倒在地或意外踏出了赛区而被取消成绩，那将是多么遗憾啊。

在排球运动中，运动员必须跳得足够高才能将球击过、绕过或越过障碍物，以完成扣球动作。扣球动作的首要目的是使球击打对方场地的地面（Van Biesen et al., 2017）。

为了达到这一目的，需要注意如下因素。

- 跳跃能力和跳跃时机。
- 发球的准确度。
- 注意不要与球网发生接触。

在同教练和运动员进行扣球技术的评估时，评估员需要记住这些目的，还需要对助跑、跳跃、扣球动作以及运动员在释放球体后对身体的控制中的力学原理加以掌握。

将排球扣球动作的目的与跳高运动中的运动目的相对比，高度明显是跳高运动的主要目的，这和排球运动员完成扣球动作时的首要目的相同。但是，跳高运动员还需要越过横杆，这是排球运动员并不需要的一个目的。因此，跳高运动需要注意以下内容。

- 在垂直方向和水平方向上都跳跃一定的距离。
- 在空中完成转体，以形成良好的过杆姿势。
- 保持良好的姿势，避免在上升或下降的过程中将横杆碰掉。

在奥林匹克举重竞赛中，挺举和抓举的首要目的都是将杠铃举过头顶，使杠铃与肩部的距离与手臂等长。第 2 个目的是在达成姿势后对杠铃加以控制，它对于确保挺举和抓举动作的有效性来说十分重要。虽然杠铃只需被举起相对较短的时间，但是对杠铃的有效控制和身体的稳定性对于运动员来说都是重要的动作目的。运动员应该对此进行训练，使自己能够成功地完成这一运动技术。

无论运动员的运动项目是什么，无论是单人项目还是团体项目，了解每种运动技术的目的都是十分重要的。如果运动员集中于满足其中一种目的而忽视或降低其他目的的重要性，将会使自身的运动表现受到限制。

- 如果水球运动员能够以高速抛出水球，却不能控制球的运动路径，那这样的速度又有什么用处呢？
- 同样，如果跳水运动员能够从极高的高度上旋转着完成跳水动作，却无法成功地完成入水动作，那他又能取得怎样的整体表现呢？

运动员需要了解运动技术的所有目的，并且要了解这些目的都是决定运动员的运动技巧的重要部分。

应用运动科学家可以建立一个针对特定运动的运动技术检查表（Young et al., 2014），如表 11.1 所示。在这个检查表上，评估员会在第 1 列填入技术名称，接着对每名运动员的技术表现进行测试。教练们也可以创建自己的检查表，将运动中的力学因素（后文将会对此进行详细介绍）混合在一起，并将其应用到自己的教学过程中。这些检查表通常会为运动技术的分析提供更为科学的评估方式。

第 2 步：标注技术特征

根据运动员完成技术的方式和完成技术的条件，运动技术可以被分为多个种类。完成技术的方式和条件是彼此相关的，并且会对评估运动表现的方法产生重要的影响。例如，在对运动技术的完成方式进行观察时可以发现，有些技术只会出现一次，接着会出

表11.1　运动技术检查表

技术名称	目的	技术打分				
		弱				强
技术						
技术1:		1	2	3	4	5
技术2:		1	2	3	4	5
技术3:		1	2	3	4	5
技术4:		1	2	3	4	5
技术5:		1	2	3	4	5
技术6:		1	2	3	4	5

[源自: R. Martens, *Successful Coaching*, 4th ed. (Champaign, IL: Human Kinetics, 2012), 206-207.]

现与之完全不同的技术；而其他技术则不同，它们会循环出现（不断地重复出现）。这两种技术可以被称为非重复性技术和重复性技术。运动员完成这两种技术所需的条件也会有所不同。

- 一些条件是可控制、可预测的，运动员在竞赛开始之前就可以得知这些条件。
- 而有一些条件是处于变化之中且不可预测的，运动员无法在竞赛开始前预测到这些变化。

下面将会介绍非重复性技术、重复性技术、可预测环境中的技术完成情况和不可预测环境中的技术完成情况。

非重复性技术

非重复性技术常常被称为分离性技术，因为它们具有明确的开始和结束的时间点，运动员可以在运动中多次使用非重复性技术。使用非重复性技术的运动主要有以下3种。

- 跳台跳水。
- 推铅球。
- 棒球击球。

这样的技术不会重复，而是会在技术结束后进行其他的技术。例如，跳水运动员落入水中后会爬出泳池，接着等待下一轮的跳水。

同样的情况也发生在推铅球运动员身上，他们在抛掷铅球后需要等待对手完成抛掷后才能再次上场。棒球运动员击球后会进行完全不同的动作，通常是冲向一垒的冲刺跑。运动员可以对非重复性技术进行独立的学习和训练。运动员学习并精通了这些技术后，就可以添加一些其他的技术或动作来使这个技术更加完整。如棒球运动员在完成击打后跑向一垒的冲刺运动，或是体操运动员在前滚翻动作后进行的鱼跃滚翻动作。

通常情况下，一次非重复性技术产生的冲力会促进或协助另一个非重复性技术的开始。

- 一名年轻的体操运动员创立了一种地面训练模式——将前手翻动作与前滚翻动作相结合，即采用前手滚翻技术来将自己引向另一个运动技术。
- 同样，三级跳运动员会经过单腿跳跃和跨步跳动作后，最终完成跳跃。这3种跳跃方式是互不相同的，但三级跳技术的优劣由这3种跳跃技术同时决定。在优秀运动员的运动表现中，单腿跳跃需要为跨步跳做好铺垫，而跨步跳需要促进跳跃动作的完成，如图11.2所示。

当运动员在依次完成非重复性技术时，评

图11.2　三级跳运动包含了3个分离的、依次发生的运动技术：单腿跳跃、跨步跳和跳跃

估员需要对这些技术分别进行评估。运动员需要学着适应这种将2种或3种技术相结合并依次完成这些技术的韵律模式。依次完成2种或3种运动技术是非常困难的。年轻的三级跳运动员常常会使用很长时间进行单腿跳跃，却没有为跨步跳和跳跃动作留下充分的距离和时间，这是因为他们没有平衡完成这3种技术所需的力量。体操运动中，年轻的体操运动员可以先对直体后空翻动作进行单独的学习。接着，体操运动员可以学习将自己引入直体后空翻动作的前扑动作。如果能够正确地完成前扑动作，那么前扑动作会使直体后空翻动作变得更加简单。如果体操运动员错误地完成了这个动作，那么前扑动作会使体操运动员的姿势出现错误，无法正确地进入直体后空翻动作，这会使运动员难以

安全地完成直体后空翻动作。

重复性技术

重复性技术具有循环、持续的特征。比如，短跑运动的动作模式就是不断地重复。这种重复的、持续的特征在以下运动中都有所体现。

- 竞走。
- 骑行。
- 游泳。
- 速滑。
- 越野滑雪。

重复性技术最重要的特征是：一个完整的技术循环后会紧接着开始下一个循环。跟随动作（在非重复性技术中会减慢速度并分散能量）成为重复性技术中的恢复动作，对

—— 体育应用 ——

运动员与其他动物的运动表现对比

虽然优秀的运动员能够有非常优秀的运动表现，但是这远远不足以与动物的运动表现相比。在搜寻运动技术的最佳节奏时，答案常常会在对动物的运动技术的观察中得到。短跑运动中，猎豹可以在十分优秀的运动员还处于30米至40米的加速处时完成100米的赛程。袋鼠可以轻松地垂直跳起2.7米的高度，而黑斑羚可以轻松地完成12米的水平跳跃。跳蚤的垂直或水平的跳跃高度是自身长度的150倍。为了与这样的运动表现相比较，运动员需要跳跃将近300米的高度或长度！动物的这些运动成就的达成是由于它们的独特生理构造，以及它们使用的适当的运动技巧。按体重的比例来看，优秀的奥林匹克举重运动员会轻易地被蚂蚁击败：蚂蚁可以举起相当于自身重量50倍的重量。在水中，优秀的游泳运动员可以达到大约13千米/时的游动速度，而金枪鱼的游动速度高达83千米/时，大约是人类速度的6倍。

于保持持续性和运动节奏来说非常重要。

游泳竞赛中,运动员在进行划水动作时需要更快地循环手臂动作。手臂在水中完成推动后会立刻向前划动,以开始下一个推动动作。掷铁饼和掷标枪运动中,跟随动作并不存在任何制动作用或分散能量的作用。同骑行运动员想要保持高频率的踏板转动动作一样,游泳运动员也想要保持高频率的手臂划水动作,如图11.3所示。

运动员学习重复性技术的方式与学习非重复性技术的方式几乎相同。例如,自由泳中的动作会被分解为腿部动作、手臂动作和呼吸动作。运动员首先会分开学习这些动作的组成部分,接着将它们拼凑在一起,构成完整的运动技术。整个技术重复或循环的次数会随着运动员运动能力的增强而逐渐增加。

可预测环境中的技术完成情况

一些运动技术会在精确的、可预测的环境中完成。这些技术通常被称为闭锁性技术。这时,运动员不必因为情况的突然变化而做出快速的决定,而是可以继续进行这项技术的练习。举重中的挺举技术和独立的游泳赛道中的游泳技术就是这样的例子。运动员可以在赛道中产生升力或完成技术,他们不需要担心对手的影响或天气的变化,这使得教练和运动员可以更加轻松地安排并展开训练。

不可预测环境中的技术完成情况

但是,有些运动技术会在不可预测的环境中完成。这些技术常常被称为开放性技术。最常见的不可预测环境就是存在对手干扰的环境,对手干扰的主要目的就是使运动员失败。因此,运动员必须在竞赛过程中快速地对这样的环境因素做出反应。

- 棒球运动中,击球员需要在0.5秒内对抛掷过来的投球做出反应。
- 排球运动中,运动员需要根据对手发来的球做出反应。对于飘球和快速的上旋球来说,运动员需要做出的反应是不同的。
- 自由摔跤和柔道运动中,运动员需要根据对手的情况来开展攻击或进行防守。
- 足球运动中,守门员需要根据进攻球员的射门情况做出相应的反应。

风、海浪、雨、太阳和其他会发生改变的赛场环境也会造成运动条件的不确定性和不可预测性。冲浪运动员只有了解波浪的特点,才能更好地完成冲浪技术。每个波浪都必须单独考虑,因此,冲浪运动员必须具备处理这些情况的能力。这种变量存在于几乎所有体育项目中,无论是棒球还是摔跤,运动员都需要做出瞬间的决定并且在速度多变的情况下完成各种运动技术。判断这些情况

图11.3 游泳中的划水动作是循环、重复的技术,手臂和双腿的恢复动作会与下一个推动阶段直接连接

的能力和快速做出反应的能力是成功完成运动技术的重要因素。

当运动项目所需的技术为开放性技术时，也就是竞赛在不可预测的环境中开展时，运动员需要尽可能地使运动环境变得可预测。

- 摔跤运动员会重复地训练同一种防守方式，而对手则需要重复地训练攻击动作。
- 棒球和网球运动中，运动员在训练时会不断地面对重复的、可预测的由发球机发来的球。
- 英式橄榄球、美式橄榄球和曲棍球运动中，运动员会在没有对手的情况下进行定位球训练。接着，其他队员会作为训练中的对手来帮助运动员进行重复训练。

这样，特定技术的力学原理就可以在可预测的环境中得到练习，直到运动员的技术表现达到了可接受的程度。接着，就可以向训练中添加更多的不可预测性。

要在什么时候加入不可预测性，这由许多因素决定，最重要的因素是运动员对所需技术的学习速度（Farrow and Robertson, 2017）。很多教练喜欢将训练快速转移到不可预测的环境中，而有些教练则喜欢将可预测与不可预测的训练相混合。因此，在一些训练中，

知识小结
体育技术的目的和特点
- 运动规则和运动员完成运动技术时存在的条件会决定运动技术的技术目的。大部分技术具有多个目的。
- 最为常见的运动技术目的是速度、准确度、姿势和距离。
- 运动技术的特点包括非重复性、重复性、可预测环境和不可预测环境。

运动员需要重复地学习如何判断自己接下来应该选择的动作；但在其他的一些训练中，运动员会在可预测的环境中重复练习运动技术。

第3步：了解该技术的表现

在运动员的运动生涯中，几乎所有的运动员都有机会看到优秀的运动员的运动表现。这样的观察不一定要在第3步开始进行。但是，对这样的运动技术或体育活动的观察具有重要的价值。

- 运动员在观察优秀运动员完成一项运动技术时，可以了解优秀运动员的高质量的运动表现所需的速度、节奏、力量、姿势和其他因素。
- 这样的观察可以帮助运动员理解运动技术中的基础运动模式。
- 运动员可以使用摄影机从多个角度记录这些运动表现。接着，重复地在正常速度和慢速下观看优秀运动员技术的完成。

运动员会很快发现，尽管人与人的身材不同，但优秀的运动员都会展现出共同的特征。

- 优秀的高尔夫球运动员会以相似的方式转移身体质量并扭动髋部。
- 田径项目中的优秀运动员会使用相似的姿势，以相似的次序激活肌肉。
- 优秀的跳水运动员会使用相似的助跑动作，也会使用相似的四肢动作跳下跳板。

这些相似的特征之所以存在，是因为优秀的运动员都在使用良好的力学原理。他们的辅助团队（教练和运动科学家）帮助他们学习了如何在运动表现中使用一些动作来产生理想的运动生物力学因素，也就是力、速度、旋转等运动技术所需要的因素。

在观察优秀运动员的运动时，运动员会

开始自然地使用力学知识来分析他们的运动，因此，他们会对自己说："我明白了，这些优秀的运动员在击打高尔夫球时将重心进行了移动，同时转动了髋部。我还明白了为什么他们要在球杆与球接触时伸展手臂。"运动员还会发现，这些技术都是高尔夫球运动员必须学习的必要动作，无论他们的体型、身材和身体构造有何不同。

同样的原理也可应用于其他运动项目的技术中。优秀的运动员会使用正确的运动技术，这些运动技术以坚实的力学原理为基础。因此，优秀运动员的运动方式能够向运动员提供一个可以对优秀的运动技术进行分析的模型。

第4步：将技术分为几个阶段

这一步是将技术分为几个阶段。这一过程可以使评估员更轻松地找出运动员运动表现的不足之处。这个方法会将技术拆分开来，评估员将不再需要同时观察多个阶段。

大部分的运动技术由多个阶段组成。而各个阶段包含了彼此相连的一组动作，它们看似彼此独立，但运动员可以将其组合在一起并构成一个完整的运动技术。很多运动技术都可以被分为以下4个阶段。

1. 准备动作和心理准备。
2. 准备姿势。
3. 发力动作。
4. 跟随动作或恢复动作。

在高尔夫击球动作、冰球的大力射门动作、棒球的抛掷动作中，准备动作和心理准备组成了这些运动技术的第1个阶段，但是它们非常简单；第2个阶段为**准备姿势**；第3个阶段为**发力动作**；第4个阶段为跟随动作或恢复动作，运动技术随之完成。

从准备动作和心理准备开始的各个阶段彼此相连，仿佛是一种连锁反应，如图11.4所示的高尔夫击球动作。

- 这说明，在早期阶段出现的失误会对接下来的所有阶段产生影响。
- 因此，当技术的结尾处出现问题时，不仅需要对最后一个阶段进行检验，还需要对之前的阶段进行检验，以寻找问题的根源。

例如，高尔夫球运动员在准备动作中错误地摆放了高尔夫球或者错误地完成了准备姿势，这些失误将影响接下来的击球动作，并且会对球体的飞行产生影响。不要认为所有的失误都来自动作阶段，要记得检测错误出现前的所有阶段，问题的根源往往藏在那里。

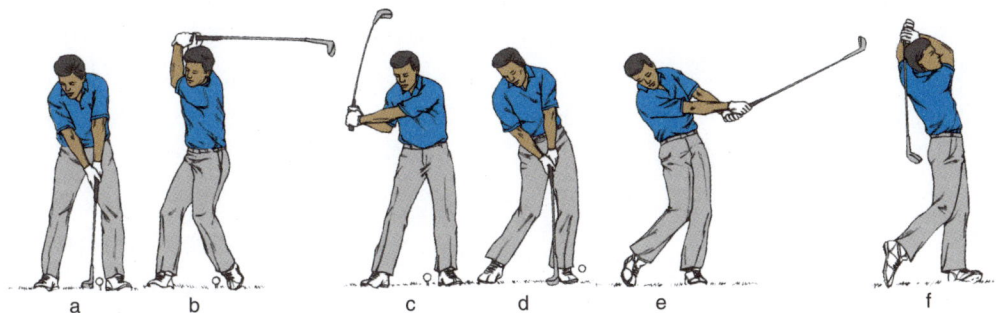

图11.4 高尔夫击球动作的各个阶段为：a. 准备动作和心理准备；b. 准备姿势；c. 发力动作；d. 发力动作；e. 跟随动作；f. 跟随动作

──体育应用────

跳水动作的不同阶段：如何完成一次完美的入水

有一次，在10米跳台跳水运动中，运动员使用了双脚首先入水的入水姿势。运动员发现，如果他们在入水时放平双脚而不绷起脚尖，水面会出现很小的水花，甚至没有水花，水面仅会出现一些气泡。类似的情况也会在头先入水的入水姿势中出现，运动员会双手互握并且放平，面部朝向水面来完成入水动作。和双脚平放的入水姿势一样，这样的运动技巧会产生低压区，将水困在运动员的双手下方，使水面产生很小的水花。这个运动技巧存在的一个问题是，水产生的力可能会使运动员的手腕受到损伤。为了解决这一问题，年轻的跳水运动员们常常会在训练中或是在比赛中穿着护腕。

下面将对这些阶段单独进行介绍，以了解它们在整个运动技术表现中的作用。

准备动作和心理准备

准备动作和心理准备包括动作上和心理上的准备，以使运动员对接下来的动作做好准备。

- 高尔夫球运动员会呈直立站姿，并摆放好高尔夫球。
- 网球运动员会为发球做好准备，并且决定发球位置。
- 橄榄球进攻前锋会使肌肉呈静态拉伸状态并呈蹲伏姿势。当橄榄球从后侧传来时，前锋的肌肉会立刻产生爆炸式的推力，推动身体进入下一个技术阶段。

循环、重复的技术可能会需要在技术开始之前进行准备动作，但在接下来的重复动作中并不会重复进行准备动作。例如，蝶泳运动员不会在每个推动动作前呈静态站姿，他们每个手臂的拉动和腿部的击打都会与下一次的拉动和击打直接相连。

准备姿势

很多运动技术都需要运动员做出准备姿势，以此来为接下来的动作做好准备。无论这个阶段被如何命名，它的目的都是不变的：拉伸运动员的肌肉，并建立一个使运动员能够以理想的距离或时间施力的姿势（Ross et al., 2015）。以下为相关例子。

- 掷铁饼运动员的旋转式准备姿势。
- 高尔夫球和棒球运动中的球杆或球棒后引。
- 掷标枪运动员手臂的向后伸展。

在网球发球和排球扣球动作中，运动员身体向后侧的伸展与这些动作的目的相同。在皮划艇运动中，运动员在开始推动船桨前的身体前倾就是一种准备姿势。

发力动作

发力动作是运动员用于产生力量的动作。发力动作往往会包括运动员整个身体的运动，还可能包括一些精密、独立的助力动作（如射箭或掷飞镖一类的运动）。发力动作不仅需要手臂和肩部肌肉的运动，还需要身体其他肌肉的微小运动。

发力动作对于完成运动技术来说十分重要。运动员的肌肉需要在正确的范围和时间内依照正确的次序产生正确量级的力量。发力动作的种类多种多样，包括以下的动作。

- 撑竿跳高中的助跑、拉动和推动动作。
- 划船时的身体伸展和手臂弯曲动作。

- 掷链球运动员和掷铁饼运动员的旋转和抛掷动作。
- 篮球运动员在带球上篮时的助跑、起跳和手臂动作。

与此相反的是力量举重运动员的硬拉动作，这一动作与发力动作几乎是同时发生的。在硬拉动作中，举重运动员的腿部、背部、手臂和肩部肌肉同时进行拉动。在几乎所有的运动技术中，重要的动作一般发生在发力动作的结尾。它会发生在棒球被击打、运动员起跳或运动设备被释放出去的瞬间。在这个瞬间，运动员向运动物体施加了理想大小的力并设定了它的运动方向。这时，运动员无法再通过任何行为提高运动表现。

跟随动作或恢复动作

跟随动作或恢复动作会在发力动作完成后立刻发生。在投掷技术中，运动器材会被释放；在击打技术中会产生力。在许多技术中，运动员在完成发力动作后立刻恢复到静止状态是不太可能的，甚至立刻恢复到静止状态还会为运动员带来危险。运动员的动作产生的动量会使运动员的四肢继续沿原有运动轨迹运动，而跟随动作用于安全地分散这些力。

在游泳的划水动作中，动作技术在不断地重复发生，手臂的恢复和下一轮重复的拉动紧密相连。在这样的重复性技术中，动量和节奏是影响技术完成频率的重要因素。恢复动作会帮助运动员保持平衡和维持动作的持续性。类似的例子还包括跑步、速滑和越野滑雪等运动中腿部和手臂的恢复。

第5步：将各个阶段分为多个关键因素

在选择出运动技术的最重要的一个阶段后，就可以开始将各个阶段分为多个关键因

素。关键因素是独立的动作，它们组合在一起就会成为一个技术阶段。试着将运动技术看作移动建设中的大楼，各个技术阶段就是大楼的墙壁，而关键因素则是筑墙时使用的砖块。

如何选择关键因素呢？运动员需要判断出对于技术中的各个阶段来说非常重要的独立动作（与判断决定技术成败的关键因素相似）。准备姿势具有自己的关键因素，发力动作和跟随动作也具有自己的关键因素。下面的例子将会对关键因素的概念进行介绍，但其中并没有列出所选阶段中的所有关键因素。

优秀的运动员常常会使用带有这些关键因素的运动技巧，因为这些关键因素对于好的运动技术来说十分重要，并且有助于成功构建完成所需技术的力学基础。没有了这些关键因素，运动员就无法获得理想的运动表现。

在高尔夫击球动作的发力阶段，运动员会将身体重量从前后两脚之间相互转移。运动员会转动髋部来完成击打，并且会在球杆与球体接触时伸展手臂，如图11.4所示。击球动作的关键因素包括以下几点。

- 身体重心的转移。
- 髋部扭转。
- 头部姿势。
- 手臂伸展。

在跳高的助跑动作中，运动员会倾斜身体进行有弧度的助跑，这是跳高的发力阶段的一部分。助跑完成后，运动员会恢复身体的倾斜，在跑向起跳位置的过程中放低重心。运动员的手臂位于身体后方，以为接下来的起跳动作中向前向上的摆动做好准备（第13章将对此进行更加详细的介绍）。跳高运动中的关键因素包括以下几点。

- 向后倾斜身体。
- 放低重心。
- 将手臂放在身体后侧。

在掷标枪运动的发力阶段，运动员会先完成助跑和后倾动作，并向前跨步，形成展开的抛掷姿势。接着，运动员向抛掷方向转动髋部和胸部。同时，运动员将重心从后腿转移至前腿（第13章将对此进行更加详细的介绍）。掷标枪运动的关键因素包括以下几点。

- 助跑。
- 后倾。
- 伸展的抛掷站姿。
- 髋部和胸部的扭转。
- 重心的转移。

在橄榄球的弃踢动作中，在使支撑腿向前迈步后，运动员的击球腿会呈长弧线摆动。击球腿在运动开始时是微微弯曲的，在与球接触时则是完全伸展的。运动员会同时将身体重量向前和向上转移，以完成弃踢动作。运动员的手臂会将橄榄球递送到击球脚上，同时还会向两侧伸展以保持运动员的身体平衡（第13章将对此进行更加详细的介绍）。橄榄球弃踢动作的关键因素包括以下几点。

- 伸展的身体。

- 重心的转移。
- 较长的踢动弧线。
- 腿部伸展。
- 手臂伸展。

要记住，这些运动技术都带有其他的关键因素，这些因素出现的次序也非常重要。在运动技术的一些阶段中，关键因素几乎是同时发生的，在一些情况中，关键因素会接连出现。对优秀运动员的运动表现进行仔细的观察后，运动员就能够掌握各个技术阶段中的关键因素，并且了解运动表现所需的时机。

继续以前面讲解的跳远运动为例，图11.5展示了决定跳跃距离的几个关键因素。在这些运动技术中，一些因素可以被改变，如这个例子中的起跳位置。教练可以对这些因素进行调整和干预。但是运动技术中的其他因素往往是不可更改的，如这个例子中的运动员的体形。通过将运动技术拆分开来，运动员可以判断需要进行调整和需要改变的因素。下一步是对这些关键因素背后的力学原理进行理解，这将是最后一步。

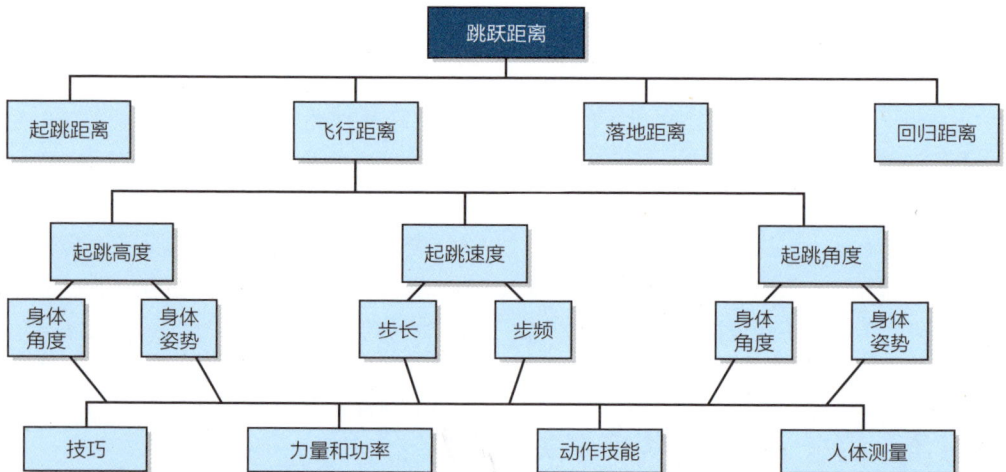

图11.5　决定跳跃距离的关键因素

[源自：J. G. Hay, *The Biomechanics of Sports Techniques*, 4th ed. (Upper Saddle River, NJ: Pearson Education, 1993), 428.]

运动技术的不同阶段

- 大部分运动技术由几个阶段构成：准备
  动作和心理准备、准备姿势、发力动作、
  跟随动作或恢复动作。
- 很多技术会使用准备姿势，以为接下来
  的发力动作做好准备。这个阶段对于得
  到理想的技术效果来说十分重要。
- 关键因素是不同的，它们共同影响着动
  作的完成效果。

第6步：理解与每个关键因素相关的力学原理

理解每个关键因素背后的力学原理是整个过程中至关重要的一步。前面10章已经对运动生物力学的原理打下了基础。运动技术的分析过程将这些知识应用到了实际中，也就是在练习应用运动生物力学的知识。

运动员在运动技术中使用的所有基础动作都是以力学原理为基础的。也就是说，运动技术的基础是力学法则。因此，在选出所分析的运动技术中的关键因素后，还需要理解这些因素背后的力学原理。运动员必须能够回答下列问题，并给出如下所列的答案，才算是真正理解了其中的力学原理。

为什么在高尔夫击球动作中要使用屈腕后直腕动作？高尔夫击球动作中的屈腕后直腕动作会使运动员的手臂模仿鞭打的动作，也就是高速的抽打动作，如图11.4c至图11.4e所示。当手腕屈曲又伸直后，手肘就像是球杆可以选择的另一个轴心。从高尔夫球运动员的手臂挥动的速度和长度中产生的速度会与球杆长度相乘形成推力（Fedorcik et al., 2012）。在没有屈腕后直腕的情况下，手臂和球杆会以一种固定姿势完成运动，使球杆头无法达到

理想的运动速度。

为什么100米短跑运动员的腿部和手臂的推动和摆动方向与运动方向平行？如果运动员的手臂朝与运动方向不平行的方向进行摆动，腿部朝与运动方向不平行的方向施加推力，如图13.1所示，那么运动员向地面施加的指向运动方向的力会被减少，地球对运动员的反作用力也会随之减少。这时得到的结果是，运动员的跑步速度会降低。

为什么自由泳运动员手部和前臂的拉力方向与运动员身体的长轴平行，而不是进行S形的上下运动？与直接向后划动手臂产生的拉力相比，在自由泳中使用S形的上下运动的手部动作会产生更少的推力，如图13.7所示。改良版的S形动作依然会在游泳运动中出现，但是这些动作的发生是因为身体的滚动和人体特殊的生理结构，而不是为了产生更大的推力。尽可能与身体长轴平行的向后拉水被认为是最正确的运动技术之一。在水下，运动员的手臂会在肘关节处弯曲，因此，运动员的手部和前臂会变成最主要的推进面。

为什么运动员在跳高起跳时必须把重心放在起跳脚的后面？或者为什么运动员在排球运动中跳起拦网或扣球时将重心放于双脚的后面？将重心放于起跳脚的后方可以使运动员有更多的时间使用起跳腿进行起跳施力，如图13.2所示。运动员会向前方和上方晃动，接着越过起跳脚。这种弧形的运动使运动员具有充足的时间落回地面，而地面也会产生反作用力，推动运动员向上。同样的原理也应用于排球扣球、排球拦网、篮球的带球上篮和篮球的拦截等动作中。

在高尔夫击球、推铅球、掷铁饼或标枪等动作中，为什么运动员必须要扭转并向前推动髋部？将髋部向前方扭转和向抛掷方向

扭转有 3 个目的。第 1 个，它可以使运动员的体重向适当的方向移动（如朝向高尔夫球杆、铁饼、铅球、标枪或棒球棒的加速方向移动）。这一动作增加了运动员施力的距离和时间。第 2 个，髋部的扭转是运动员身体各部分进行加速运动的重要连接点。运动员腿部和髋部向着抛掷方向（或高尔夫球和棒球的受力方向）运动模仿了使鞭子产生抽动的鞭打动作。第 3 个，髋部的扭转可以拉伸腹部和胸部肌肉，使它们可以拉动肩部肌肉和抛掷手臂的肌肉，并像弹弓一样完成抛掷动作。要注意观察图 13.4 中的棒球击球动作和图 11.4 高尔夫击球动作中的体重转移和髋部动作。

橄榄球弃踢动作中，为什么运动员应该在与球接触时伸展击球腿？通过伸展击球腿，运动员可以将与球接触处的脚部与旋转轴（髋关节）之间的距离增大。由于回转半径的增加，在与球接触时，击球脚的移动速度会大于腿部其他部位的移动速度。与球接触前击球腿的弯曲和与球接触时击球腿的伸展是在模仿抽鞭子的鞭打动作，如图 13.8 所示。

知识小结
运动技术分析

- 体育运动中，运动员需要面临的挑战之一就是通过对运动员的运动表现进行观察来判断需要纠正的错误部分（如果有问题存在）。
- 运动员在运动技术中使用的一切基础动作都是以力学原理为基础的。也就是说，运动技术以力学法则为基础。
- 对运动表现进行分析后，评估员需要与运动员沟通，将这些信息告知运动员。现代科学技术测量手段可以提供有效反馈的方式。

体操和跳水运动中，为什么运动员必须在起跳时完全伸展身体？需要快速旋转的运动员必须在起跳时施加偏心力来引发旋转动作。他们必须接着向内拉动身体，形成完全伸展的身体姿势。将身体拉紧至转动核心引起的旋转惯性的急剧下降会大大增加角速度。

运动技术中的所有阶段和所有关键因素都具有它们特定的力学目的。如果评估员能够理解运动技术背后的力学原理，就可以对自己说："好，我知道这个运动中的运动技术是什么了。我也知道运动员必须完成的动作技术背后的力学原理是什么了。我可以开始对运动员进行观察并帮助他们改正技术错误了。"

前面提到，评估员可以使用优秀运动员的运动表现作为模型或参照，但是不要试着使运动员完全模仿优秀运动员的每一个动作。在观察优秀运动员的一系列运动表现时，评估员只需要确保自己对优秀运动员使用的基础的运动技术进行了学习。与自己所学的力学知识相结合后，评估员将会理解这些动作背后的目的。当评估员对运动生物力学的相关知识的理解有所深入后，他们就可以试着忽视一些优秀运动员使用的动作，因为这些动作仅仅是个人的习惯动作，并不存在任何力学价值。这些动作可能会使运动员感到舒适，但是为了获得更好的运动表现，应该将它们除去。

要记住，优秀运动员在高速运动中完成的大范围的动作需要针对运动员的自身条件进行变形，包括运动员的成熟度、力量、柔韧性和耐力。年轻的、不够成熟的运动员的动作是无法与经验丰富的运动员的动作相比较的。这种成长需要以规律的训练和良好的教练协助为基础。

─体育应用─

使用巨大船桨加大施力的划船运动员

　　优秀的划船运动员会使用带有巨大边缘的船桨，这些船桨看起来像是巨大的割肉刀。这种船桨要比标准的船桨更短。这一设计所遵循的力学原理是，在运动员施力相同的情况下，这种船桨在水中的运动速度更慢且产生的力更大。在更慢的移动中，桨在水中滑行的程度会更小，但会使船体进行更快的运动。那么这种船桨是否具有一定的问题呢？据许多教练所说，虽然这种船桨在划船竞赛规则的允许范围之内，但是由于运动员需要对抗更大且更稳定的阻力，使用其会引发运动员下肢和上肢的压力性损伤。

本章小结

- 运动技术的分析需要6个步骤：a. 判断运动技术的目的；b. 标注技术特征（这两步强调了技术目的和条件）；c. 了解该技术的表现（这一步需要对优秀运动员的运动表现进行仔细的分析）；d. 将技术分为几个阶段；e. 将各个阶段分为多个关键因素（这两步表现了将技术分为各个阶段和多个关键因素的重要性）；f. 理解与每个关键因素相关的力学原理（这一步强调了对运动技术中的阶段和关键因素的理解应以坚实的力学原理为基础）。

- 在完成对运动表现的分析后，评估员需要将这些信息反馈给运动员。现代科技是一种提供有效反馈的方式。

- 运动员完成运动技术时存在的运动和调节的原则决定了运动技术的目的。大部分运动技术都有多个目的。

- 运动技术可以被分为多个不同的种类，这些分类由运动员完成运动技术的方式和完成技术所需的条件决定。

- 有许多因素会影响最终的运动结果，有些因素是无法更改的，有些因素是可以更改的。

- 非重复性技术也被称为分离性技术，因为它们具有明确的开始和结尾的时间点。非重复性技术常常会在一系列技术中发生。

- 重复性技术具有循环、持续的特征，它的动作模式会不断重复。

- 运动技术可以在可预测和不可预测的环境中发生。在可预测环境中发生的技术被称为闭锁性技术，在不可预测环境中发生的技术被称为开放性技术。

- 运动中的各个阶段都是由一组相互连接的动作形成，运动员将各个阶段拼凑在一起，形成一个完整的运动技术。

- 很多运动技术都可以被分为以下4个阶段：a. 准备动作和心理准备；b. 准备姿势；c. 发力动作；d. 跟随动作或恢复动作。

- 关键因素是独立的动作，它们共同构成了技术阶段。发力动作通常具有最多的关键因素。

- 运术技术的分析可以是实时进行的，更为复杂的分析可以在运动结束后进行。

- 多种形式的科技可以提供运动表现报告。分屏的视频画面等工具可以有助于运动追踪和综合运动分析。

- 理解关键因素和运动技术的各个阶段背后的力学原理对于教授正确的运动技术来说十分重要。

关键术语

闭锁性技术

分离性技术

偏心力

跟随动作

发力动作

非重复性技术

开放性技术

阶段

实时

重复性技术

技术目的

准备姿势

参考文献

Farrow, D., and S. Robertson. 2017. "Development of a Skill Acquisition Periodisation Framework for High–Performance Sport." *Sports Medicine* 47(6): 1043–1054.

Fedorcik, G. G., R. M. Queen, A. N. Abbey, C. T. Moorman, and D. S. Ruch. 2012. "Differences in Wrist Mechanics During the Golf Swing Based on Golf Handicap." *Journal of Science and Medicine in Sport* 15(3): 250–254.

Ross, J. A., C. J. Wilson, J. W. L. Keogh, K. W. Ho, and C. Lorenzen. 2015. "Snatch Trajectory of Elite Level Girevoy (Kettlebell) Sport Athletes and Its Implications to Strength and Conditioning Coaching." *International Journal of Sports Science and Coaching* 10(2–3): 439–452.

Travassos, B., K. Davids, D. Araújo, and T. P. Esteves. 2013. "Performance Analysis in Team Sports: Advances From an Ecological Dynamics Approach." *International Journal of Performance Analysis in Sport* 13(1): 83–95.

Van Biesen, D., K. McCulloch, and Y. C. Vanlandewijck. 2017. "Comparison of Shot–Put Release Parameters and Consistency in Performance Between Elite Throwers With and Without Intellectual Impairment." *International Journal of Sports Science and Coaching*: 1747954117707483.

Young, W., S. Grace, and S. Talpey. 2014. "Association Between Leg Power and Sprinting Technique With 20–m Sprint Performance in Elite Junior Australian Football Players." *International Journal of Sports Science and Coaching* 9(5): 1153–1160.

第 12 章

运动技术错误的判断与改正

本章将对以下知识进行介绍

- 如何观察一项运动技术的运动表现。
- 如何对运动技术的各个阶段以及各个阶段中的关键因素进行分析。
- 如何在分析中利用运动生物力学知识。
- 如何决定改正错误的顺序。
- 如何选择合适的方法来改正错误。
- 如何为运动员选择正确的改正技巧。

在第11章，读者已经学习了改正运动员错误的运动表现所需的第1个准备阶段。读者已经学习了如何将运动技术分为不同的阶段和不同的关键因素，并且了解了良好的运动技术的基础是坚实的力学原理。本章将为读者提供观察运动员运动表现以及使用力学知识辨别其中需要改正的技术错误的建议。通常需要完成以下5个步骤。

第1步：观察完整的运动技术。

第2步：分析各个运动阶段及其关键因素。

第3步：在分析中使用运动生物力学知识。

第4步：选择需要改正的错误。

第5步：选择改正错误的合适方法。

第1步：观察完整的运动技术

在对运动技术进行观察之前做好相应的规划是一个好主意。最合适的观察方式是将一个完整的技术分为几个部分进行观察，接着再追踪到动作的各个阶段和关键因素中去。通过这个过程，评估员可以决定寻找的目标和观察的视角。评估员可以从左右两侧进行观察，或是从前后两侧进行观察。这样，评估员可以将获得的信息相互对照和进行复查。在某一视角中被隐藏起来的运动技术的特征可能会在另一种视角中展现出来。

确保观察的安全性

对一种运动技术开展观察活动之前，评估员必须确保观察过程的安全性。在掷铁饼和推铅球等运动中，或是类似于高尔夫球一类的高球速运动中，评估最好不要选择从前方进行观察。除非评估员佩戴有特殊设计的防护装置，就像棒球运动中使用的保护罩一样，否则应该选择从侧面或后面进行观察。

选择观察环境

在选择观察环境时，应尽量避免选择会使评估员和运动员分散注意力的环境。人员较多的操场、娱乐休闲场所等都会影响评估员和运动员的专注度，因为周围有太多的事情正在发生。环境中发生的其他活动会分散评估员的注意力，使其错过对细节的分析。如果对一个团队进行观察，评估员不能对其中的某名运动员施加过多的注意力，其他的运动员也需要评估员的监督和鼓励。最合适的观察环境是没有任何干扰活动发生的环境。运动员可以专心地完成运动技术，而评估员也可以集中注意力来进行观察和分析。

观察位置

对于许多技术来说，当评估员在运动员的前侧进行观察时，往往会获取更有价值的信息。但是，在这个位置观察时需要评估员特别地小心。当评估员处在这一位置时，常常会因为过于将注意力集中在运动员的动作上，而忽视了接下来会发生的事情。

当观察类似掷铁饼、推铅球和掷链球等带有旋转动作的运动时，评估员最好选择在安全的、被官方批准使用的保护罩后进行观察。这种观察保护装置尤其适用于观察掷铁饼和掷链球等运动。在掷链球运动中，7.2千克重的链球会以极快的速度运动，在新手的手中，链球有可能不会沿着运动所需的飞行路径飞行。

- 如果没有可使用的保护罩，评估员可以选择站在掷链球或掷铁饼运动员的左后方（对运动员进行后侧视角的观察），因为运动员会以逆时针方向转动链球或铁饼。
- 在推铅球运动中（通常没有保护罩），评估员可以站在惯用手为右手的运动员的左后方或是惯用手为左手的运动员的右后方。如果运动员还在学习推铅球的技巧的阶段，则评估员要确保自己的位置足够靠后。

如果评估员想要在评估运动表现的同时标注距离，那么一定要记住飞行中的物体具有"欺骗性"。例如，迎面看到的标枪会暂时地消失在人的视线内，同时，风也会对它们的飞行距离产生较大的影响。评估员还需要考虑飞行物滑行和弹跳的距离。在潮湿的草地上滑行的铁饼是非常危险的。

另外，与动作较少的运动技术（如射箭或举重）相比，含有较多动作的运动技术（如体操跳马、滑雪跳跃和撑竿跳高）更需要进行观测。

体操跳马包含了一个距离较长且速度较快的助跑动作、一个起跳动作、上马和下马腾空动作以及落地动作。这些动作都在高速运动中发生，并且包含了一定的运动距离和高度。为了对这些动作进行全面的观察，评估员需要从以下几个位置展开观察。

- 运动技术发生的木板位置的右侧大约4.6米处。
- 助跑位置的后侧。
- 评估员还可以站在运动员落地处的后侧，使运动员跑向自己所站的方向。
- 这样，评估员可以从多个视角观察起跳动作、腾空动作和跳马上的手部位置，如图12.1所示。
- 这样的观察技巧也可以在田径运动中使用。如图12.2所示，评估员正在以多个视角观察运动员的跨栏动作。
- 当运动技术的运动距离较短、高度较低时，可以缩短观察距离；对某一特定技术阶段或特定的因素进行观察时，也可以缩短观察距离。

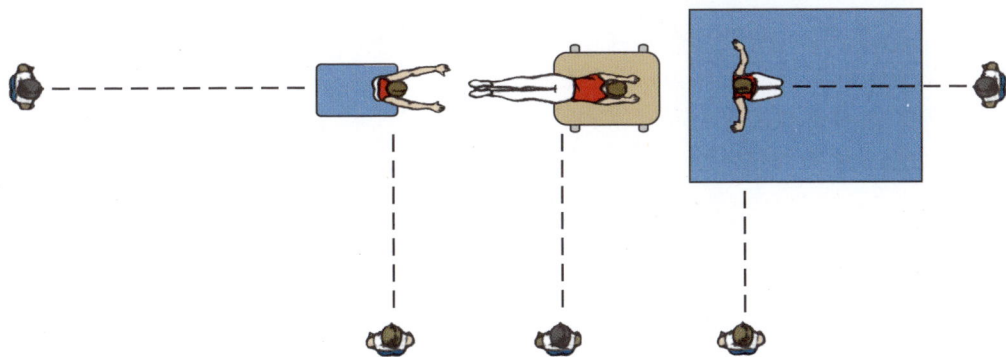

图12.1　对体操跳马动作的多视角观察

[源自：J. G. Hay and J. G. Reid, *Anatomy, Mechanics, and Human Motion*, 2nd ed. (Englewood Cliffs, NJ: Prentice-Hall, 1988), 258.]

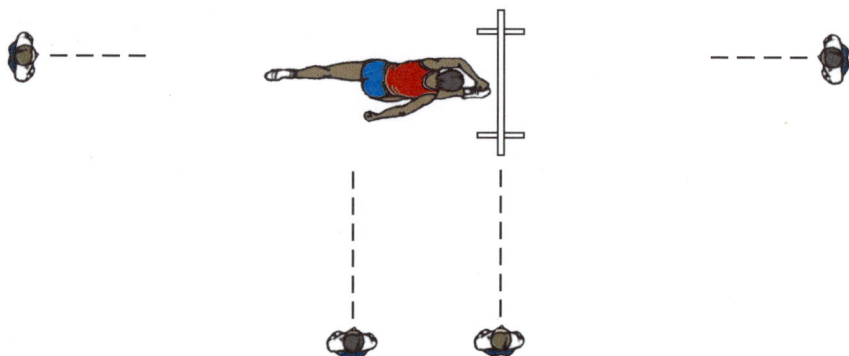

图12.2 对跨栏动作的多视角观察

来自普通摄影机（如手机）的超高清晰度的视频和来自电视广播的视频图像提供了从上方观看运动员的出色慢动作的途径。大家一定都看过一些运动画面的回放，如运动员在单杠上的手部动作、吊环上的倒立动作和鞍马上的旋转动作。游泳运动中，泳池侧面和底部的跟拍摄影机也能很好地录制运动员的整个划水动作。这些额外的视觉信息可以极大地帮助评估员对运动员的运动表现进行评估。

刚刚开始在体育领域工作的评估员可能会发现，对运动表现进行精密的观察并不容易。评估员很可能将自己的注意力集中在自己想要给予帮助的部分（或是想要保护自己不被运动员的腿或手臂所击打），而不是对运动员动作的正确性进行判断。体操运动中，注意力的分散是非常危险的。经验丰富的教练和运动科学家可以同时完成这两种工作内容，但是当对较为复杂的运动技术进行观察时，他们必须将注意力集中在对运动员提供协助上。如果评估员刚开始就需要对高风险运动进行观察，则一定要确保运动的安全性，可以请经验丰富的监测员监测运动员动作的安全性，使自己能够安全、顺利地进行观察。如果没有可以提供帮助的监测员，评估员可以使用摄影机录制运动视频，同时为运动员提供必

要的协助。运动完成后，评估员可以与运动员和教练一起对运动员的运动表现进行分析和探讨。

观察运动员的技术表现

评估员做好了观察运动员的运动表现的准备后，就可以让运动员开始热身，并完成整个技术的多次展示，以使自己能够完整地进行观察。观察过程中，评估员不要将注意力集中在技术的某一阶段，即使错误的准备姿势和错误的发力阶段会非常轻易地分散评估员的注意力，而应试着感受运动员的运动节奏、动作顺序和从始至终的身体姿势。评估员在这一阶段的主要任务就是对运动员的运动表现进行全面的观察和感受。

在评估员第1次对完整的运动技术进行观察时，运动员应该以正常的速度展示技术。因为以较慢的速度完成的技术和在正常的速度下完成的技术具有较大的差异。

- 不同速度下完成的技术带来的运动时机、协调性和感受是不同的。当评估员寻找技术错误时，慢速的运动表现并不会给其带来太大的帮助，甚至它们会对评估员的观察产生误导。

- 但减速运动有助于运动员对新动作的学习。

- 当结束了对基础动作的学习后，运动员可以开始增大运动速度。

运动员能够展示完整的运动技术的次数由技术的体能要求决定。需要花费运动员大量时间、注意力和力量完成的技术，如跳水和跳台滑雪运动，通常重复的次数较少。而排球的发球、足球的传球或皮划艇的划水动作往往重复的次数会较多。无论如何，评估员需要对运动表现进行充分的观察，直到对运动员的动作技术了解得十分清晰。评估员想要建立起对类似于跳水和跳台滑雪中的运动员的技术能力的清晰观察，可能需要不止一个训练课时。

在进行观察时，新手的运动表现会在每次重复中存在巨大的差异，而且新手往往会比有经验的运动员更容易感到疲惫。新手可能会出现一些明显的错误，例如在某个阶段漏掉了几个关键因素，甚至是漏掉了整个技术阶段（Buszard et al., 2016）。在总体的观察中，评估员会发现，当运动员的脚部位置出现错误时，常常会在下一刻就纠正过来；新手也许不懂得如何在正确的方向使用较大的力量或转移身体的重量。评估员可能会在完成观察后觉得某些运动员还不如重新学习整个技术。在对新手进行观察时，评估员必须要接受这样的情况。

与新手相比，优秀运动员会出现更少的明显错误。评估员只能在观看慢放的视频时才能注意到他们的一些技术错误，或是在将注意力集中于对某一特定因素的观察上时才能发现其中的错误。也许评估员会发现运动员的视线是不正确的，或是运动员的头部位置出现了偏差，使得运动员的平衡受到了一定的影响。也许评估员还会发现运动员的整体表现很不错，但是在投球或击球动作结尾处的腕部动作还存在着一定的偏差。但是，

优秀运动员可能要经过漫长的训练课时才能将这种看起来十分微小的错误完全去除。需要如此长的时间才能去除的原因是优秀的运动员往往在很多年来都使用着同样的方式进行运动，因此，这种错误的动作已经根深蒂固了。而训练一名新手则完全不同，每个训练课时都可能会为其带来巨大的进步。新手的运动技术就像泥土一样，可以被轻易地塑形，每个训练课时都会使他们的运动表现产生巨大的变化。因此，很多专业的评估员都会乐于与新手合作。评估员在进行观察时，应该注意以下几个内容。

- 评估员在进行观察时，不应该持续不断地向运动员提供建议，这会导致运动员注意力的分散。观察时不要立刻给出评价，只需要在运动员的技术展示完成后对其给出鼓励性的评价。

- 评估员应试着使运动员保持放松的状态，使他们享受评估过程。不要使运动员为了给评估员留下深刻印象而勉强自己，不要给予消极的评价，也不要使用过于松散的态度进行观察以致运动员分散注意力。评估员需要对运动员的能力进行准确的观察，而不是对被紧张或缺失的注意力改变了的表演进行观察。

- 需要注意的是，评估员不要在观察时就记下运动员在运动过程中出现的错误。这种做法不会有任何意义并且会打压运动员的斗志。评估员不应该使运动员感到紧张或有压力。评估员的任务是对运动员的真实表现进行观察。

- 另外，评估员可以在发现运动员的缺点时在心中进行记录，如缺失力量、柔韧性或耐力这些缺点。但要记住，运动员是无法在一次训练课时中就完全改

体育应用

科技创新带来的高质量运动技术

在1976年的因斯布鲁克冬奥会中，高山滑雪冠军弗朗兹·克拉默（Franz Klammer）绝佳的表现震惊了世界。到现在，弗朗兹·克拉默的运动表现仍然被认为是现代滑雪竞赛历史上最为激动人心的表现之一。多年后，弗朗兹·克拉默指出，他的运动表现得益于优秀的教练和运动设备的协助。他还指出，他的成功很大一部分来自他创新的转弯方式。在那时，滑雪运动员们习惯于在转弯时使用雪板的平坦面，而弗朗兹·克拉默却会在转弯时使用雪板的边缘。在转弯开始时，弗朗兹·克拉默的滑行动作较少，因此在结束转弯后，弗朗兹·克拉默的运动速度要高于其他运动员。在因斯布鲁克冬奥会结束后的15年里，弗朗兹·克拉默获得了25次高山滑雪冠军，是高山滑雪项目夺冠最多的运动员。在1975年和1976年，弗朗兹·克拉默连续获得了13个高山滑雪的世界杯冠军，这一纪录到现在仍然没有被打破。

正这些缺点的，就如同运动员无法根据建议快速地增加或减少体重一样。评估员需要对这样的情况加以考虑，并在开始改正运动员的错误时及时修正自己的需求。在另外的训练课时中，评估员可以使运动员对这些需要改正的部分进行改善。

在观察中寻找其他线索

评估员还需要通过观察技巧寻找运动员

知识小结

运动技术的观察

- 在开始观察一种运动技术之前，必须要确保观察过程的安全性。
- 从多个视角进行观察，以获得完整的来自各个方面的信息。以正确的角度进行观察，如果有可能，可以从前方、后方、上方和下方进行观察。
- 在首次对完整的运动技术进行观察时，运动员应该以正常速度展示技术。在不自然的慢速中展示的运动技术和正常速度下的运动技术之间存在巨大的差异。

潜在的关于运动表现的线索。球体的飞行路径、回弹和滚动都来自运动员在运动技术中使用的动作。滑冰运动会在冰上留下痕迹；滑雪运动会在雪上留下痕迹；而助跑、起跳和落地动作也会在地面上留下脚印，这些都是这些运动技术具有的线索。

- 在寻找线索时，评估员要充分使用自己的感官（耳朵和眼睛等）。橄榄球中的助跑或三级跳中重复的跳跃都能体现出运动员的步长和步频。
- 在抛掷运动中，运动员"砰"的一声落地的双脚能说明运动员不良的平衡性和不佳的体重分布。这种重击落地也可以说明三级跳中的跳跃或跨步太大。
- 球棒和球棒在接触球体时发出的噪声也可以帮助评估员区分是直接击球还是擦边球。
- 在排球运动中，噪声过大说明了带球动作或其他错误接触动作的出现。
- 几乎所有运动都会展示出视觉和听觉方面的信号，使评估员能够判断出运动表现的优劣。评估员应该充分使用每一种信息源，不要给自己设限。

第2步：分析各个运动阶段及其关键因素

在完成了对整个技术的多次观察后，评估员就可以开始针对各个阶段和关键因素进行评估了，如第11章所述和图11.5所示。评估员可以通过两种方法完成这一任务：从结果开始向前倒着观察，或是按次序对各个技术阶段进行观察。

从结果开始向前倒着观察

与能力较强的运动员合作时，评估员在纠正他们的技术错误时常常会使用这一方法。评估员首先会对运动技术的最终结果进行观察，接着逐步向前进行观察。例如，一名英式橄榄球运动员想要使球体旋转一定的距离，但该运动员施加了充分的力，却没能使球体发生旋转。因此，评估员需要集中注意力观察运动员的脚部与球体接触的动作（Sinclair et al., 2016），并依照以下问题进行检查。

- 球体是否被正确地传到了运动员的脚上？
- 脚部是否对球体的长轴施力并产生了足以引起旋转动作的转矩？
- 运动员在踢球动作中是否正确地移动了身体？
- 下肢和踢球脚是否能够自由地摆动？运动员是否收紧了腿部肌肉并且忽略

了能够产生鞭打动作的机会？
- 运动员的柔韧性如何？缺乏柔韧性会限制踢球腿的摆动范围，进而降低运动员对球体的施力大小。

另外，如果球体发生了旋转但其运动距离不足，则评估员需要将注意力转移到对其他技术阶段和关键因素的观察上。

在抛掷、踢和击打等技术中，对技术结果的检查可以为评估员提供大量的信息。例如，一名推铅球选手想要使铅球运动较远的距离，但他的推力不足。评估员认为，他的抛掷距离还能增加1.5米。因此，评估员会将注意力集中于对运动员完成滑移运动后的抛掷站姿进行观察。当对抛掷站姿进行检验时，评估员应该思考以下问题。

- 运动员的身体角度是否正确？
- 当滑移动作完成后，运动员的肩部是否面对着赛场的后方？
- 运动员的脚部位置是否正确？
- 运动员的髋部是否转向了抛掷方向？运动员的腿部、臀部和背部肌肉是否在胸部、手臂和手部肌肉之前被使用？图12.3展示了标准的推铅球动作。

在对抛掷站姿进行仔细的检验后，评估员可能会发现运动员的问题出现在最开始的滑移动作中。让运动员采用标准的站式进行抛掷会帮助评估员验证自己的怀疑，由此可

图12.3　标准的推铅球动作

知，运动员的滑移动作对其余的抛掷动作产生了不良影响。当问题确认后，评估员和运动员就可以开始在抛掷的技术阶段对错误进行改正。

按次序对各个技术阶段进行观察

另一种在运动中常用的观察方法是首先对技术的第1个阶段进行观察，接着对第2个阶段、第3个阶段进行观察，以此类推。技术的第1个阶段包括了运动员的准备动作和心理准备。第1个阶段中，评估员需要对多种因素进行观察，如运动员的站姿和重量分布，并记下运动员的头部位置、视线和为接下来的动作集中注意力的方式。

在第2个阶段，运动员会做出准备姿势，检查从一只脚到另一只脚的重量转移情况，图11.4a和图11.4b展示了高尔夫击球动作中合适的身体姿势、体重转移和挥杆前的回摆动作。评估员需要对准备姿势结尾处的器械状态和运动员的身体姿势进行检测，并在心中记下，从而判断运动员是否出现了僵硬的状态，以及是否需要改善自身的柔韧性。

评估员在对发力阶段进行检测时，要注意，在很多运动技术中，这一阶段由以下多个独立的部分构成。

- 跳跃和撑竿跳高中的助跑和起跳。
- 抛掷运动中的助跑、滑移、转动和抛掷。
- 跳板跳水运动中的助跑、跃步、弯曲跳板和起跳。

自由泳运动中，发力阶段可能是手部的推水动作和紧接着的手部和手臂共同完成的距离较长的推拉动作。评估员需要将复杂的发力阶段拆分为多个关键因素，并依次序针对各个因素进行观察评估。

在大部分的运动技术中，跟随动作是重要程度最低的技术阶段。此时运动员已经结束发力，而跟随动作会安全地分散运动员身上留存的动量和动能。但是，评估员仍然需要对跟随动作和跟随动作结束后的运动器材和运动员的状况进行观察：运动员的动作和运动器材的情况可以反映在这之前发生的动作的情况。评估员需要检测篮球的跳投动作或排球的扣球动作的跟随动作中运动员的手臂和手部动作。在这些运动技术中，跟随动作可以展示出运动员对球施加的力或旋转力的大小，以及运动或旋转方向。

在一些运动技术中，运动员在发力阶段因缺失控制力而做出的跟随动作会导致自己违反运动规则。例如，曲棍球运动员可能会将球棍摆动得过高，而排球运动员可能会在扣球或拦截动作结束时碰到球网。因此，不要轻视跟随动作的重要性。评估员应该将跟随动作看作一个重要的技术阶段，这一技术阶段可以向评估员提供关于之前发生的准备姿势和发力阶段的信息。

在循环的重复性技术中，如游泳运动中，跟随动作是一种恢复动作，它们会引导运动员进行下一个发力阶段。评估员需要对这些恢复动作进行检测，判断它们的力学高效性，以确定它们不会浪费运动员的体力。自由泳中可能存在错误的手臂恢复动作，如运动员的手部划过身体中线，这样的错误会产生不良的身体姿势和额外的阻力，并影响接下来的发力阶段的高效性，如图12.4所示。骑行运动员在骑行时需要转动踏板，这说明恰当的踩踏踏板的运动技术为旋转动作，而不仅仅是在向上的过程中有一个向下推的休息间隙。评估员需要检测运动员是否在一只腿向上拉动的同时，另一只腿向下推动踏板。恰当的踩踏踏板的运动技巧是进行循环的重复性动作。

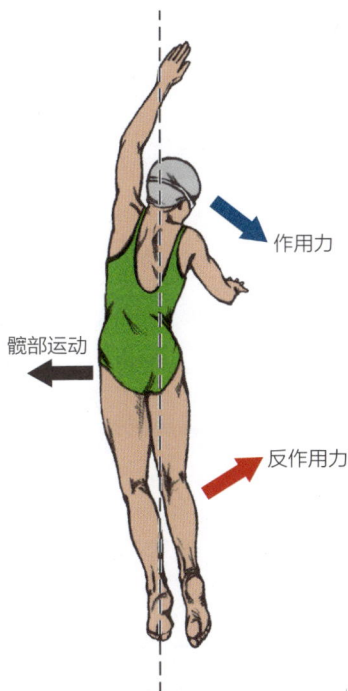

图12.4　手臂的过度伸展和手部划过中线的动作会使运动员的髋部产生反作用力，与运动员的运动方向相反

[源自：E. Maglischo, *Swimming Fastest* (Champaign, IL: Human Kinetics, 2003), 53.]

第3步：在分析中使用运动生物力学知识

在对各个技术阶段（从准备动作和心理准备到跟随动作或恢复动作）和其中的关键因素进行观察时，评估员必须将自己的运动生物力学知识应用到实际中去。评估员需要集中观察运动员在完成动作时或是对抗重力、摩擦力、阻力、空气阻力和对手施加的力时的肌肉发力方式。这样，评估员就可以找出运动员的技术错误。那么，评估员在检测各阶段的关键因素时的搜寻目标是什么呢？

为了更好地完成这个过程，评估员可以记录下运动员的运动表现，比如录制视频等。这样，评估员可以对每个画面进行观察，以

进行更好的分析。评估员可以通过这些信息来了解动作过程，还可以使用这些信息来改善运动员的运动表现。为了完成这一过程，评估员可以询问自己一些重要的问题。

运动员在施力或受力时是否具有充分的稳定性？在施力和受力时，具有伸展的身体姿势和正确的重心位置对运动员来说十分重要。评估员需要确认运动员的重心位置和运动员建立身体支持力的方式。评估员可以询问自己以下问题。

- 支撑面是否向正确的方向延伸？
- 支撑面是否过于狭窄或过于宽阔？
- 运动员是否站得太直，而没有蹲下？
- 重心的位置保持在支撑面中心处时是否与支撑面的边缘过于接近？

如果运动员在将运动器材向某个方向释放后，自己会跟跄着或被推着朝向另一个方向运动，或是会轻易地被对手破坏自身平衡性，就说明运动员的平衡性具有一定的问题，评估员需要检测与运动员的平衡性和稳定性相关的内容。要记住，平衡性与转矩之间的对抗有关。为了保持稳定，运动员可能需要改变双脚的位置和重心的位置来增强杠杆力和转矩（Zemková, 2014）。

在很多运动技术中，运动员必须完成快速的移动和瞬间的反应动作。当运动员接球、守门或向对手的行动做出反应时，他们的目的不是保持最大限度的稳定性，而是保持一定的稳定性，但需要确保自己可以完成朝向各个方向的瞬间运动。第8章对这些原理进行了详细的介绍。

另外，评估员需要确认运动员在技术的发力阶段的支撑面的大小和位置以及重心的位置。不恰当的支撑面不仅会使运动员缺失稳定性，还会降低运动员的施力距离和时间。

运动员是否使用了技术能够用到的全部

肌肉？运动员没有使用全部的可用肌肉和技术所需的肌肉进行发力时，会得到较差的运动表现。这种做法听起来似乎非常奇怪。毕竟，如果可以使用腿部肌群或是其他的肌群来帮助改善运动表现，为什么不用呢？如果运动技术需要运动员使用腿部、胸部和手臂的肌肉，但运动员仅使用了胸部和手臂的肌肉，那么运动员在该运动技术中的表现就会低于理想水平。评估员如何才能判断出运动员是否使用了运动技术所需的所有肌肉呢？通常情况下，这个问题的答案非常简单。因为在动态的运动技术中，肌肉的收缩产生了动作。如果运动员的四肢或其他某个身体部位发生了移动，评估员就会知道相应的肌肉

发生了收缩。以下为具体示例。

- 当一个小孩子首次抛掷一个球时，他往往会保持静止的站立姿势，双脚合并，仅使用手臂完成抛掷。此时，这个小孩子并没有使用抛掷所需的全部肌肉。

- 这个小孩子不会撤回完成抛掷动作的手臂，也不会将肩部向抛掷方向的相反方向旋转。

- 在抛掷动作的发力阶段，这个小孩子的腿部肌肉和躯干肌肉都没有对抛掷动作产生帮助。

- 这样的错误不仅会出现在小孩子身上，成年人也常常会出现这样的错误。

──体育应用──

世界纪录级别的运动表现所需的正确的运动技术

运动员和运动领域的专业人士面临的一个共同的困境是如何判断出完美的运动表现需要的正确运动技术。这样的运动技术应该以现有的世界纪录保持者为标准，还是应该考虑其他的标准呢？年轻运动员、教练和运动科学家们常常会陷入一种误区，他们会修改自己的运动技术，并模仿现有的世界纪录保持者的运动技术。虽然运动员需要观察优秀运动员的表现，但是他们真正需要做的是把这些运动技术拆分为不同的力学因素。因此，运动员需要找出适合自身的运动技术。

在2016年的里约热内卢奥运会上，31岁的迈克尔·费尔普斯（Michael Phelps）在退休后重新回归并赢得了他在5次奥运会中的第19枚运动金牌。他的很多竞赛成绩都打破了世界纪录。详细的分析显示，迈克尔·费尔普斯的身高和体重与其他游泳运动员并没有太大差别，但是人体测量分析结果显示，他的上肢要略长于下肢。难道这就是迈克尔·费尔普斯的秘密武器吗？运动员们应该对这样的"技术"进行模仿吗？回看2004年雅典奥运会和2000年悉尼奥运会，我们会发现，兰·索普（Ian Thorpe）赢得了5枚奥运金牌。他的身高和体重也与其他游泳运动员相似，但是他有着更大的脚。这是兰·索普的秘密武器吗？运动员们又该如何模仿这个"技术"呢？

改变运动员的生理特质是不现实的，运动员们需要了解的是，是否存在一些有助于提升运动表现的因素。迈克尔·费尔普斯与众不同的一点是他的竞赛策略，他的划水频率和划水长度与之前的世界纪录级别的运动员有所不同，包括兰·索普和彼得·范·登·霍根班德（Pieter van den Hoogenband）。那么，什么才是正确的运动技术呢？这是教练需要思考的问题。问题的答案由每名运动员的生理特质决定。

优秀的运动员总是会使用运动技术所需的全部肌群来完成技术。优秀的划船运动员会确保自己的腿部、背部、肩部和手臂的肌肉共同完成划水动作。速度极快的滑冰运动员会确保他们的腿部肌肉可以很好地为他们在冰上的运动发力，而使手臂和肩部完成动作的肌肉也在配合着腿部肌肉。试想，如果速滑运动员无法准确地使用股四头肌来伸展双腿，或双臂在滑冰时垂直向下但没有用力地前后摆动，那么他们的运动表现将会很糟糕。同样的原理可以应用到所有运动技术中。运动员需要确保自己的肌肉能够帮助自己完成应该完成的动作。运动员的肌肉可以被看作拔河竞赛中的一个团队，团队中的每一个成员都应该为拔河付出努力。

运动员是否在以正确的次序使用肌肉发力？如果一名世界冠军级的举重运动员完成了一个挺举动作，评估员仔细地对这一挺举动作（运动员将杠铃拉至胸前）中的关键因素进行了观察，会发现运动员的腿部、背部、肩部和手臂的肌肉几乎是同时发生了收缩。腿部的伸展、背部的伸展、手臂的强拉这些动作紧密相连（McKean and Burkett, 2010）。

但是，如果评估员对投手投出快球时的发力阶段的关键因素进行观察，将会看到一组定义明确的动作，这一动作涉及的范围从使运动员身体加速运动的大块肌肉和较大的身体部位，到完成高速运动的较小、较轻的身体部位（抛掷手臂和抛掷手）。所有的优秀投手都会在向后撤回抛掷手臂和向后转动肩部时向前迈步。当他们做出投球站姿时，他们的身体会以类似鞭打动作一样的次序向击球员的方向旋转。这一动作由双腿开始，接着是髋部、胸部，最后为抛掷手臂的紧急加速动作。投手的身体仿佛是被猛烈抽动的鞭子，而抓住棒球的手则是鞭子的把手。排球

扣球或网球的发球也会使用类似的动作次序。

挺举中的动作和棒球投球中的动作之间的对比展示了运动员肌肉收缩次序中的两种极端。

- 评估员在对运动员的运动表现中的各个阶段进行观察时，需要确保运动员的四肢以正确的次序完成动作。
- 如果动作次序正确，评估员则可以得知肌肉的收缩次序是正确的。
- 很多运动员在抛掷和击打技术中会出现的一个共同错误是在腿部和躯干的大块肌肉还没有完成动作时就开始使用肩部和抛掷手臂的小块肌肉。
- 这就导致大块肌肉永远不会使身体较重的部分在较轻的部分之前移动。如果无法对鞭子的把手进行加速，是无法成功地挥动鞭子的。

知识小结
改正运动技术的运动生物力学

- 对运动员的运动技术分析包括了对运动员动作的力学效率的分析，以及对运动员对抗重量、摩擦力、阻力、空气阻力和来自对手的力的方式的分析。
- 在一些运动技术中，发力阶段中的控制力不足会产生违反体育规则的跟随动作。
- 在循环的重复性技术中，跟随动作是一种恢复动作，它将引导运动员开始下一轮的发力阶段。
- 更重要的是运动员使用正确的次序来完成肌肉的发力。

运动员的肌肉发力的大小、时间和距离是否合适？这一问题与第5章讲解过的冲量有关。冲量不仅与运动员的发力大小有关，还与运动员的发力时间有关。

如果运动员以正确的时间施加了正确的力，运动员的四肢会以所需的速度完成所需的运动。这时，所有的肌肉收缩都按照正确的次序进行，运动员的动作流畅、平滑，具有韵律感和良好的协调性。当运动员任意且混乱地完成施力时（这正是新手常常会犯的错误），他们的动作会变得不平稳。这正是经过良好练习的运动技术与练习不足的运动技术之间的差别。

练习可以帮助运动员了解运动技术需要各个肌肉部位施力的大小。练习过程中，很多运动员的施力会在错误的时间发生，并且施加的力往往会过大或过小，因此他们的运动动作看起来十分不平稳。评估员可以通过提供关于动作所需的运动速度和运动节奏的建议来帮助运动员改正这一情况。评估员还可以将运动生物力学知识转化为能让运动员产生共鸣的语言来提供建议，如"完成较长较慢的迈步，在脚部触地的一瞬间，向抛掷方向推动髋部"或是"在起跳时伸展身体，将双臂尽可能快地向上摆动"。

要注意，在力学角度上正确的事情并不一定在解剖学角度上也具有可行性。也就是说，力学原理必须与运动员的身体条件相匹配。比如，即使是在需要以最大速度完成击球的击打技术，或是在需要以最大速度完成起跳的跳跃技术中，运动员也无法在最长的时间内施加最大的力。在这些技术中，好的运动技术是在运动开始前微微弯曲四肢，以及在击球和起跳中的肌肉收缩时完全伸展四肢。在对高尔夫击球动作、棒球击打动作、网球发球动作和田径抛掷动作发力阶段的最终关键因素进行观察时，评估员应该寻找这样的动作。

在需要较高准确度的运动技术中，如网球的截击或壁球的扣球，运动员应该在特定的范围内施加控制力。过大的力或过大的动作范围都会破坏技术目的。例如，截击动作会把网球击向场外；同样，壁球会出现过高的回弹，使对手可以轻易地完成接球动作。

没有人指望新手能够像优秀运动员那样产生同样的力量。同样，新手也无法具有像优秀运动员一样的身体姿势、施力时间和距离。在观察新手的运动表现时，评估员应该具有宽容的心态。在受限的动作范围内施加较小的力并不能算是一种技术错误，只能算是一个发展阶段。当运动员的力量、柔韧性、耐力和协调能力有提高后，更大的力和更大的动作范围会随之而来。评估员需要在判断和改正错误时给运动员提供良好的反馈，帮助运动员修正动作，以使运动员更好地成长。

运动员是否在向正确的方向施力？ 这个问题看似不值一提，但是却非常重要，尤其是在技术的发力阶段。优秀的短跑运动员会轮流使用两条腿的推力来使自己获得最大的冲刺速度。每条腿的推力方向会为这些优秀的运动员提供每次迈步时所需的确切的垂直和水平的推力。这样的结果就是使优秀的运动员得到理想的向前推力。当短跑运动员的腿部推力指向两侧，或他的手臂穿过身体向两侧摆动而不是向前后摆动时，评估员可以轻易地看出他的运动技术存在着巨大的问题。在短跑运动中的发力阶段，这样的情况说明了运动员对力量的浪费以及施力方向的错误。

评估员在对运动技术的表现进行分析时，会发现经验不足的运动员往往会朝着多个方向施力，他们施加的很多肌肉力量对于改善运动表现来说并没有任何作用。

还要注意经验不足的运动员是否虽在使用身体的某一部分向正确的方向施加推力，但却在使用另一部分向错误的方向施力。经验不足的高山滑雪运动员常常会出现这一问题。

年轻的推铅球运动员常常会抱怨推铅球动作会导致他们的手指后弯。评估员如果仔细地对他们在抛掷动作中的手臂动作进行观察，会发现出现这一情况往往是由于他们没有在铅球的重心正后方施加推力。由于推力朝向其他方向，因此铅球会使他们的手指后弯。

同样，一名掷链球运动员或掷铁饼运动员，如果在现场旋转而不是穿过环，或者在释放工具时从环的侧面掉下来，则说明他们也存在着向错误的方向施力的问题。

向错误的方向施力会使体操运动员、跳水运动员和花样滑冰运动员在起跳时的旋转力不足；使需要使用球杆、球棒和球拍的运动员把球打歪；使需要进行踢击的运动员将球踢歪；使游泳运动员出现推力不佳的现象。

运动员是否正确地完成了转矩与动量的转化？很多运动技术都需要运动员产生和控制转矩。转矩会作用在运动员的身体上、对手的身体上和运动器材上。为了产生转矩，运动员必须施加旋转力。所需的旋转程度越大，运动员需要产生的转矩就越大。在分析中，评估员需要确认运动员的施力大小以及施力点与旋转轴之间的距离。

- 柔道运动中，评估员需要观察运动员钩腰的旋转轴和施力点。
- 游泳动作中，评估员需要观察运动员施加的转矩是否被转化成了运动表现（Dingley et al., 2015）。
- 观察运动员是否足够强壮到可以施加巨大的力。如果答案是否定的，那么是否有办法增长力臂（施力点与旋转轴之间的距离）。因为力臂越长，运动员需要产生的力就越小。

在体操、跳水和花样滑冰运动中，运动员能够完成的旋转数量由他们在起跳时能够产生的转矩和能够转化的动量决定。动量主要来自手臂和腿部的动作，它会在运动员起跳时被转化至整个身体。想要完成三周旋转但实际只能完成两周旋转的滑冰运动员可能会说："我可能没有产生足够的旋转力。"在评估员对他的起跳进行分析后，却发现事实并非如此。评估员需要确认运动员的手臂和自由腿的动作是否对旋转动作具有充分的作用。评估员可能会觉得运动员在起跳时施加了充足的转矩，但是事实上这一转矩并不充足。评估员的分析可能会显示，运动员在启动时向上的推力不足，运动员的手臂和自由腿没有完成所需的摆动，因此它们没有对运动员提供足够的向上的动量。

运动员是否会通过降低转动阻力来增加转动速度或是增加转动阻力来降低转动速度？如果某一运动技术需要运动员更快地进行旋转、转向或摆动四肢，则运动员必须降低转动阻力（旋转惯性）。他们可以通过将身体拉近至旋转轴来达到这一目的。运动技术的需要决定了这一姿势的紧密度。

- 在肘关节处弯曲的手臂有助于使短跑运动员和速滑运动员产生速度更快、效率更高的手臂摆动。
- 在绕身体矢状轴旋转时，体操运动员紧密的卷曲姿势和花样滑冰运动员压缩的身体姿势有助于产生其所需数量的旋转。
- 伸展的身体姿势有助于降低旋转速度。评估员需观察运动员是否因为柔韧性不足或缺失肌肉力量而产生了不够紧密的卷曲姿势，或引起了技术时机的错误。
- 评估员通过对技术各阶段和关键因素的分析可以找到问题的根源。

要记住，当运动员旋转和伸展手臂时，身体的运动速度会变慢，但手臂和手部的运动速度会变快。如果运动员的手中拿着球棒或球拍，则这些器材的顶部会运动得更快。

很多运动技术（尤其是在击打或释放动作中）都需要将运动员的髋部和肩部的旋转与手臂的完全伸展相结合。例如，网球运动中的发球动作和高尔夫球运动中的击球动作需要运动员在击打球体时完全伸展手臂。掷铁饼运动员必须在距离身体尽可能远的位置释放铁饼。在分析时，评估员需要注意运动员在释放和击打时的身体伸展程度和在技术阶段早期身体姿势的弯曲程度和收紧程度。

第4步：选择需要改正的错误

在对各个阶段和其中的关键因素进行分析后，评估员要选择需要改正的错误。和所有在体育领域工作的、富有热情的专业人士一样，评估员也想在第1个训练课时内就改正运动员的所有错误。但评估员面临的困难是，经验不足的运动员会有多种技术错误，包括主要错误和次要错误。那么，什么是主要错误，什么是次要错误呢？

- 主要错误是本章的第3步中介绍的关键因素的缺失或不佳的表现。这样的错误会破坏运动员的稳定性，不利于运动员对肌肉力量的合理使用。
- 次要错误仅会使运动技术的表现产生部分偏差。例如：高尔夫球运动中，在挥杆时能增加摆动程度的后摆动作；投掷运动中，出手时应将手臂向更远处伸展；跳跃运动中，起跳时应更用力地摆动手臂。
- 对于优秀的运动员来说，这样的次要错误正是区分优秀表现和世界纪录级表现的关键。对于新手运动员来说，这样的次要错误可以先放在一边，他们首先需要改正主要错误。

如图11.5所示，运动表现中的一些因素

是可以被修改或改正的，如起跳角度、身体姿势。但有一些因素是不可更改的，如四肢长度或体育器材的性质（如铁饼的重量）。在选择错误进行改正时的潜在规则是选择能够被修改的因素。

下一步与基础因素，或者说活动的核心有关。对于这一部分的修正会自然而然地使技术的其他部分随之发生改变。以下为部分例子。

- 站姿（支撑面）。
- 握姿（对物体或对地面）。
- 初始动作（用于使自身保持稳定或向所需方向移动）。

表11.1所示的技术检验表可以指导评估员选择下一组需要处理的错误。

选择错误时的一个简单方法是忽略次要错误并挑选主要错误。评估员挑选出主要错误后，可以从中选择负面影响最大的错误并首先对其进行处理。

如果评估员仍然无法完成对错误的选择，则可以从运动员的站姿和身体姿势上的主要错误开始，尤其是准备动作和发力阶段的站姿。对准备动作的站姿进行更正后，就可以转移至发力阶段。因为运动员只有在站姿和身体姿势正确的情况下才能正确地完成施力。在抛掷、击打以及接触性运动中，不良的身体姿势和平衡性的缺失会毁掉一切。一个不正确的站姿会破坏高尔夫球运动中的击球动作，而一个不正确的身体姿势会破坏摔跤运动员的进攻。游泳运动中，运动员在水中若没有将身体放平，则会产生巨大的阻力。放低头部并改善脚部动作可以改正这一错误。当下垂的双腿升至水平位置后，游泳运动员的运动速度会是惊人的。

第5步：选择改正错误的合适方法

这是完成运动生物力学应用、使用传统

的教学和训练方式来改进运动技术的最后一步。技术表现中的错误具有不同的复杂性。在最为复杂的情况中，技术错误可能是跳水运动员在完成翻转和转体的混合动作时，腾空过程中的手臂运动的次序错误。在最为简单的情况中，技术错误可能是新手在抛掷垒球时迈出了错误的腿。评估员在对一名跳水运动员进行评估时，可以选择讨论、视频分析或在泳池边示范正确的手臂动作等方式对运动员的错误进行纠正。如果运动员使用的泳池带有高科技设备，如按下某个键就可以使水体充满气泡，那么就可以在确保运动员安全的情况下仅针对手臂动作进行训练。评估员还可能会使运动员在蹦床运动中带上定位装置，重复地加强正确的手臂动作训练。但是，当运动员处于空中时，评估员无法提供手把手的协助，而运动员也无法放慢自己的动作。

评估员在改善篮球运动中的带球上篮或游泳运动中的出发动作时，也可以使用同样的方式。显而易见，训练新手抛掷壁球的动作是较为简单的。评估员可以将运动生物力学知识转化为如下语言："在收回手臂时，使左腿向前迈，右肩向后转。"评估员甚至可以直接将新手的四肢移动至正确位置。对于在空中的跳水运动员或在水中的游泳运动员来说，这样的方式是不现实的。以下是改正错误时的几个建议。

- 首先，在训练高风险技术时，要确保安全性。
- 其次，在进行错误改正时，要按部就班。
- 接着，必须与运动员沟通。
- 最后，应该利用外部资源来协助完成对错误的改正。

在训练高风险技术时，要确保安全性

在选择合适的改正错误的方式时一定要确保安全性。前面提到，在很多技术中，运动员无法中途停止来重新思考动作。这些技术通常包括腾空动作，因此具有较高的风险。体操运动的地面训练中的直体后空翻就是这样的技术。在处理这一类运动技术时，应该使用以下次序。

1. 使用监测员来将安全性最大化。这种预防还可以包括使用上方监督机械、安全带、缓冲垫、充满泡沫胶的池子或者可以完全保护运动员的特殊装备。这样，运动员可以在没有危险的情况下展示所需动作。

2. 在进行复杂的任务前，从基础的熟练技术开始纠正。在处理极度复杂的技术时，可以回归到带有需要改正的因素的熟悉技术上。使用熟悉的技术来加强对错误的改正。

3. 渐渐地撤掉监测员。当运动员熟悉技术后，可以逐渐撤掉监测员和其他的特殊设备。

在进行错误改正时，要按部就班

由于运动技术之间各不相同，其中的错误也是多种多样的，没有一种方法可以改正所有的错误。但是，在大部分情况中，评估员可以使用以下按步骤进行的改正方法。

1. 将带有错误的技术阶段与其他阶段分开（如果有可能）。将带有错误的这一阶段和其中的关键因素作为单独的运动技术来看待。

2. 将这一阶段和它包含的关键因素拆分为更小的部分。比如，如果错误是脚部动作和手臂动作的不协调，就可以先针对脚部动作进行训练，接着再针对手臂动作进行训练，最后将二者合并在一起。评估员可以采用口头数数或打节拍的方式来协助运动员完成训练。

3. 设计一个练习或特殊的活动来完成错误纠正训练。这个练习应该较为简单，最好比较新奇有趣。最重要的是，评估员应该使用具有创意的、灵活的训练方式。如果评估员设计的练习活动对于纠正错误来说没有帮助，则需要对其进行改变。同时需要注意的是，对某个运动员有效的练习不一定对其他运动员有效。

4. 慢慢地展示新动作。评估员需要向运动员介绍训练所需的身体姿势，并在任何有需要的地方暂停，采用口头数数的方式来保持运动的节奏。然后慢慢地加快运动速度。如果速度的增加再次带来了错误，则要时刻准备着重复这一步的训练。

5. 试着低速完成运动技术。当运动员对错误的动作进行改正后，就可以将动作放到整个技术阶段中去，再对运动员的运动表现进行观察。如果评估员对结果满意，就可以在带有已改正动作的技术阶段的前后增添其他技术阶段，观察运动员对新动作的完成情况。如果问题仍然存在，则需要重复以上步骤。

6. 逐渐提高改正的速度和力量。评估员能够用于与运动员合作的时间也会大大地影响错误的改正。评估员能够与运动员进行一个长达几个月或一年的训练项目，还是仅能使用赛前的3周至6周来进行训练呢？时间限制会影响评估员对错误的选择和对改正错误的方式的选择。运动员可能会发现，自己唯一能做的是改正一些次要错误，因为对主要错误的改正会导致自身出现不良的运动表现，这样的表现不能出现在竞赛中。当运动员需要在运动过程中对自己的动作加以思考时，就会使运动表现变差。正确的动作应该成为运动员的一种本能和下意识的反应。

与运动员沟通

试图改正错误时，如何向运动员传达改正错误的想法决定了评估员能否获得较大的成功。避免使用不必要的技术术语，不要让年轻的运动员感到困惑。评估员需要将自己

的力学知识转化为适合运动员年龄、智力和体能的指示。有一些运动员会对运动背后的力学原理感兴趣。类似"在接触球体时向前推，这将帮助你施加更多的力"这样的句子就很好，因为这样的句子用易于理解的语言指出了身体姿势背后的力学原理。

但是对于其他运动员来说，关于角动量、动量的传递、动能和旋转惯性的讲解是没有任何意义的。和一般人一样，运动员也是各不相同的，他们会根据指示做出不同的反应，给出简洁易懂、直击重点的指示才是最重要的（Camiré and Trudel, 2014）。没有运动员愿意站在原地听体育工作人员没完没了地谈论什么是可以做的或什么是应该做的。

此外，在改正错误的过程中，评估员应该保持积极的态度并且对运动员的努力和正确的表现进行赞扬。评估员的目标是帮助运动员度过这段自我怀疑的困难时期。运动员所取得的进步取决于所进行的练习数量、所需动作的复杂性以及将改正后的动作塑造成整体技能所需的时间。

知识小结
改正错误的次序和过程
- 改正错误时，评估员应该把自身的运动生物力学知识转化为运动员能直接理解的语言。
- 对于一名优秀的运动员来说，一些次要错误就能决定自己是获得一个好成绩还是取得一项世界纪录。对于新手来说，次要错误则并不像基本的主要错误那么重要。
- 运动中的一些因素可以被修改或改正，如起跳角度、身体姿势，而其他一些因素（如肢体长度）则不能被修改。因此，在确定要处理哪些错误时，潜在的基本规则是关注那些可以进行修改的错误。

利用外部资源来协助完成对错误的改正

很少有体育运动员会像健美运动员那样使用镜子。镜子除了能为健美运动员提供持续的审美评估外，还能为他们如何进行锻炼提供即时的视觉反馈。在大多数高度动态的运动中，与使用镜子这一方法最相似的方法是立即回放视频。视频可以告诉运动员："这就是你看起来的样子。"但无论是视频还是镜子，都无法展示运动员在运动时的感觉。

运动员是唯一能真正感受到自己的运动的人。作为一名观察和评估这项技术的体育专业人士，评估员无法感受到运动员的感受，尽管他可以向运动员描述运动时应该是什么感觉。要提供这类信息，评估员需要具有相当丰富的经验，首先是作为一名运动员的经验，其次是作为一名体育专业人士的经验。

有时候，评估员会对"在那个时候你对这个技术有什么感觉？"这一问题的回答感到惊讶。许多新手不知道自己在动作过程中发生了什么。当完成一项技术时，他们完全无法感知四肢的位置。而优秀的运动员则有所不同，他们中的大多数人具有发达的本体感觉，并且能够感知身体在运动表现中的行为。评估员需要训练年轻的运动员建立起这种感官意识。这种信息来源对于运动员掌握运动技术来说非常宝贵。

此外，评估员必须从多种渠道收集信息，以扩展专业知识。在分析和技术的改正方面，评估员应该做好以下准备。

- 调查研究。阅读相关的运动文章，这些文章中包括了成功的教学方法和改正错误的技巧。好的文章还包括了关于准备工作和教学过程的插图。高质量的文章中包括了运动技术中的常见错误的列表，并附有改正它们的方法。评估员还要注意文章中的安全建议，它不仅针对个人运动，也包括集体运动。这一点在教授高风险技术时尤为重要。
- 参加教学研讨会和体育科学研讨会。在这里，评估员可以听经验丰富的教练和在本领域做研究的运动科学家的演讲，还可以和了解最新教练技巧的教练讨论运动中可能会出现的问题。加入当地和国家级的教练协会或体育科学协会，这样评估员就能定期收到最新的时事信息。

体育应用

不同的体育运动是否可以使用相同的改正错误的方法

一个物体，比如划船的桨叶，在流体中运动时会产生升力的说法在运动科学界存在着争议。许多研究对各种运动器械（如桨叶）和人手（用于游泳）进行了建模，试图确定它们在流体中运动时产生的力的类型和数量。经过飞机机翼的气流使飞机能够飞行是一个成熟的理论，而人们开始猜测这一理论是否也可以用于划船等运动中。例如，当桨叶在水中运动时，水的流动是湍流的还是层流的？（因为流动的类型会影响升力和阻力的合力）在应用运动生物力学中，更好的方法也许就是接受升力原理的存在（因为这个力学原理已经得到证实），并把注意力集中在升力对运动员推力的贡献上。一名专业的运动员可以通过改变运动器材（或手）的攻角，来观察不同的推力结果。要记住，只需要在攻角上做很小的调整，这些变化就可以极大地改变物体周围和上方的流体流动。

- 了解现有的科学技术。视频和计算机技术可以使评估员以极慢的速度观察运动员的运动表现，并且可以在同一个屏幕上播放优秀运动员和新手的不同运动表现。如果想要查看技术上的差异，这种方法是非常有用的。计算机在VR方面的进步为评估员和运动员提供了一种"视觉上的真实"的方法，使他们可以在保持静止的同时体验运动技术的全过程。以前，高山滑雪运动员和雪橇运动员会闭上眼睛，想象自己驾驶着雪橇穿过弯道和直道。有了VR技术，运动员可以戴上一顶特殊设计的头盔进行体验。头盔可以提供三维图像，其中包含了赛道上存在的弯曲、扭转和直线。在使用时，计算机还可以根据温度和其他天气条件计算出运动员的最佳路线。

- 观察其他运动。阅读更多的相关书籍并拓展自己的运动生物力学知识；对其他运动也要抱有兴趣，这样才会让自己成为运动领域的专家。

本章小结

- 观察、分析和改正运动技术中的错误需要完成以下5个步骤：a. 观察完整的运动技术；b. 分析各个运动阶段及其关键因素；c. 在分析中使用运动生物力学知识；d. 选择需要改正的错误；e. 选择改正错误的合适方法。

- 进行观察时要确保安全性。避免选择会使评估员和运动员分心的环境。

- 使用类似于视频录制的方法来协助分析和向运动员提供反馈。

- 使用全部感官（眼睛、耳朵等）来寻找运动中的线索。

- 监督时，将注意力集中于保护运动员的安全，而不要集中于对技术进行分析。

- 在对运动员的表现有了整体的印象后，就可以开始对各个阶段和其中的关键因素进行分析了。

- 使用运动生物力学知识来分析运动表现，并询问自己一些力学问题（如运动员在施力和受力时是否具有最大的稳定性）。

- 创建图表，显示运动表现的需要。

- 将运动表现中的错误分为主要错误和次要错误。主要错误会严重地影响运动表现，而次要错误对运动表现仅有微小的影响。遵照本章给出的次序来改正错误。

- 在改正高风险的技术错误时要确保安全。

- 在改错过程中保持积极的态度，避免使用不必要的技术术语。

- 让运动员发展感官意识，帮助他们改正错误。

- 知道自己能够用于改正错误的时间，不要试着在时间有限的情况下改正主要错误。

- 参加教学研讨会并阅读自身体育领域的相关文章，获取优秀的教学方式和改正错误时能够使用的科学技术的最新信息。了解计算机和视频等有助于教学的技术的最新发展。扩展运动生物力学知识，不仅是在自己的运动领域，还要对其他运动加以了解。

关键术语

反馈

关键因素

观察

阶段

次序

参考文献

Buszard, T., M. Reid, R. Masters, and D. Farrow. 2016. "Scaling the Equipment and Play Area in Children's Sport to Improve Motor Skill Acquisition: A Systematic Review." *Sports Medicine* 46(6): 829–843.

Camiré, M., and P. Trudel. 2014. "Helping Youth Sport Coaches Integrate Psychological Skills in Their Coaching Practice." *Qualitative Research in Sport, Exercise and Health* 6(4): 617–634.

Dingley, A. A., D. B. Pyne, J. Youngson, and B. Burkett. 2015. "Effectiveness of a Dry–Land Resistance Training Program on Strength, Power, and Swimming Performance in Paralympic Swimmers." *Journal of Strength and Conditioning Research* 29(3): 619–626.

McKean, M. R., and B. Burkett. 2010. "The Relationship Between Joint Range of Motion, Muscular Strength, and Race Time for Sub–Elite Flat Water Kayakers." *Journal of Science and Medicine in Sport* 13(5): 537–542.

Sinclair, J., P. J. Taylor, S. Atkins, and S. J. Hobbs. 2016. "Biomechanical Predictors of Ball Velocity During Punt Kicking in Elite Rugby League Kickers." *International Journal of Sports Science and Coaching* 11(3): 356–364.

Zemková, E. 2014. "Sport–Specific Balance." *Sports Medicine* 44(5): 579–590.

第 13 章

部分运动技术介绍

本章将对以下知识进行介绍
- 如何将运动生物力学原理应用到常见的体育项目中去。
- 如何将运动生物力学知识转化为运动技术。
- 如何将运动拆分为几个重要的阶段。
- 如何判断运动需要的关键因素。

本章将对一些运动技术进行分析，以说明运动技术和运动生物力学的不可分割性。读者将会在下文中对前面讲解过的运动生物力学原理进行复习。本章以应用为基础，综合了运动生物力学的基础原理和核心运动项目。这些原理和项目可以被分为4个主题。

- 运动员的运动（短跑、跳跃和轮椅运动）。
- 有运动器材参与的运动（投掷、击打和挥拍、摆动和旋转）。
- 对抗运动（举重、格斗摔技和橄榄球抢断）。

- 流体中的运动（游泳、踢球、划船）。

下面将对这12种运动技术和力学原理进行介绍。表13.1列出了本章将会提到的运动技术和选择它们的原因。

本章将对这些运动技术进行详细的讲解。在相应表中的"运动技巧"一栏，描述了运动技术的重要技巧，也就是运动员在完成各种运动时应该做的动作形式。在"力学原理"一栏，介绍了与运动技巧相关的力学原理，是对运动技术和技术各阶段的力学原理的介绍。

这些分析并没有包括现存的所有运动技

表13.1 选择这12种运动技术的原因

运动技术	原因
运动员的运动	
短跑	短跑是最具动态和最有力的跑步技术。走路、中距离跑步、长跑的力学原理与短跑的力学原理相似，但短跑所需的施力最大
跳跃	在跳高运动中控制运动员向上跳起的力学原理也可以被应用到其他跳跃技术中（如排球的扣球、篮球的带球上篮和橄榄球的跳跃接球）。一旦跃至空中，所有运动员应用的力学原理都和跳高运动员应用的力学原理一致
轮椅运动	对于残疾运动员来说，轮椅是一种常见的辅助性设备，能够帮助他们完成运动。如轮椅网球运动需要运动员产生较快的加速度并保持自身与运动设备之间的协调性
有运动器材参与的运动	
投掷	投掷距离的最大化需要运动员进行尽可能快的角向旋转，将投掷的手尽可能快地移动。投掷技术需要运动员具有高效的动力链
击打和挥拍	为了有效地击打物体或挥拍，运动员需要尽可能快地转动运动器材。这一动作需要将角速度最大化，也就是需要高效的杠杆应用。对于击打和挥拍技术来说，运动员需要试着模仿鞭打动作，使用四肢来使摆动的器材获得最大的速度
摆动和旋转	大部分的摆动和旋转技术都在体操运动中发生。例如，一名体操运动员在单杠上的背部翻转动作就是绕单杠完成的旋转摆动动作，单杠就是运动员的外部旋转轴。与之相反的是，前空翻动作的旋转轴位于运动员两髋之间的直线上。这两种技术的力学原理既有相同之处也有不同之处。为了产生和控制摆动和旋转动作，运动员必须改变回转半径的长度来影响角向旋转

续表

运动技术	原因
对抗运动	
举重	在举重运动中，挺身动作是一种抬起物体的拉力动作，而举起动作是一种推力动作。保持和支撑动作会在运动员将杠铃拉至胸前和举至头顶的暂停阶段出现。挺举动作包括的力学原理同样可以应用到所有需要抬起和保持的动作中。控制稳定性的原理也在挺举动作中具有重要的作用
格斗摔技	格斗需要运动员保持自身稳定性并对抗对手。当运动员试着保持自身稳定性且同时破坏对手的稳定性时，二者会发生基础的力学对抗。前翻、前空翻和挺举等动作涉及的关于稳定性的力学原理同样出现在了柔道活动的钩腰动作中
橄榄球抢断	一个有效的橄榄球抢断需要运动员产生稳定的支撑面。抢断动作中，运动员的重心线和支撑面是非常重要的，正如在举重运动和柔道运动中一样
流体中的运动	
游泳	自由泳是最常见的也是最快速的游泳方式。自由泳中使用的阻力和升力的力学原理同样可以应用到其他游泳方式中，同样也包括水球运动和花样游泳运动
踢球	为了推动球体在空中运动，运动员必须在脚部与球体接触时产生最大的速度。在将球体踢出后，球体将会进行抛物线运动，其他物体也是如此（如被抛出去的铁饼或标枪）
划船	水会为运动员带来较大的阻力，尤其是对那些使用了运动器材的高速运动来说，如划船或皮划艇

术，也不会满足所有运动领域专业人士的需求。但是，本书已经尝试着包含尽可能多的且代表了核心运动技术的运动项目。如果这些复习内容能够向读者展示运动技术与运动生物力学之间的联系，以及基础运动生物力学对运动技术训练的重要性，那么本书的目的就达到了。

在阅读以下内容时，读者应该注意在各个技术中不断重复出现的力学原理，注意与转矩、运动员在加速运动中与惯性的对抗、运动员对冲量的使用等相关的力学原理。无论是哪一种运动技术，这些力学原理和其他一些原理都会经常出现。理解并记住这些原理，同时也要了解它们对于运动员运动表现的影响。这一过程可以帮助读者在运动领域中获得较强的专业性。

短跑

图13.1是短跑中迈步的侧视图。表13.2

是短跑的技巧和力学原理。短跑的特点如下。

- 短跑中的关键阶段是腾空阶段和站立阶段。作为一个持续的循环动作，这些阶段会不断重复。站立阶段和腾空阶段所用的时间会随着短跑速度的不同而发生改变，例如，较快的跑步速度会增加腾空时间。

- 运动员跑完一定距离的时间由运动员的步长和步频决定。运动员的腿长和每次向前踏步的推力决定了步长。向前踏步的推力是运动员向后推动地面的力的反作用力。步频是运动员的运动频率（每秒完成的迈步数量）。

- 跑步运动员的运动技巧会随着运动员跑步速度的增加而改变。比起长跑运动员，短跑运动员腾空的时间更长。另外，他们会更有力地弯曲和挥动手臂。短跑运动员还会将膝盖抬得更高，具有

图13.1 短跑中的迈步侧视图

更大的腿部推力和更加弯曲的腿部。长跑运动员会较少地使用手臂动作，但是会更大程度地摆动肩部。跑步距离越长，运动员对于心血管耐力和跑步节奏的依赖性就越强。优秀的跑步运动员在跑步时都会尽量使身体与地面垂直并略微向前倾斜。

- 肌肉的紧张会对跑步运动员产生影响，因为这种紧张会消耗能量并限制肌肉

和手部的活动。长跑运动员和短跑运动员会使用同样的放松技巧。

- 训练会使运动员获得理想的向前推力。训练还可以使更多的肌肉组织投入运动，并且教会运动员如何放松拮抗肌。相关的力量训练和增大动作范围的柔韧性训练都会改善运动员的腿部动作。

表13.2 短跑的技巧和力学原理

运动技巧	力学原理
好的短跑运动表现需要理想的步长和步频。卓越的快肌纤维是短跑运动必备的	理想的腿部力量、步长和步频的混合可以创造最佳的短跑成绩。适当的力量、良好的反应和绝佳的灵活性对于短跑运动来说都是必要的。步长由髋部柔韧性、腿长、肌肉力量和动作范围决定。过于强调步频、步长会使短跑运动变得低效
短跑需要绝佳的腿部、髋部和肩部柔韧性。髋部和骨盆部位的柔韧性尤其重要	将髋部绕身体矢状轴进行旋转有助于产生理想的步频和步长。肩部周围的柔韧性较强，有助于产生良好的手臂摆动动作
短跑运动员的手臂会呈90度弯曲，并有力地进行前后摆动。短跑时，他们的双手保持放松状态，向后摆动至髋部高度，向前摆动至肩部高度，如图13.1所示	手臂的前后摆动与运动员腿部的收缩动作相呼应。在肘关节处弯曲手臂可以降低手臂的旋转惯性，可以使运动员更加轻松地完成摆动。手臂的前摇动作会转移运动员体内的动量。这一动作会加大运动员的腿部推力，有助于运动员向前运动。手臂摆动方向与跑步方向平行，有助于保持躯干和肩部的稳定性。这一动作有助于运动员保持平衡性和放松状态，可以确保运动员沿直线路径跑向终点

运动技巧	力学原理
蹬地的腿几乎完全伸展，如图 13.1b 所示。当蹬地脚离开地面时，蹬地腿会在膝盖处弯曲，使脚跟上升到臀部水平，如图 13.1e 所示	有力的腿部伸展包括从髋部、膝盖到脚踝的伸展，这会使运动员获得充分的指向跑步方向的推力。向后向下的 50 度至 55 度的推力会产生大小相同、方向相反的来自地球的反作用力，这会使运动员完成水平方向上的沿赛道的运动。腿部的弯曲和手臂的弯曲一样，会降低旋转惯性，使运动员更轻松地完成还原动作和向前的动作
在完成向后向下的动作后，蹬地腿会在膝盖处弯曲并直接向前向上移动，使大腿摆动至几乎水平的位置，如图 13.1c 所示	蹬地腿的摆动和向上的推力会与反方向的手臂的摆动相平衡。手臂和腿部向上的推力会增加动量的转化。这个动作有助于运动员产生较大的、向后的对地面的推力，同样，运动员也会获得来自地面的、使运动员向前运动的反作用力
短跑运动员的蹬地腿处于还原状态并变为支撑腿时，会在落地时微微弯曲。支撑腿会在运动员的重心前方落地。最先与地面接触的脚部位置是脚部的外侧边缘。以跑步速度为准，运动员的脚跟会被放低，但不会与地面接触	支撑腿的微微弯曲会延长运动员身体的受力时间，因此会对落地起缓冲作用。支撑腿弯曲会拉长腿部肌肉，为向后向下伸展的蹬地腿做好准备。支撑腿在运动员的重心前方落地时会产生减速度，但是步长的增加会抵消这一劣势，如图 13.1 所示
短跑运动员身体的前倾在起跑时尤为明显。在速度达到顶峰时，运动员的躯干几乎与地面垂直，而肩部跑步方向呈直角，如图 13.1 所示	在短跑的起跑动作中，前倾的身体和较短的高频步伐会克服运动员身体质量带来的惯性，进而使运动员获得动量。在全速运动时，垂直的躯干和较大力量的手臂前后摆动的动作会与腿部动作相呼应
全速运动中，短跑运动员的身体会略微地上升和下降，如图 13.1 所示	优秀的短跑运动员的重心会在向前运动中呈波浪形态，且在空中的时间要略微长于处于支持位置的时间。在空中的时间过多会造成时间上的浪费，这往往由垂直向上的推力过多引起
短跑运动员的头部以自然角度与躯干对齐。运动员的视线是水平向前的，如图 13.1 所示	恰当的头部位置和视线有助于运动员保持躯干的稳定性。向后倾斜头部会增加运动员的紧张程度并限制运动的步频和步长
良好的短跑运动表现既需要力量，也需要放松。其中，面部、颈部、肩部和手部应是放松的	身体紧张会降低肌肉收缩的速度，进而降低跑步速度。良好的短跑运动表现需要肌肉不断地进行收缩和放松。技术成熟的短跑运动员在短跑过程中既是高效的，也是放松的。运动员需要避免不必要的紧张，这样才能高效地使用自身能量
运动员的短跑速度受环境因素影响	当运动员向后推动地面时会产生最大限度的能量消耗。运动员也需要使用能量来抬起膝盖和支撑冲刺阶段。运动员的跑步速度越快，需要用于对抗空气阻力的能量就越大。逆风也会增大这种阻力。 赛道的条件会影响跑步速度。质量轻的钉鞋会增加运动员与地面的摩擦力，进而增强抓地力。这会使运动员较为安全地落地。与柔软的地面相比，落在坚实的橡胶跑道上更有助于推动运动员向前运动。 降低摩擦力的跑步紧身衣有助于降低空气阻力

跳跃

图 13.2 是跳高的侧视图。表 13.3 是跳跃的技巧和力学原理。跳跃的特点如下。

● 跳跃动作需要速度、肌肉力量和精准的使运动员在特定位置完成最高跳跃的身体姿势这三者的配合。助跑运动会在腾空阶段发生之前产生水平和垂直的运动速度。为了跃入空中，跳高运动员会利用自身重量产生与地面对抗的力。地面的反作用力与运动员肌肉收缩产生的力相结合，推动运动员向上运动。运动员对抗地面的推力越大，地面的反作用力就越大。

  ● 运动员重心的改变对于高效的跳跃动作来说十分重要。在起跳前的瞬间，运动员的重心放低，身体向后倾斜，手臂和自由腿位于身体后方。身体的放低会预先拉伸跳跃腿的肌肉，为接下

来爆发性地施加向下的推力做好准备。后倾且高度降低的身体可以使运动员的跳跃腿具有更长的施力时间。前后摆动手臂可以增加运动员的跳跃腿向地面施加的推力。

● 跳跃运动员的重心在腾空过程中的路径由运动员在起跳时的速度和角度决定。高效的四肢动作能使腾空路径最大化。

● 腾空过程中，运动员身体某一部分的动作会引起其他部分向相反的方向运动（作用力与反作用力）。跳高运动中，这一特点有助于运动员过杆。跳远运动中，手臂和双腿的旋转动作有助于对抗由起跳带来的不必要的前旋趋势。在排球的扣球动作中，手臂的后撤和身体呈逆时针方向的拱起会使运动员的双腿以顺时针方向移动。

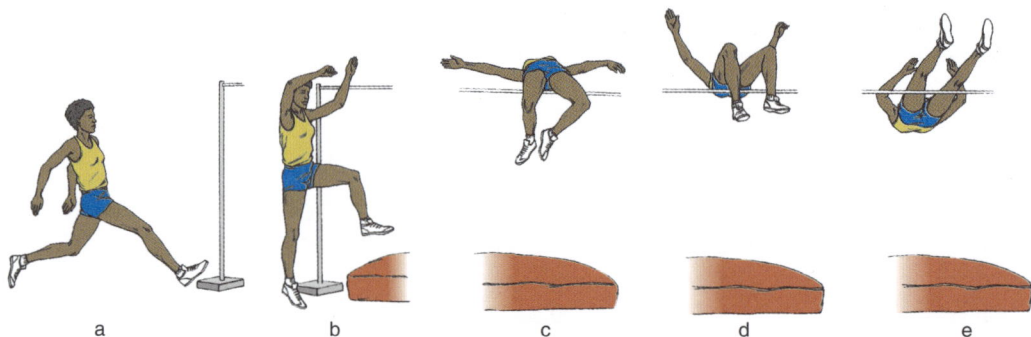

图 13.2 跳高的侧视图

表 13.3 跳跃的技巧和力学原理

运动技巧	力学原理
优秀的跳高运动员在跳高运动中的助跑步伐大约为 10 至 13 次，通常为一条约 18 米至 33 米的弧形路径。跳高运动员会以高速接近横杆，并在起跳前的最后 3 步内进一步加大速度	跳高的助跑需要具有足够长的距离和充足的速度

续表

运动技巧	力学原理
运动员的助跑速度越快，越有助于跳高动作的完成。助跑速度过慢会损害起跳动作，但是过快的速度同样有害	助跑的速度必须快到使运动员能够完成起跳所需的一切姿势。运动员需要足够的时间来施加理想的垂直和水平方向上的推力，以推动自己越过杆。另外，如果助跑的速度过低，运动员会移动得过慢，从而很难在起跳时完成后倾动作，也无法在离开地面前完成向上的旋转动作
大部分跳高运动员会在助跑的前6至7步内使用半径极大的弧形的助跑路径（或是几乎呈直线的路径）。运动员会向弧形内倾斜身体，也会在起跳时后倾身体，如图13.2a所示	运动员在助跑时向内倾斜会产生向心力。弧度较大的弧线和较快的助跑速度需要更大程度的身体内倾。向内和向后的身体倾斜会增加运动员向地面施加推力的时间，并且与惯性施加的向外的拉力相对抗。向横杆的相反方向倾斜的身体姿势会防止运动员倒向横杆
在助跑的最后2至3步内，运动员的重心放低，手臂和自由腿位于身体后方，如图13.2a所示。倒数第2个步伐和最后的步伐要长于之前的步伐。运动员会使髋部位于跳跃脚的后方，进而完成起跳	放低身体重心和向前迈步使得运动员可以使用更长的时间来对地面施力，进而使得地面可以施加更长时间的反作用力来推动运动员向上移动。降低重心会预先拉伸跳跃腿的肌肉，为接下来的有力伸展做好准备
当运动员使用跳跃腿向前迈步时，手臂和自由腿位于身体后方，如图13.2a所示。手臂和自由腿的前后摆动会与跳跃腿的伸展相协调，如图13.2b所示	手臂和自由腿向上的摆动是一种动量的转化。这种上摆的动量会与起跳时向下的推力相结合，共同产生来自地面的较大的反作用力，推动运动员向上运动
自由腿和手臂会在向上摆动时发生弯曲并产生加速度。这些动作会在跳跃腿与地面接触并且大力伸展时发生，如图13.2b所示	弯曲手臂和腿部会将它们向旋转轴拉近，进而降低它们的旋转惯性。这一动作使运动员的肌肉能更轻松地推动运动员向上高速运动。为了产生最大的力，自由腿和手臂会在运动员与地面接触的最后一瞬间以最大速度移动。跳跃腿的肌肉必须具有充足的力量来完成爆发性的伸展
优秀运动员的起跳一般会在跳高标准线外的0.9米至1.2米处发生。起跳脚与横杆呈15度至20度的角。自由腿首先会向上推动，接着转向横杆的反方向，也就是助跑路径的方向。肩部与横杆水平转动。运动员的视线通常会跟随横杆移动	在运动员的跳跃腿仍然与地面保持接触时，跳高运动员的身体会旋转，为背部着地的姿势做好准备。运动员就能够通过推动地面来使身体绕身体长轴产生转动。在空中，同样的动作会引起大小相等、方向相反的反作用力。优秀的跳高运动员会试图通过加强起跳时的旋转程度来抵消垂直方向的推力
起跳时，高速的助跑和跳跃腿的动作会使运动员将跳跃腿向前移动	将跳跃腿向上向前移动会产生旋转，旋转会在腾空过程中持续发生。一旦进入腾空阶段，运动员就可以通过向内拉动身体来更快地旋转（增加角速度），或是向外伸展身体来放慢旋转
起跳后，运动员的躯干向后弯曲越杆。自由腿会向横杆摆动，降低位置，如图13.2c所示	降低自由腿，与躯干的后弯动作相结合，产生大小相等、方向相反的推动运动员髋部向上的反作用力。这一动作会使运动员的髋部越过横杆。运动员的视线应该跟随横杆，为这一动作的调节估算时间

续表

运动技巧	力学原理
当运动员的髋部越过跳杆后，头部和肩部会被向上抬起。运动员的上半身和双腿（在膝盖处弯曲）会通过收缩腹肌和股四头肌来向彼此靠拢，如图 13.2d 所示	头部和肩部的提升会产生两个大小相等、方向相反的力：（1）弯曲的腿会向上靠近上半身；（2）运动员的髋部（已经过杆）会向下运动。腿部的弯曲会降低运动员的旋转惯性，使他们的运动更加轻松，他们也就能够更快地过杆
运动员的大腿过杆后，腿部会开始伸展，要避免膝盖和脚跟与杆接触，如图 13.2e 所示	即使双腿伸展，运动员的上肢和下肢也会向彼此靠近，这会引起运动员身体绕横轴（两髋之间的直线）的角速度的增加。这样的动作与绕矢状轴的旋转相结合，可以使运动员落向落地垫
运动员会放松身体，使用肩部在跳高落地垫上落地	运动员身体在腾空过程中的持续旋转会引起运动员使用肩部落地。在过杆过程中对杆的注视会使运动员将下巴拉至胸部，进而避免头部先落地的落地姿势。跳高落地垫主要用于防止运动员的过度旋转和背部或颈部的落地。海绵橡胶垫会增长运动员的落地时间并增大受力面积，进而逐渐降低运动员落地时的受力

轮椅运动

　　表 13.4 是轮椅运动的技巧和力学原理。轮椅运动（如轮椅网球运动）的特点如下。

- 轮椅是用于帮助由于疾病或残疾而行走困难或无法行走的运动员完成移动的设备。轮椅通常由一个座位和车轴上起支持作用的两个较大的轮子组成，车轴与座位的后侧和两个位于脚部附近的小轮子相连。一般还会带有一些小的部件来防止轮椅翻倒或协助控制轮椅。运动员通过使用双手推动在大车轮两侧的直径略小于车轮的圆形把手来移动轮椅，或是使用机动驱动的把手进行操作。

- 人工前进的带有推动车圈的轮椅可以使运动员在座椅上推动自己。推动车圈可以改变前进方向，还可以提供举起前轮的升力。为了避免对手部的损伤，如被轮圈挤压等，使用轮椅的运动员可以佩戴不分指手套，如举重运动

中使用的手套。没有推动车圈的轮椅通常需要被另一个人使用座椅后侧的把手来推动，但这通常不会出现在体育运动中，因为它们无法使运动员自行推动。

- 对于体育运动来说，它们所需的运动往往是线性的。优秀的残疾运动员可以使用特制的三轮轮椅参赛，这些设备已经针对竞赛的特定需要进行了优化。

- 滚动阻力是轮椅需要克服的第 1 个困难。滚动阻力由轮椅经过的地面、车轮的质量分布、车轮半径、总质量和轮胎特质决定。最重要的外部影响因素就是轮椅移动时经过的地面情况。室内的地面往往是坚硬且平整的，而室外的地面（不平整、有碎石或破损）往往会增加阻力。

- 对运动员推动技巧的评估可以通过几种设备完成，如速度计（Tolfrey et al.，2012）。这些设备可以提供关于运动员推力效率的客观反馈，并且可以判断运动员的推动技巧需要进行哪些改动。

知识小结

运动员的运动

- 通常，运动员的运动距离是运动员的步幅或推动长度与步频或推动频率的乘积。
- 运动员重心位置的改变会对运动表现的效率产生较大影响。
- 轮椅运动中，特制的轮椅可以影响运动表现的效率，而轮椅移动时的地面情况也会对运动表现产生影响。

表13.4 轮椅运动的技巧和力学原理

运动技巧	力学原理
轮椅网球运动是正式的残疾人体育运动项目之一，是大满贯和残奥会的竞赛项目。四肢麻痹项目起初是由患有四肢麻痹疾病的运动员创立的，四肢麻痹包含了脊柱、髋部、膝盖、脚踝的损伤和其他下肢损伤。四肢麻痹项目的运动员可以使用粘在手上的球拍和电动轮椅参加比赛	轮椅网球运动是下肢不便的残疾人进行网球运动的一种形式。轮椅网球运动的赛场、网球和球拍的大小都与正常赛事的相同，但轮椅网球具有两个不同之处：运动员会使用特制轮椅参赛，以及网球可以在地面上弹跳两次且第2次弹跳可以在赛场外发生。这项规则也正是轮椅网球变得如此流行的原因之一，轮椅上的运动员可以轻松地与身体健全的运动员相对抗
运动员需要安全舒适地坐在轮椅的座椅上	座椅的位置会影响运动员手部的活动性，进而影响能量由手部向轮圈处转移的效率和力学效率
优秀的运动员会使用为轮椅网球运动特制的轮椅，这些轮椅的前侧和后侧有较小的轮子，可以增强轮椅在左右拐弯时的稳定性。为了增强稳定性，运动员还可能使用自粘带，将自己固定在座椅上	影响轮椅座位设置的最重要的因素是运动员的水平和垂直的位置，因为它们会大大影响推动轮椅所需的能量。通常来说，运动员最好将重心位置放在后轮轴的正上方。在垂直方向的所处位置上，运动员应该正好可以使自己的指尖碰到后轮轴
为了推动轮椅进行运动，运动员需要抓住推动轮圈或车轮或是同时抓住二者。为了向前移动，运动员会尽可能地向后伸展并抓住车轮。运动员会施加拉力，接着推动车轮向前移动，并在过程中一直握住把手，直到下一轮动作开始	在推动轮椅向前时，握住把手的方式会影响运动员的力学效率。另外，摩擦系数也会对此产生较大的影响。因此，轮椅的摩擦系数应该尽可能地降低，以避免在推动过程中停住车轮；但是也不能过低，要确保将一定量的能量从手部转移至轮圈处
转动和操控轮椅是抓住一侧和推动另一侧的结合动作。为了停止轮椅，运动员需要握住轮圈，使用摩擦力将轮椅的运动速度降低。佩戴手套的运动员可以使用手掌压住轮子的轮圈来制造摩擦力。使用这一运动技术需要确保手指的安全	为了向右转弯，运动员需要固定右轮，并向前推动左轮；为了向左转弯，运动员需要固定左轮，并向前推动右轮。如果他们需要在某一点保持旋转或完成一个角度极大的转弯，则要将一个车轮向前推，同时将另一个车轮向后推。动作的关键是利用手部或手套与轮圈之间的摩擦力。运动员可以通过改变手套的纹理来增加这种摩擦力
手推轮圈的直径可以进行更改，它应与运动员的人体结构和身体力量相对应。运动员坐在轮椅上时也必须能够触摸地面，否则他们将无法捡起网球	较大的轮圈直径会得到较高的力学效率。在推动轮椅移动较长的距离时，使用直径较小的轮圈会更加有利于节省能量。对于像轮椅网球这样的轮椅运动来说，运动员需要手持球拍，还需要同时用手推动轮椅，轮圈较大的轮椅会为运动员带来更大的优势

运动技巧	力学原理
车轮的外倾角对于增强轮椅的稳定性、提高从手部至轮圈的能量转移效率和对轮椅进行有效的操控具有积极的影响	由于车轮具有外倾角，手指的进出会具有更大的危险性，后车轮的轮轴也会具有更大的压力，轮椅的宽度会有所增大。通常来说，针对日常活动的轮椅的外倾角为2度至4度，而竞赛用的轮椅的外倾角为4度至12度
轮椅运动员需要尽可能地避免在颠簸路段行驶，因为在颠簸路段（即使是1厘米高度的颠簸程度）的高速行驶会将运动员从轮椅上弹开。他们需要在颠簸处放慢行驶速度，甚至需要后移身体来加强对自身的控制	由于车轮的不稳定移动，运动员驶过颠簸路段需要一直保持对重心位置的控制。运动员应该在起跳时微微向前倾斜身体来使重心移近至颠簸的路面。在半空中，运动员需要稍微后撤身体来改变运动情况，使后轮在前轮落地前轻轻落地。运动员需要注意，不要使轮椅向后倾倒

投掷

图13.3是掷标枪的侧视图。表13.5是投掷的技巧和力学原理。投掷的特点如下。

- 高速的投掷技术需要运动员协调身体各部分在投掷完成之前的动作，与鞭打的动作相似。标枪的高速运动需要运动员在释放标枪时能够产生巨大的速度。这种像锁链一样的动作被称为

动力链或动力链运动，因为运动员用较长、较大、较重的四肢进行的较慢的动作会在转移至较轻的身体部位时变为速度较快的运动。

- 在高速投掷动作中，如掷标枪运动，运动身体的各部分（从与地面接触的部位开始）会产生极大的加速度。一个和鞭打一样的连锁次序会以动力链的形式出现，从腿部至髋部，接着从

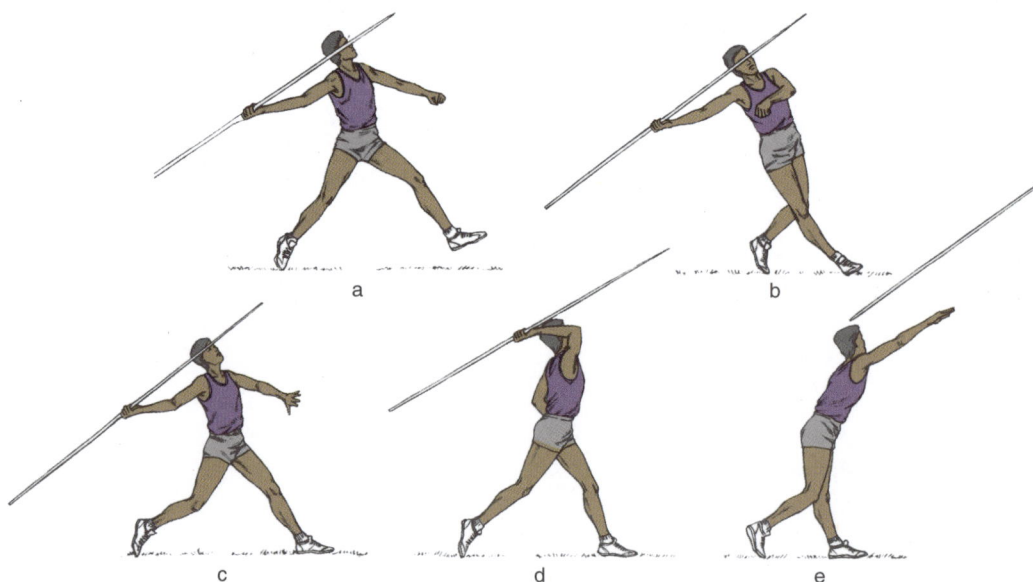

图13.3 掷标枪的侧视图

髋部至胸部。这种动作会使标枪或运动员投掷标枪的手臂的运动速度达到顶峰。

- 为了获得最大的速度，运动员必须使拮抗肌完全放松，而其主动肌必须以特定的次序完成收缩，以使身体各部位的完成速度快于前一阶段的运动。
- 投掷技术中的每个动作形式都包含了准备动作，也就是助跑和准备姿势。这些

动作会使运动员的身体和体育器材（如标枪）处于施力的理想位置。后摆动作（如高尔夫击球动作中的后摆）会为球杆的加速提供额外的加速距离，因此会在击球时产生更大的杆头运动速度。后摆动作会预先拉伸运动员的肌肉，使其为接下来的爆发性发力做好准备。放松的状态和较强的柔韧性会帮助运动员完成理想的准备姿势。

表13.5 投掷的技巧和力学原理

运动技巧	力学原理
投掷动作由指向投掷方向的助跑动作开始，因为这会使运动员做出一个较为有力的投掷姿势。助跑动作是在控制下的、以慢速开始的、速度不断增加的动作。运动员会在前2/3的助跑过程中提速。这个动作会将运动员引入最后1/3的助跑过程，其中包括了标枪的后引和最终投掷姿势的形成	助跑会形成动量，并产生充分的速度来使运动员将投掷姿势转化为跟随动作。在早期阶段，过大的速度会使运动员的投掷动作的速度降低，还会使投掷站姿中的投掷动作的施力时间不足。与站式投掷相比，有效地利用助跑动作可以将投掷距离增长27米至30米
在做出投掷站姿之前，运动员的肩部会向投掷方向的相反方向扭转，而投掷手臂会回撤一整个手臂的距离，如图13.3a所示。通过使用一个或多个交叉步，运动员的下肢会更快地向前移动，使身体略向后倾，如图13.3a至图13.3b所示	转动肩部和伸展投掷手臂会使运动员使用最大的距离和时间来向标枪施力。后倾的身体会进一步加大这一距离和时间
与投掷手臂呈相反反向的那只腿会在身体的一侧，并形成运动员的投掷站姿。这一步的步伐通常要大于之前的步伐，如图13.43c所示	使用相反脚向前迈步（例如，如果右手持标枪，则迈左脚）会产生一个较大的支撑面，使运动员得以向标枪施力。这样的站姿会使运动员的髋部和肩部向后，也就是向投掷方向的反方向转动
运动员的身体向后倾斜，他的重心位置可以通过弯曲后腿来降低。后腿在膝盖处弯曲，朝与投掷方向成45度角的方向	在准备姿势中弯曲后腿会拉伸运动员的腿部肌肉，使其为接下来指向投掷方向的爆发性转动推力做好准备。这样的旋转动作是鞭打动作中的第1步，由运动员的支撑面（双脚与地面的接触面）开始，至运动员的投掷手臂结束
运动员的后腿会猛烈地朝投掷方向扭转。这一动作会使髋部向同方向推动，如图13.4c至图13.3d所示。髋部和躯干肌肉会受到拉伸并剧烈收缩	质量更大、移动速度更慢的身体部分会向投掷方向移动，而较轻的身体部分（投掷手臂）会完成向后的伸展。这个动作会拉伸腹部、胸部和双肩的肌肉，使它们为接下来的投掷阶段中的爆发性的肌肉收缩做好准备
运动员旋转躯干，拉动肩部，接着向投掷方向投掷。拮抗肌处于放松状态。当肩部向前拉动时，肩部的肌肉会得到伸展，接着猛烈收缩。放松的投掷手臂会随着肩部的动作完成运动，像是一种连锁反应。运动员的身体向投掷手臂的另一侧倾斜。自由手臂会向后旋转来拉动胸部并使投掷手臂完成投掷动作，如图13.3c至图13.3d所示	运动员身体的每个部分，从腿部到肩部再到投掷手臂，会依次完成加速运动。这个次序仿佛一种连锁的鞭打运动，它会逐渐地形成，却会以极快的速度结束。运动员躯干向侧面的倾斜会引起较高的释放高度。自由手臂（没有完成投掷动作的手臂）被拉至后方，以完成运动员身体绕矢状轴的旋转。身体的旋转会拉动投掷手臂快速完成投掷动作

续表

运动技巧	力学原理
当运动员向前拉动投掷手臂时，上臂和肘关节引领动作，投掷手和标枪跟随着完成动作。运动员投掷手臂的肘关节处会出现弯曲，如图 13.3d 所示	在肘关节处弯曲投掷手臂有两个目的：（1）使动作更像鞭打动作；（2）肘关节成为像车轮的轮轴一样的存在，使投掷手绕肘关节完成旋转。这种轮轴一样的形式会增加投掷手和标枪的运动速度
运动员会向投掷方向施加推力。躯干会超过支撑腿并向前移动，并且投掷手臂完全伸直，如图 13.3e 所示	有力地将身体朝投掷方向尽可能地推动会增大标枪的受力距离和受力时间
运动员使用跟随动作来完成投掷动作，如图 13.3e 所示	跟随动作会尽可能地对标枪施力。在标枪离开运动员的手后，跟随动作可以使运动员身体的动量被安全地分散
标枪的释放角度会根据运动员的投掷能力、标枪的种类和赛时环境而有所变化	标枪会被升力和阻力影响。飞行路径的角度和释放时的攻角角度与环境因素有关，如顺风和逆风，它们会决定标枪的飞行路径和飞行距离。速度为8千米/时至16千米/时的逆风会为标枪提供绝佳的升力，因为它能够对标枪的下表面施加向上的推力。而顺风对标枪的飞行不利，因为它会对标枪的上表面施加向下的推力

击打和挥拍

图13.4是棒球击球的正视图。表13.6是击打和挥拍的技巧和力学原理。击打和挥拍的特点如下。

- 击打或挥拍技术需要极强的协调能力和控制能力，以及快速的挥动动作。这是因为运动器材（如球棒）必须与较小的且运动速度极快的球体发生接触。棒球运动中，快球的速度大约为150千米/时，这需要运动员产生极快击打的速度并且具有精确的控制能力，来将球棒放在正确的位置。球棒的运动速度由动力链，或者说动力链动作产生，因为运动员较长、较大、较重的四肢完成的速度较慢的运动传递到较轻的身体部分时会变得更快。这一个过程在棒球挥棒等动作中常见，如网球运动中的发球、高尔夫球运动中的击球和羽毛球运动中的扣杀动作。

- 保持挥动的准确性首先需要建立稳定的支撑面。双脚和重心线的位置对于挥动动作来说十分重要。稳定的支撑面可以使运动员完成可重复的挥动动作。对运动器材施加较高的速度需要运动员身体的各部位（从与地面接触的部分开始）完成重复的加速，由与地面接触的部分开始。一种类似鞭打的动作次序会从腿部开始移至髋部，接着从髋部移至胸部。它会使一只手臂或双臂获得巨大的运动速度（在棒球的挥棒动作或网球的双手反拍接球动作中）。

- 为了获得最大速度，拮抗肌需要保持完全放松的状态，而主动肌需要依次完成收缩来使身体各部位完成速度快于前一阶段的动作。这种基础的解剖学控制会产生准确的挥动动作。

- 击打和挥拍技术中的每一种运动形式都包括了一些准备动作，如助跑和准备姿势。这些动作会将身体和运动器材（如棒球中的球棒）放在理想的施力位置。在高尔夫球运动中，击球的后摆动作为

图13.4 棒球击球的正视图

球杆的加速提供了额外的施力距离。后摆动作会预先拉伸高尔夫球运动员的肌肉，使其为接下来的爆发性发力做好准备。放松的状态和较强的柔韧性有助于运动员完成理想的准备姿势。

表13.6 击打和挥拍的技巧和力学原理

运动技巧	力学原理
棒球运动中，运动员需要面对接近自己的球体。球体通常会处于旋转状态，它们的速度和方向各不相同。棒球棒为圆柱形，因此具有弧形的击打表面。高效的击球动作是难以实现的。快球能够具有接近甚至超过160千米/时的速度，而运动员仅有不足1秒的时间来对投球做出反应	当击球员想要击打棒球并将其向相反方向发出时，棒球棒的动量必须大于球的动量。手臂的伸展、棒球棒的长度和挥动速率决定了棒球棒击打端的移动速度。对于击打球体中心而非击打其他位置（重心线以外的位置）来使球体产生弹跳这一行为来说，时机和协调性是非常重要的
击球员会使用略宽于肩的站姿。他们的重心会靠近或超过后脚，与投球路径呈直角。使用右手击球的击球员站在左侧，左髋朝向投手。头部转动，这样击球员就可以集中精力于投手的动作。球棒通常被放置在准备位置，即击打端朝上，如图13.4a所示	起初的与肩同宽的站姿使重心位于后脚的上方，进而使击球员能够将重心前移至理想位置，使身体呈击打站姿。当面对投手时，使用右手击球的击球员可以旋转臀部和上半身至90度以上，以作为击打动作的一部分。向投手的方向移动身体并转动臀部和上半身，可以增加对球棒和球的施力距离
当球接近时，使用右手击球的击球会向前迈大约半个肩宽的距离。这个动作会使击球员形成较宽的、有力的击打站姿。击球员的手臂会向身体外侧伸展。肩部和球棒向后的旋转会在击球员前移身体时发生，如图13.4b所示	击球员转向投手的伸展动作会拉伸击球员的肌肉，进而拉动球棒向棒球运动。肩部、手臂和球棒的拖曳作用与击球员的髋部动作会共同构成类似鞭打的高速投掷动作和击打技术。身体的旋转和手臂的伸展相结合，会增加球棒的角速度
当击球员从右向左移动身体时，他的髋部会绕身体左侧和左腿形成的轴线旋转。这一动作由后膝盖的扭转和双脚向投手反向的扭转开始。球棒的运动路径由击球员对球的飞行路径的反应决定，如图13.4b至图13.4c所示	击球员会产生次序旋转，由腿部至髋部，再到上半身。质量较大的身体部位（如腿部、髋部、上半身）会猛烈地旋转，接着忽然减速。它们的角速度由击球员的身体、手臂长度和球棒的击球端决定。球会以连锁反应的形式绕身体左肩和手腕形成的旋转轴进行旋转
当高速挥动球棒时，击球员会被迫向后倾倒身体	球棒具有的巨大的角速度需要击球员产生巨大的向心力。击球员向球棒的反方向倾倒身体，与身体受到的重力相混合，以对抗球棒的旋转惯性和向心拉力

续表

运动技巧	力学原理
击球员会试图使用球棒的最佳击球点完成击球。为了将球击出较长的距离，击球员会试图避免擦边施力，尽量击打球体的中心	击球员非常想要使用球棒的震动中心（最佳击球点）击中棒球。如果球棒的施力没能穿过球体的重心，下方被击中的棒球会获得后弦力。这时，马格努斯效应会使球体获得与重力对抗的升力，球会停在空中，接球手能够轻松地接住球。而上方被击中的棒球会获得上旋力。这时，马格努斯效应会与向下的重力结合，使球更快地朝地面进行弧线运动
击球员的手臂会向远离胸部的方向前挥。左手臂会在球棒绕身体摆动时完成伸展，进入跟随动作。击球员绕左腿和左侧身体进行旋转，如图13.4d所示。运动员的视线会跟随飞行的棒球	击球员的身体会绕身体左侧的轴线进行旋转。这一动作延伸了球棒击打端的回转半径。跟随动作会使整个击打运动顺利完成，并分散旋转动作带来的施加在运动员身体和球棒上的动量
棒球的飞行由受到的击打情况和环境因素决定	棒球在被击打后得到的运动速度、方向和距离由多种因素决定，具体包括以下因素。 • 球体在被击打瞬间的动量，球棒在击打瞬间的动量，球体的弹性。 • 球棒和球体在击打瞬间的移动方向，球棒与球体的接触点。 • 击打完成后，球体获得的旋转力。 • 环境因素，包括海拔、气温、湿度和气流等

摆动和旋转

较常见的摆动和旋转动作为体操中的单杠后翻动作。表13.7是摆动和旋转的技巧和力学原理。摆动和旋转的特点如下。

- 对身体各部位的改变会直接影响控制角运动和摆动动作的力学原理。在摆动技术中，运动员会在下摆时拉伸（或延长）身体。这个动作会使运动员的重心位置尽可能地远离旋转轴。通过完成这一动作，运动员可以利用重力将身体受到的向下的加速转矩最大化。

- 为了增加上摆的高度，运动员需要弯曲髋部和肩部来与重力带来的减速度对抗。这一动作会将运动员的重心拉至旋转轴，进而降低重力转矩的减速作用。身体姿势改变的时机会直接影响摆动和旋转中的角速度。

- 在翻转和其他空中旋转技术中，需要使用杠杆臂和扭转力（力没有被施加在运动员的旋转轴上，而被施加在了运动员的身体上）。运动员通过在旋转轴上施力，可以对自己的身体施加转矩。当这一转矩大于阻力时，运动员就会开始旋转。在起跳瞬间轻微地朝旋转方向倾斜身体是一种产生旋转力的常见方式。

- 在腾空时通过改变身体各部分的长度来改变回转半径可以降低运动员的转动阻力，进而增加运动员的角速度。当运动员使用肌肉力量向旋转轴弯曲身体各部位时，旋转轴变短，旋转惯性随之降低。角速度会由于运动员身体向旋转轴外侧的伸展而有所降低。这个动作会增加运动员的旋转惯性，并降低运动员的旋转速度。

表13.7　摆动和旋转的技巧和力学原理

运动技巧	力学原理
体操运动员常常会以一种前侧支撑姿势提升身体，向单杠施加推力，将身体重心升高至单杠上方	通过提升重心至单杠上方，运动员增加了自身的重力势能。重力可以在更高的角度向运动员施加向下的摆动力。运动员的重心越高，重力对其进行加速的时间就越长。这一动作会增加运动员的角速度和角动量
后翻动作的握姿为正握，而前翻动作的握姿为反握	当运动员面向单杠站立时，正握是指其他指关节位于杆体上方，而拇指位于杆体下方。后翻动作中，拇指会引导运动员完成技术，单杠会"转动"到运动员的手中，形成一个有力的安全握姿。而反握会在前翻中使用。当运动员面向单杠站立时，反握是指拇指在杆体上方，而其他指关节位于杆体下方。同样，拇指会引导运动员完成动作，而单杠会"转动"到运动员的手中，形成一个有力的安全握姿。无法使用正确的握姿会导致运动员从单杠上掉下。为了进一步增强安全性，运动员可以使用带有固定装置的把手来固定手部在单杠上的位置
运动员一旦到达杆体上方并开始运动，就会完全伸展身体	通过完全伸展身体，运动员会尽可能地将重心推离旋转轴（即单杠）。这种姿势会使重力向运动员施加更大的向下的加速转矩。在完全到达杆体下方之前，运动员会弯曲脊柱。这个动作会拉伸运动员的腹部肌肉，使运动员在完成上摆动作时弯曲髋部
重力使运动员的身体向下加速	重力会对运动员的身体施加加速转矩。这个转矩会不断增大，直到运动员在杆上水平地伸展并使转矩达到最大值。这时，虽然运动员的角速度和角动量会继续增加，但运动员身体受到的转矩会开始逐渐降低，直到在运动员穿过杆体正下方时降低为零
穿过单杠的正下方后，运动员的髋部和肩部会发生弯曲。新手还可能会弯曲膝盖	髋部和肩部的弯曲会将运动员的重心拉近至旋转轴，此时，重力带来的减速转矩被减少了。通过弯曲身体，运动员也会将身体向杆体拉近，进而降低转动阻力（旋转惯性）
当身体发生弯曲时，运动员会向上抬高身体。身体的弯曲会随着运动员向杆体的正上方移动而逐渐消失。运动员会向杆体施加一定的拉力来将身体移动至杆体上方	当运动员的旋转惯性降低以及重力的减速转矩降低时，运动员就能够升高至旋转轴（即单杠）的正上方。在到达垂直位置前的瞬间，运动员可以通过伸展身体来控制旋转速度
一旦运动员到达单杠上方并开始减速运动，就会再次伸展身体来重复上述步骤中描述的过程	在单杠上方，运动员会伸展身体来将重心尽可能远地拉离单杠。这个动作会使重力重新向运动员的身体施加向下的最大转矩。这样，运动员就可以完成持续的翻转

有运动器材参与的运动

- 为了高效地移动外部器材，运动员需要在对器材施加速度之前协调身体各部分的动作（动力链）。
- 在正确的时间以正确的次序放松拮抗肌和主动肌可以使运动员的身体各部位更快地完成更准确的运动。
- 改变身体各部分的长度（回转半径）可以对抗重力，进而改变角速度。

举重

图13.5是挺举的正视图。表13.8是举重的技巧和力学原理。举重的特点如下。

- 使用划臂动作的体育项目，如举重，需要运动员持续地在理想范围内施力。举重运动中，运动员需要产生巨大的力来克服重物的惯性，但在竞赛中通常只需要完成一次（一次最大重复，也被称为1RM）。但是在训练中，运动员需要完成多次的重复动作，具体以训练的阶段为准（如8RM）。

- 无论动作的重复次数如何，它们所使用的原理都是相同的：运动员想要施加最大的力来对抗沉重的阻力，进而克服重物的惯性。为了达成这一目标，运动员需要同时使用不同的身体部位来完成施力，这些身体部位包括腿部、背部、胸部、肩部和手臂。这样的同时发生的动作会将举重运动与其他高速的投掷、踢动和击打等需要身体各部位依次完成动作的运动区分开来。

- 两个奥林匹克举重项目为挺举和抓举。挺举用于抬起最重的重物，是一项被分为两个阶段的提升运动。杠铃会首先被拉至胸口位置并停留一段时间，接着运动员会推动杠铃到距离头顶一个手臂长的位置。而抓举与挺举不同，抓举是一种持续的拉动活动，抓举过程中没有在胸部的暂停动作（Kompf and Arandjelović, 2017）。在残奥会力量举重项目中，运动员会进行控制卧推竞赛，因为他们的下肢往往会有一定的残疾，所以无法完成站立的挺举和抓举动作。

- 挺举、抓举和卧推都是力量型运动，都需要运动员具有很强的协调力量和速度的能力。在这些运动中，运动员在较短的时间内施加了较大的力，对杠铃施加

图13.5 挺举的正视图

了向上的加速度。在杠铃向上的运动过程中，运动员必须快速完成将杠铃在胸口处停止（挺身动作）的姿势或是将杠铃举过头顶（举起动作）的姿势。

表13.8　举重的技巧和力学原理

运动技巧	力学原理
挺举使用了两种腿部动作。在使用较重的杠铃时，运动员会通过尽可能高地拉动杠铃来完成挺身动作。接着，运动员会立刻下蹲姿势或使双腿一个在前一个在后。运动员会继续起身，改变姿势，将杠铃停在胸前，为接下来的举起动作做准备。为了完成最后的猛拉动作，向上的拉力将会与两腿一前一后的弓步姿势相结合	杠铃向上的运动速度越快、被举起的高度越高，运动员就具有越多的时间来完成下蹲或分腿动作。运动员越有力或阻力越轻，杠铃向上运动的速度越快、高度越高。当运动员处于杠铃下方时，则不再需要进行高速的深蹲或分腿动作
挺身动作中的准备姿势是指运动员双腿与肩同宽呈站立姿势，杠铃位于小腿前方。运动员需要双手握住杠铃，两手间的距离略宽于肩宽。手臂和背部保持笔直，腿部微屈。运动员的背部与垂直角度成45度角，如图 13.5a 所示	将杠铃从挺身动作的初始位置拉动至垂直位置。运动员的双腿会进行一定程度的弯曲（约为半蹲），此时的姿势为力学中高效的伸展姿势。手臂会发生伸展并将运动员双腿和背部的力量快速转移至杠铃上
腿部的力量和背部伸展的挺身动作会使杠铃加速向上运动	杠铃的惯性会被运动员腿部和背部的伸展克服。腿部和背部会同时伸展，将拉力通过手臂转移到杠铃上。杠铃沿垂直方向升起
当腿部完成伸展后，运动员会通过弯曲手臂继续向上施加拉力。运动员会使用脚尖站立，并进一步伸展背部。手臂的拉力会使杠铃垂直运动，使杠铃向上运动至运动员的身体附近。运动员的头部向后伸展，如图 13.5b 所示	运动员的腿部和背部的大块肌肉会对杠铃施加最大的力。用脚尖站立和使用手臂向上施加拉力可以使运动员继续对杠铃施力，以延长施力时间。运动员可以将杠铃尽可能地拉近至重心线附近。这样，杠铃的重心可以保持在运动员的支撑面上方，运动员和杠铃会具有理想的稳定性
当杠铃被拉至胸部肌肉下方时，运动员会在杠铃下方进行下蹲动作，同时向前转动手臂，使杠铃被拉动至上胸部位置，并使用双臂保持杠铃静止，如图 13.5c 所示	杠铃的质量越大，杠铃所需要的向上的拉力越大，运动员向前转动手臂和完成下蹲动作的速度越快。有效的高拉动作、快速的手臂旋转动作和同样快速的下蹲动作都是必要的
运动员会使用腿部力量从前蹲位置起身，如图 13.5c 至图 13.5d 所示	使杠铃在胸部位置保持不动并保持下蹲姿势时，运动员必须使用较大的腿部力量来与杠铃的质量（惯性）以及自身的惯性相对抗，以使自己完成站立姿势。如果力量不足或杠铃的重量过重，运动员将无法从下蹲姿势起身，或在起身时因扭伤而无法完成拉力动作
将杠铃保持在胸前并呈站立姿势时，运动员会微微弯曲双腿。杠铃两端的重量会使杠铃杆向下弯曲后再向上回弹	运动员微微弯曲的双腿在腿部伸展前预先拉伸了腿部肌肉。向上回弹的杠铃杆与腿部的伸展相呼应，有助于推动杠铃向上移动
运动员的腿部完成推力的瞬间，杠铃杆被向上抬起，双腿会分别向前向后分开。一条腿直接向后伸展，角度与地面约成45度角。另一只脚向前迈25厘米至28厘米。这一动作使运动员能够在杠铃杆下完成向前的弓步动作，如图 13.5e 所示	运动员的双腿会推动手臂伸展（双腿没有分开），使手臂足以抬起较轻的杠铃。当阻力较大时（无法单独使用腿部推力和手臂的伸展来将杠铃升至距头顶一个手臂的高度），运动员必须快速分开双腿，并在杠铃下方极大程度地放低身体

续表

运动技巧	力学原理
当杠铃被放在距离头顶一个手臂的高度，且双腿一条向前一条向后时，运动员会小心地将双腿拉回至初始位置。运动员会使用双腿分开至与肩同宽的站姿来完成动作，杠铃将会被举至距离头顶一个手臂的高度。为了符合竞赛规则，运动员需要使杠铃在头顶上方停留至少3秒	当杠铃位于运动员的头顶上方时，运动员和杠铃的混合重心上移，随着高度的升高，运动员和杠铃会逐渐变得不稳定。运动员需要努力使杠铃的重心线保持在较小、较窄的支撑面上方，以避免无法控制杠铃

格斗摔技

图13.6是柔道钩腰的侧视图。表13.9是格斗摔技的技巧和力学原理。格斗摔技的特点如下。

- 格斗运动（如柔道）中的运动员会使用旋转力、拉力、推力和向上抬起的力的混合体来破坏对手的稳定性并将对手摔向地面。对手可以通过前后倾斜身体来改变重心位置和支撑面的面积，进而抵抗对手的攻击。

- 为了增加稳定性，使自己不容易受伤，运动员会增加支撑面的面积并降低身体重心。在格斗运动中进行重量级划分的目的是根据运动员的体重提供公平的比赛环境。

- 在柔道和其他格斗运动中，保持自身的稳定性和破坏对手的稳定性是一种转矩之间的对抗。柔道包括推、拉、举和旋转等动作，这些动作旨在保持自身的稳定性，同时破坏对手的稳定性。精确的时机、身体各部分的协调性和超快的肌肉反应在格斗运动中都是必要的。

- 对重心线进行改变可以通过使用杠杆完成推、拉、举和旋转等动作来实现，使对手绕运动员的脚、臀部、背部和肩部为旋转轴进行旋转。在柔道比赛中，扫腿是一种常见的破坏对手支撑面的方法。运动员的意图是将对手的重心移出支撑面，从而破坏对手的稳定性。为了达到这一目的，运动员需要使用推、拉、举和旋转等动作的超高速组合。

图13.6　柔道钩腰的侧视图

表**13.9**　格斗摔技的技巧和力学原理

运动技巧	力学原理
柔道运动员会呈站姿相对而立，身体微微降低，双腿微微弯曲。他们的双脚会成直角，并分开至与肩同宽。他们会进行快速的、沉重的、脚部与地面平行的迈步。运动员的重心经常被置于离前脚更近的位置	降低重心可以增加运动员的稳定性。成直角的双脚可以提供良好的稳定性，包括从左侧到右侧和从前面到后面的稳定性。快速移动的步伐也可以增加稳定性，因为它们限制了单脚行走的时间。将重心靠近前脚可以使后腿准备好完成扫腿动作或其他破坏对手稳定性的动作
柔道运动员在进攻和防守动作开始前，一只手会抓住与自己肩部同高的对方的外衣，同时使用另一只手抓住对方的袖子，如图 13.6a 所示。握姿会根据对抗的情况而发生改变	这样的握姿是为了便于运动员进行划臂和旋转运动。运动员可以使用任何动作的组合。运动员会在袖子上施力并使对手绕着身体的矢状轴旋转，也会在衣领处施力并使对手产生向前和向后的移动或旋转
握着对方的外衣后，柔道运动员会包围对方，寻找机会来完成抛摔	抛摔前的准备动作是一系列的划臂和旋转动作，其中最主要的目的是将对手的重心移动到稳定性最小的位置
钩腰动作中包括一个提升动作。攻击者需要用右手抓住对手衣领的后部，用左手抓住对手右臂下方的袖子，将对手向前拉动，如图 13.6a 所示	攻击者将对手的身体向前拉，通过使对手的重心线靠近或超过支撑面的边缘来降低对手的稳定性。用手握住对手的后衣领，能够最大限度地将力臂从衣领转到攻击者臀部的轴上，随后对手将被旋转
当对手成功地被拉向前方并失去稳定性时，攻击者会弯曲腿，同时右脚向前迈步，进而快速地使左脚成为旋转轴，如图 13.6b 所示	通过将身体向左旋转，攻击者可以将髋部作为旋转轴线来拉动对手。攻击者会弯曲双腿，这不仅会增加自身的稳定性，还可以在伸展双腿时将对手抬起，使其与地面失去接触
攻击者的下背部会压在对手的大腿上。攻击者的上背部会压在对手的腹部。对手的上半身被攻击者用双手拉至自己的髋部位置。当攻击者伸直双腿时，对手的脚会离开地面，如图 13.6c 所示	攻击者的髋部变成了一个旋转轴，使对手发生旋转。攻击者双手施力，向下拉动或旋转对手的上半身。同时，攻击者的腿部伸展并施加力量，将对手的下半身向上推动。对手会绕攻击者髋部形成的轴线旋转
对手的下半身被迫向上运动，双脚与地面失去接触。对手的上半身被向下拉动。对手会被翻过攻击者的臀部，如图 13.6c 所示	攻击者向下的拉力和腿部的伸展破坏了对手与地面的接触，进而除去了对手与地面之间的摩擦力。对手因此变得毫无抵抗能力，于是被攻击者成功摔出去
当对手几乎与地面完全接触时，攻击者就完成了一次过臀摔，如图 13.6d 所示	完全失去稳定性的对手会为下落后与地面的撞击做好准备。对手会增加与落地垫接触的时间并增大接触面积

橄榄球抢断

表 13.10 是橄榄球抢断的技巧和力学原理。橄榄球抢断的特点如下（Kempton et al., 2014）。

- 由于橄榄球抢断中有较大的接触力，高效的抢断动作所需要的第 1 个关键因素就是在撞击发生前保持安全的运动姿势。最重要的是对运动员头部的保护。运动员需要将头部保持在抢断动作之外，以确保头部不会出现在两名运动员中间。

- 如果可以，抢断需要运动员完成降速、停止和向对手施加向后或向地面的推力等动作。为了完成这一系列动作，运动员需要在碰撞开始之前进行高效的对力、能量和动量的操控（Hendricks et al., 2014）。

- 运动员需要在与对手碰撞之前建立合适的支撑面，因为这样可以有效地从坚实的地面转移力量，首先通过下肢，然后是躯干，最后是肩部和手臂，从而与对手接触。下肢和上肢的适当协调对于完成安全有效的抢断动作必不可少。
- 为了安全地停止动作，运动员需要向自身施加一种时间较长、距离较长的阻力。另外，他们需要尽可能大面积地分散冲击力。这样，运动员身体某个点受到的压力会随之降低。落地时弯曲双腿进行滚动和使用落地垫和缓冲垫可以逐渐地分散冲击带来的力。运动员可以以此预防身体损伤（极大的力瞬间在较小的表面停止时往往会产生身体损伤），并在碰撞过程中保持控制力和稳定性。

表13.10　橄榄球抢断的技巧和力学原理

运动技巧	力学原理
橄榄球的抢断需要抢断方跑向对手，将自己与对手之间的距离缩短至一只手臂的长度。因为两名运动员都在移动，所以抢断方需要具有成熟的技术才能完成安全高效的抢断动作	为了高效地转移惯性力，抢断方必须与对手接触。运动员需要保持安全的运动姿势，头部保持在碰撞区域外。这需要正确地将姿势与加速度混合，将对手推动至理想位置
在抢断方到达对手的范围内后，他需要建立起稳定的支撑面来高效地施加抢断动作。几乎在所有的橄榄球联盟中都是如此	运动员会通过尽可能地伸展双脚来建立稳定的支撑面。这样的站姿能使运动员的重心线在支撑面内较大范围地移动。施加抢断力量的能力可以通过更大的、向运动方向延伸的支撑面来加强，因为这样的站姿会创造更大的转矩
碰撞发生的第1个点位于较大也较为稳定的上半身的某个部分，通常为肩部。与肩部产生接触后，抢断方会使用手臂抱住对手，以保持和控制自己的位置	由于橄榄球抢断动作中的较大的冲击力，第1个接触点必须在被稳定支撑着的肌肉骨骼关节处发生，也就是肩部关节而非手臂。因为手臂和腿部的骨骼更容易受到损伤，它们较小且周围的肌肉较少
为了确保抢断方的安全，运动员需要使用特殊的头部保护措施。为了避免两名运动员在落到地面时产生极大的冲击力，抢断方必须使用安全的抢断技巧，将头部保持在对手的动作范围外	抢断中产生的冲击力会产生较大的速度，当高速移动的身体部分忽然在撞击地面时停止，这种极大的减速度会大于人体的肌肉骨骼系统能够承受的安全范围，进而引发多种损伤
在双方运动员发生接触后，他们的共同目标是继续沿原方向运动。根据两名运动员产生的力的大小，他们的结果会是抢断方将对手向后推动；或对手继续向原方向运动，并将抢断方向后推动；或双方运动员产生相等的力，双方保持静止	最后的运动方向由双方的合力决定。因为两名运动员向不同的方向运动，他们的净合力就是他们在碰撞发生前的原本的惯性之和
在落向地面时，运动员需要微微弯曲各关节来吸收冲击力，并为即将受到的冲击力做好准备。当运动员撞击地面时，他们的速度会降低为零	向地面的摔落可从多个高度发生（最高至运动员的肩部）；这种摔落也会以多种速度发生。对手可以将肌肉力量与重力相结合。摔落时产生的动量等于落地运动员的质量乘以运动速度。运动员在摔落过程中产生的速度和动量会在与地面接触时降低为零。运动员冲击地面的力会产生地面向运动员身体施加的反作用力

续表

运动技巧	力学原理
如果运动员的四肢同时与地面接触，就能够安全落地。这样，身体内的重要器官将会得到保护，因为躯干并没有吸收全部的冲击力	在使用四肢接触地面时，运动员会使用他们的肩部、大腿和小腿来吸收冲击力。通过完成这样的动作，运动员可以延伸自己对地面施力以及地面对自己施力的时间。延长的施力时间会引起运动员动量和动能的改变，进而降低受伤的可能性
通过在地面上滚动并伸展四肢，运动员可以增大身体与地面的接触面积	增大身体与地面的接触面积可以降低运动员身体受到的压力。增大接触面积并延长运动员对地面施力以及地面对运动员施力的时间，还可以极大程度地降低抢断给身体带来损伤的可能性。当运动员垂直落向地面时，其动作忽然停止。地面在短时间内受到了极大的力，同时也会向运动员施加极大的反作用力。弯曲双腿、放低身体并进行滚动会延伸运动员对地面的施力时间，同样也会延伸地面对运动员的施力时间

游泳

图 13.7 是自由泳划水的侧视图。表 13.11 是游泳的技巧和力学原理。游泳的特点如下。

- 在水中运动时，两个重要的因素是增加推力和降低阻力。运动员在水中移动的推力由划水长度和划水频率决定。划水长度是指运动员在每次划水中施加推力和拉力的距离，而划水频率是指运动员每分钟完成的划水动作的数量。运动员所受的阻力由流体的摩擦力和运动员自身产生的阻力决定。

- 在自由泳、仰泳和蝶泳中，运动员的手部和前臂产生了巨大的推力。在这些划水动作中，运动员的腿部也会通过摆动产生推力。当腿部的动作使身体接近水平状态时，型阻被降低，运动员受到的总的阻力也会随之降低（Formosa et al., 2014）。在蛙泳中，运动员的手臂和双腿会产生相似的推力，具体情况会因运动员的运动技术不同而不同。

- 游泳运动员需要克服以下 3 种摩擦力：型阻，由运动员的体形和姿势产生；表面阻力，由水与运动员身体表面的摩擦产生；波阻，由水在运动员身体前侧堆叠时产生。在水中，水平的身体姿势和流畅的身体表面（可以通过脱毛和穿着平滑的游泳衣实现）有助于降低型阻和表面阻力。运动员会通过控制身体的上下运动和避免四肢对水的拍打来降低波阻，进而使能量的使用较为高效。

- 运动员需要向前拉伸身体来增加划水的长度和范围，同时也需要保持较高的划水频率。运动员需要完成有节奏的、放松的游泳动作，并尝试感受四周的水。

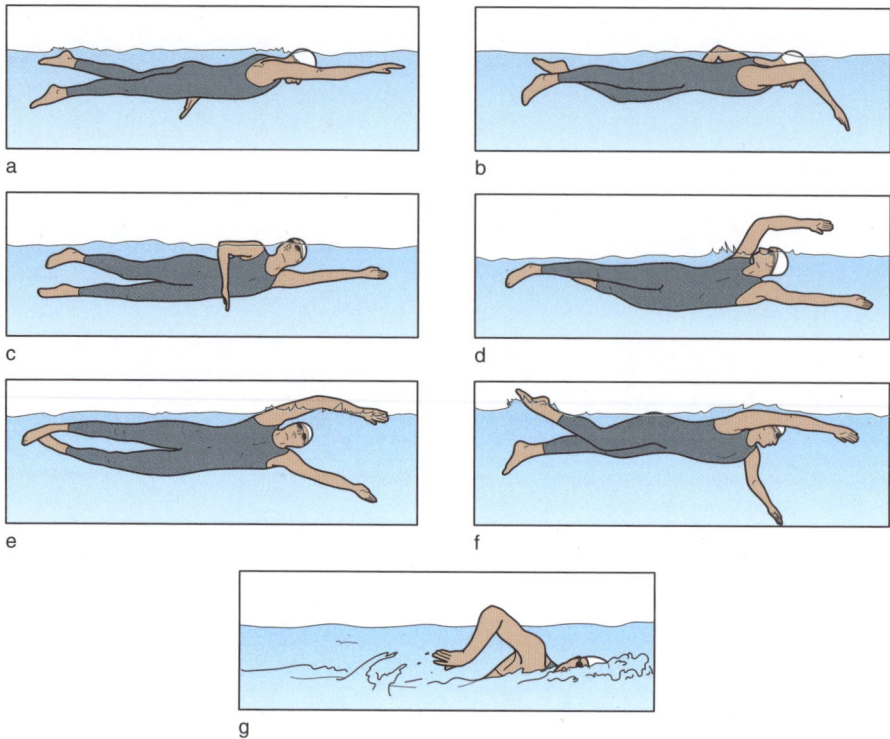

图13.7   自由泳划水的侧视图

表13.11   游泳的技巧和力学原理

运动技巧	力学原理
自由泳是4种游泳方式中速度最快的一种。手臂动作、踢腿动作、身体姿势和呼吸方式会相互协调，共同产生运动员在水中的运动速度	自由泳中，每只手臂都具有发力阶段和还原阶段，根据游泳方式的不同，手臂可能会相互重叠或相互独立，如图13.7c所示。自由泳和仰泳都会使用循环的旋转动作，而蛙泳和蝶泳则会使用两手臂同时完成推、拉和还原等动作。自由泳中，运动员的手部和前臂会产生最大的推力
运动员的身体在水中呈水平姿势。胸部下压，面部沉浸在水中，如图13.7a至图13.7b所示。游泳运动员常常会通过注视泳池底来使双腿上升。头部、肩部和髋部都会向同一侧滚动来使运动员进行呼吸，如图13.7c所示。踢腿动作发生在较浅的水面下方，如图13.7f所示。在手臂的还原动作中，手臂在肘关节处发生弯曲，如图13.7g所示。使用引领臂向前伸展，并沿着身体长轴划臂，与呼吸方式和推进臂的还原动作相呼应，如图13.7c至图13.7d所示	保持头部向下的良好身体姿势来降低运动员在水中受到的型阻，并且可以增强划水动作的强度。抬起头部会使双腿下落，增加波阻、型阻和表面阻力。如果手臂的还原动作是沿着身体的长轴旋转，则运动员的身体会在水下滑动，增加型阻和表面阻力。在还原动作中弯曲的手臂会降低转动阻力并使相关肌肉带动身体向前运动。将手臂和手部拍击入水会使身体产生方向相反的阻力，并出现上下的浮动，增加波阻、表面阻力和型阻。绕身体长轴滚动会使身体与水面的接触面积较窄，进而降低阻力

运动技巧	力学原理
手部的入水动作发生在头部入水之前，并且与肩部对齐（双手间距同肩宽）。入水时，手臂轻微弯曲，肘部位于手部上方。手指在手部和手臂的任何其他部位之前划入水中。游泳者试图"捕捉"或"固定"手部和前臂的牵引面，使其进入前方静止的、不受干扰的水中，并将身体拉过这个捕捉点或固定点，如图 13.7e 至图 13.7f 所示	当手部和前臂进入水中时，由指尖流出的水产生的升力会使手部和前臂向前推进。游泳运动员会利用动量越过入水位置。尽管如此，平稳的水面依然会为运动员提供可以更高效地完成拉和推动作的区域。当手部和前臂以平行于游泳方向的方向向后拉或推时，会产生最大的阻力
当身体向前移动超过入水点时，引领手臂会弯曲约 90 度，并且使肘部升高，使手部位于水中的较低位置，如图 13.7b 至图 13.7c 所示。肘部的弯曲程度在整个划臂过程中会发生改变。推进手臂的划臂动作会发生在另一只手臂处于还原动作并在水中向前移动时，如图 13.7d 所示。推进手臂将在与髋部水平的位置离开水面，如图 13.7b 至图 13.7c 所示	推进引领手臂的弯曲减少了绕肩关节旋转的杠杆长度，但不会减少运动员的手臂在水中划水时的面积。肘部的弯曲也会使游泳者的肌肉更容易沿着他们的推进路径完成手部和前臂的拉动。手部和前臂的划臂动作会在与髋部水平的位置结束，这会使运动员的冲量（力 × 时间）达到理想程度。升力和阻力的合力在划臂动作的开始和结束时是重要的推力
横向和垂直的推进手臂的运动会在划臂中发生。游泳运动员会向前伸展手臂，沿着身体的长轴旋转。在推进手臂完成划臂动作后，运动员的滚动动作有助于完成呼吸动作和协助推进手臂的还原，如图 13.7c 至图 13.7 所示	肩部和肘关节的生理限制，加上头部运动和手臂还原动作产生的反作用力，会导致推进手臂在水中向后移动时进行一些横向和垂直方向的运动。手部的攻角会在整个过程中不断变化，以此来最大限度地增大升力和推力
浅打水动作具有大约为 0.3 米至 0.6 米的动作弧度，动作发生在水面下方，如图 13.7a 至图 13.7f 所示。这个动作包括上下击打的动作和向两侧滚动的动作。浅打水动作会从髋部开始，接着以鞭打的形式延伸至脚踝。浅打水动作会与呼吸动作和手臂动作相协调	浅打水动作无法对比手臂和手部产生的推力，但是这种推力在保持运动员身体的流线型、水平度和降低阻力的姿势中起着重要作用。这个动作需要运动员的脚踝具有极强的灵活性。过深的打水会增加阻力，并不会增大推力。打水的深度应该由运动员的身材、力量和划水频率决定。腿部动作僵硬的浅打水动作会消耗更多的能量
运动员需要根据划水的方式进行呼吸。很多运动员会在每次划水中进行呼吸，并在竞赛中使用每 2 次划水（约为 50 米）呼吸 1 次的呼吸频率	运动员的呼吸方式不应该对推力技巧产生任何影响。抬头呼吸会导致双腿下沉，增加型阻
运动员会试图以顺畅、有节奏、平稳、循环的动作完成游泳。上下或左右的动作可以通过保持身体的静止来避免。运动员的划臂动作较长、范围较大且较为精准，这可以使运动员在高速下保持放松状态	不平稳的上下或左右晃动的动作会增加水带来的阻力，尤其是波阻（会以速度增加倍数的立方倍增加）。波阻的增加会引起能量消耗的增加，进而产生巨大的阻力。运动员应该使用流畅且能使自身放松的动作
运动员常常会进行脱毛并穿着带有涡旋发生器的紧身泳衣。海豚踢动作会在多种划水动作中的入水动作后出现，也会在运动员完成一周赛道后进行转弯时出现。游泳竞赛的规则限制了运动员持续在水下运动的距离	脱毛可以降低运动员受到的表面阻力。涡旋发生器是一列小的突起或是特殊位置的接缝。它们可以降低运动员和水面之间的型阻和表面阻力。因为紧身泳衣会增加浮力，所以运动员可以更轻松地在水中保持水平姿势，进而大大降低型阻

踢球

图13.8是橄榄球弃踢的正视图。表13.12是踢球的技巧和力学原理。踢球的特点如下。

- 在空中踢球时，运动员需要协调身体的各个部位（动力链）来与球发生接触。下肢的高速运动需要运动员的脚部产生极大的运动速度。如同连锁反应一样的动作，由慢速的较长、较大、较重的四肢动作开始，接着逐渐转化为较轻、较小的身体部位的快速运动，最终转化为对球的冲击力。

- 踢球动作需要运动员对身体各部分进行控制和加速，由能够在腿部完成挥动之前保证身体稳定性的双脚位置开始。接着，从上半身开始，运动员将会加速运动，从上半身到大腿、小腿，最后在与球接触之前到达脚部。为了达到最大的速度，拮抗肌必须完全放松，而主动肌必须依次完成收缩，使身体各部分的运动快于上一个部分的运动。

- 踢球与投掷和击球等技术不同，因为踢球技术所需的最后处于运动中的、具有最快速度的部位是运动员的小腿和踢球脚，它们是鞭打动作的末尾。身体部位的逐渐加速与投掷和击打等技术中的方式相似。

- 以期望的结果为准，对球体的施力点可以位于重心外侧来使球体旋转。在正常的情况下，这种旋转可以改变球体的运动路径（马格努斯效应），使球体具有弧形的运动路径。

- 踢球技术和投掷或击打等技术中的每一种运动形式都包括了一些准备动作，如助跑和准备姿势。这些动作会将身体和运动器材放在理想的施力位置。腿部的后摆动作为球杆的加速提供了额外的施力距离。后摆动作会预先拉伸踢球运动员的肌肉，使其为接下来的爆发性发力做好准备。放松的状态和较强的柔韧性有助于运动员做出理想的准备姿势。

图13.8   橄榄球弃踢的正视图

表13.12   踢球的技巧和力学原理

运动技巧	力学原理
踢球是一种使用脚部完成的击打动作。橄榄球中的弃踢使用了踢球腿的方式，与投掷标枪时使用的投掷手臂的方式或是击球员使用的双臂和球棒击打棒球的方式相同	踢球动作在力学上与使用球杆或球棒完成的击打动作相似。它在力学上也同样与使较轻物体以高速腾空的投掷动作有关。踢球动作还需要运动员模仿鞭打动作。较长的腿、较大的肌肉力量和较大的动作范围有助于运动员在踢球时产生巨大的冲击力

运动技巧	力学原理
运动员会通过向前迈出支撑脚来完成橄榄球的弃踢动作。这只脚会位于运动员的身体前方,并使身体向后倾斜,如图 13.8a 所示。球体已经被摆在了既定位置,使伸展的踢球腿能够与其产生接触。运动员的视线跟随球体移动,手臂向两侧展开来与踢球腿的大力挥动相平衡	弃踢运动中,运动员通过向踢球方向移动身体来克服了自身和球体的惯性。这一动作使运动员和球体都获得了动量。支撑脚位于运动员的重心前方,因此运动员可以完成向前、向上和向后的移动。支撑脚在此时起到了旋转轴的作用。运动员的前移延伸了对球体的施力时间。向外伸展的手臂可以帮助运动员在完成踢球动作的过程中保持稳定性
当运动员做出击球姿势时,踢球腿(在膝盖处弯曲)会在身体的后侧,如图 13.8a 所示	踢球腿的后摆动作和运动员身体的后倾会延长向球体施力的时间和距离。踢球脚会以较大的弧度从后摆位置运动到与球体的接触点
当踢球腿的大腿向前摆动时,小腿会在身体后侧暂时以相反方向旋转,膝盖成 90 度角,如图 13.8b 所示	大腿的前摆和小腿的后摆模仿了鞭打动作的开始部分,较重的鞭子下部会首先开始运动,同时,较轻的部分会暂时向相反方向运动
在向前、向上进行加速后,踢球腿的大腿的运动速度开始降低,而小腿和踢球脚开始加速运动。运动员会把球体放在身体前侧,使踢球脚快速与球体接触	大腿极快的角速度会被降低,这导致角速度被转移到小腿上,小腿的质量更小,转动阻力也更小。小腿的角速度因此极大地增加。球体已经被放置在了应在的位置,因此踢球脚会在具有最大化的动量时与球体接触
踢球腿会在与球接触时发生伸展,如图 13.8c 所示	踢球腿的大力伸展会在小腿绕膝关节旋转时发生。踢球腿模仿了抽打鞭子时鞭子末端的动作,从而获得了最大的速度
运动员会通过伸展支撑腿来向上抬起身体。运动员的身体会向后倾斜,远离踢球方向,如图 13.8d 至图 13.8e 所示	使用伸展的支撑腿的脚尖站立,并向后倾斜身体,这样会增大踢球腿摆动的弧度,进而增大对球体的施力
运动员的身体向踢球方向移动并超过支撑脚。在脚部与球体接触后,踢球腿会继续完成跟随动作。腿部会再次在膝盖处进行弯曲,如图 13.8e 所示	运动员身体向前倾斜,继续向球体施力。踢球腿的下方会在与球体接触前获得最大的角速度。部分弯曲的踢球腿会使脚部能够以较大的弧线向上运动至头部的高度。运动员的手臂通常会向两侧伸展以保持稳定性
球体的飞行距离由施力的大小、飞行路径的角度、环境等因素和球体是绕长轴旋转还是不停翻滚决定	踢球脚在踢球瞬间的运动速度和释放角度共同决定了球体的飞行距离。当运动员在顺风中进行踢球动作时,将球体送至踢球脚并使其在接触瞬间获得较高的飞行角度是很有必要的。在逆风中则需要使用较低的飞行角度
在旋转的踢球动作中,运动员会使球体的长轴微微偏离踢球方向。踢球脚直接向前摆动,穿过球体的长轴	运动员与球体的接触会使踢球脚穿过球体的长轴,进而施加转矩,使球体开始旋转。旋转球具有更大的稳定性,并且会比不断在空中滚动的球飞行更远的距离
球体的飞行距离会受到环境因素的影响	风向和海拔(空气阻力)会对球体的飞行距离产生巨大的影响

划船

表13.13是划船的技巧和力学原理。划船的特点如下。

- 在做划臂运动时（如滑雪或皮划艇），运动员身体的各部分按一定的次序来产生推力。划船的划水动作通常分为4个步骤。
- 第1步是抓水，将船桨放入水中。运动员的双腿微微弯曲，身体前倾，头部抬起，并放低船桨的桨片。不必施加推力，因为船桨是平衡地入水的。
- 第2步是划水的发力阶段，也就是在水中拉动船桨。此时桨片应该已经垂直入水了，推动的动作由腿部开始，接着背部肌肉开始发力（McKean and Burkett, 2014）。最后，运动员使用手臂完成拉动，将船桨移动至胸部下方的位置。以较深的角度在水中拉动船桨并不会消耗多余的力量。桨片应该在较浅的水面下移动。粗心大意的运动员可能没有将船桨放得足够深，从而导致船桨无法成功抓水，他们仅仅是使船桨向上移动来滑动水面。在多人划船竞赛中，这个动作会使船体摇晃，破坏团队的划水节奏。为了降低船体在水中移动的阻力，需要尽可能地减少船桨水平或垂直的动作。

- 第3步是水下划桨的最后阶段。这一个动作会在运动员快速拔出船桨时发生。运动员的肌肉已经完成了施力，身体后倾，手臂落下，收回船桨。
- 第4步是还原动作，它会引导运动员进行下一轮划水动作。此时，运动员的身体移动方向与发力时的移动方向相反。手被推离身体，身体从臀部向前旋转，滑入座椅，停止动止位置。运动员移回船桨后，会通过手腕的扭转来使船桨与水面呈平行方向运动。这个动作会降低空气阻力。在下一次抓水动作开始之前，船桨需要再次与水面呈直角。

> **知识小结**
> ### 流体中的运动
> - 为了在流体（尤其是水）中完成高效的运动，两个关键因素是增加推力和降低阻力。
> - 在踢球时，如果施力点偏离中心，球体将会产生旋转。在正常的情况下，这种旋转可以改变球体的腾空路径（马格努斯效应），使球体呈弧线运动。
> - 为了降低船体在水中行驶的阻力，运动员需要尽可能地减少水平方向和垂直方向上的动作，进而降低型阻、波阻和表面阻力。

表13.13　划船的技巧和力学原理

运动技巧	力学原理
运动开始时，运动员会尽可能坐在皮划艇的后侧，舒适地弯曲膝盖。如果皮划艇的脚井较多，运动员可以在完全伸直双腿后，将双脚收回一个脚的距离。过于伸直的双腿可能会使下背部受到扭伤。如果膝盖过于弯曲，运动员可能会在划船过程中与膝盖相碰。运动员应该在静水中训练自己的划水动作，将注意力集中在动作的改善上	在划船运动开始之前，运动员需要使用稳定安全的人体姿势。从解剖学角度来看，错误的姿势会大大地影响运动员的运动状况和高效的发力。更重要的是，具有潜在危害的身体姿势会引发严重的身体损伤并对肌肉骨骼系统造成伤害

运动技巧	力学原理
为了找到手部在船桨上的正确位置，运动员会在动作开始时将双手放在与肩同宽的位置。将船桨的中心放在头顶，肘关节以小于90度的角度弯折。运动员两手之外的船桨长度应该是相等的	比起手臂运动，划船运动包括了更多的躯干的运动，而手臂则需要以大约90度的角度弯折并保持放松状态。从力学角度来说，运动员需要使用上肢构成一个可以对船桨末端产生最大力的杠杆。当这个力被施加在水面上时，合力则为推动船体向前运动的推力
运动员会通过向前倾斜身体来将水中的船桨贴近鼻子，以此完成普通的划水动作和向前大力划水的动作。他们会直接向后拉船桨，直到它到达髋部位置；接着抬起船桨，重复下一轮的划水动作	基础的划水动作是向前发力的划水动作。将放在水中的船桨贴近鼻子会减少侧向力的产生并将合力指向理想的运动方向。运动员会随着船体向后拉船桨至大约髋部的位置，因为在那一点后，身体中的杠杆施加的力就会开始降低。为了保持这种对称性，运动员会举起船桨，接着进行下一组划水动作
有些船桨会将桨片相互重叠，有时也被称为羽状船桨。优秀的运动员常常会使用这种船桨。运动员需要使用一种特殊的运动技巧来使船桨入水。如果船桨为右手控制（当右侧船桨呈现垂直状态，而左侧船桨在水中划水时），右手需紧握船桨，而左手保持松弛。使用右手时，船桨片会通过左手向前后移动。接着是在右侧完成划水动作，将右手腕后弯（左手保持松弛或略微张开），再在左侧完成划水动作，以此类推。如果运动员使用了左手控制的船桨，则需要做出改变：左手紧握船桨，右手保持松弛	羽状船桨的表面积较小，因此在还原阶段时受到的风力影响也较小。这是力学角度上对该船桨优势的唯一解释
划桨时，运动员的双手应该保持放松，因为船桨在中度的握力下就能够安全地被推在运动员的手中。运动员可以采用坐姿，上半身与水面保持垂直，两腿的位置应该使膝盖能够微微弯曲。为了获得更高的力学效率，运动员不仅需要使用手臂的力量，还需要使用躯干的力量。较长的船桨可以产生较长的划水动作，较短的船桨可以产生较短、较快的划水动作	用力过猛会给周围肌肉带来不必要的压力，进而过快地消耗能量。保持正确的解剖学姿势可以使运动员的肌肉骨骼系统以已经设计好的、压力最小的方式运作。使用较长的船桨会增加杠杆的长度，如果船桨可以以相同的线性速度（或相同的划水频率）运动，就会产生更快的船体行驶速度。另外，如果运动员想要获得更快的划水频率，就需要使用较短的船桨杠杆

参考文献

Formosa, D. P., M. G. L. Sayers, and B. Burkett. 2014. "Stroke–Coordination and Symmetry of Elite Backstroke Swimmers Using a Comparison Between Net Drag Force and Timing Protocols." *Journal of Sports Sciences* 32(3): 220–228.

Hendricks, S., D. Karpul, and M. Lambert. 2014. "Momentum and Kinetic Energy Before the Tackle in Rugby Union." *Journal of Sports Science and Medicine* 13(3): 557–563.

Kempton, T., A. C. Sirotic, and A. J. Coutts. 2014. "Between Match Variation in Professional Rugby League Competition." *Journal of Science and Medicine in Sport* 17(4): 404–407.

Kompf, J., and O. Arandjelović. 2017. "The Sticking Point in the Bench Press, the Squat, and the Deadlift: Similarities and Differences, and Their Significance for Research and Practice." *Sports Medicine* 47(4): 631–640.

McKean, M. R., and B. J. Burkett. 2014. "The Influence of Upper–Body Strength on Flat–Water Sprint Kayak Performance in Elite Athletes." *International Journal of Sports Physiology and Performance* 9(4): 707–714.

Tolfrey, V., B. Mason, and B. Burkett. 2012. "The Role of the Velocometer as an Innovative Tool for Paralympic Coaches to Understand Wheelchair Sporting Training and Interventions to Help Optimise Performance." *Sports Technology* 5(1): 20–28.

力学单位及其换算表

表A.1　国际单位制的基本单位

量的名称	符号	单位名称	单位符号
时间	t	秒	s
长度	l	米	m
质量	m	千克	kg

表A.2　力学中使用的导出量和单位

量的名称	符号	单位名称	单位符号	国际单位制单位
面积	A	平方米	m^2	m^2
体积	V	立方米	m^3	m^3
密度	ρ	千克每立方米	kg/m^3	kg/m^3
速度	v	米每秒	m/s	m/s
加速度	a	米每二次方秒	m/s^2	m/s^2
角度	θ	弧度	rad	无量纲
角速度	ω	弧度每秒	rad/s	$1/s$
角加速度	α	弧度每二次方秒	rad/s^2	$1/s^2$
动量	p	千克米每秒	$kg \cdot m/s$	$kg \cdot m/s$
力	F	牛顿	N	$kg \cdot m/s^2$
重量	W	牛顿	N	$kg \cdot m/s^2$
冲量	$F\Delta t$	牛顿秒	$N \cdot s$	$kg \cdot m/s$
压强	R	帕斯卡	Pa	K
转矩	T	牛顿米	$N \cdot m$	$kg \cdot m^2/s^2$
转动惯量	J	千克平方米	$kg \cdot m^2$	$kg \cdot m^2$
角动量	L	千克平方米每秒	$kg \cdot m^2/s$	$kg \cdot m^2/s$
功	W	焦耳	J	$kg \cdot m^2/s^2$
能量	E	焦耳	J	$kg \cdot m^2/s^2$
功率	P	瓦特	W	$kg \cdot m^2/s^2$

表A.3至表A.11用于将各个机械量从一个计量单位转换为另一计量单位。阅读这些表格很有必要。表格中最左边的一列是你想要转换的单位，最上面一行则是相对应的转换单位。阅读这些表格的方法是，首先阅读最左边的一列，找到想要转换的单位，读取对应的行，找到要转换的单位，将此数字乘以度量值，即可获得在该列顶行中的单位。例如，在时间换算表中，要将86分钟转换为小时，请查看左侧一列并找到"1分钟"，向右阅读，直到找到"小时"这一列，将此单元格中的数字0.016667乘以86，得到1.43小时。黑体数字是精确的换算系数。

换算方式如下：将最左侧的单位换算为第一行的不同单位，应将原单位前数值乘以新单位对应的系数。以时间为例：

$$1 分钟 = 0.016667 小时$$

阅读"1分钟"这一整行，

$$1 分钟 = 60 秒 = 1 分钟 =$$
$$0.016667 小时 = 0.00069444 天$$

表A.3　时间换算

时间	秒	分钟	小时	天
1秒＝	1	0.016667	0.00027778	0.000011574
1分钟＝	60	1	0.016667	0.00069444
1时＝	3600	60	1	0.041667
1天＝	86400	1440	24	1

表A.4　长度换算

长度	英寸	英尺	码	英里	厘米	米	千米
1英寸＝	1	0.08333333	0.027778	0.000015782	2.54	0.0254	0.0000254
1英尺＝	12	1	0.33333	0.00018939	30.48	0.3048	0.0003048
1码＝	36	3	1	0.00056818	91.44	0.9144	0.0009144
1英里＝	63360	5280	1760	1	160934.4	1609.344	1.609344
1厘米＝	0.39370	0.032808	0.01094	0.0000062137	1	0.01	0.00001
1米＝	39.37008	3.280840	1.093613	0.00062137	100	1	0.001
1千米＝	39370.08	3280.840	1093.613	0.621371	100000	1000	1

表A.5　质量换算

质量	盎司	磅	斯勒格	毫克	克	千克
1盎司＝	1	0.0625	0.0019426	28349.523125	28.349523125	0.028349523125
1磅＝	16	1	0.031081	453592.37	453.59237	0.45359237
1斯勒格＝	514.78479	32.17405	1	14593903	14593.903	14.593903
1毫克＝	0.000035273	0.0000022046	0.000000068521	1	0.001	0.000001
1克＝	0.035274	0.0022046	0.00068521	1000	1	0.001
1千克＝	35.27396	2.204623	0.068521	1000000	1000	1

表A.6　角度换算

角度	度	弧度	圆周
1度 =	1	0.017453	0.0027778
1弧度 =	57.29578	1	0.15916
1圆周 =	360	6.28319	1

表A.7　速度换算

速度	英尺/秒	英里/时	米/秒	千米/时
1英尺/秒 =	1	0.68182	0.3048	1.09728
1英里/时 =	1.46667	1	0.44704	1.60934
1米/秒 =	3.28084	2.23694	1	3.6
1千米/时 =	0.91134	0.62137	0.27778	1

表A.8　力换算

力	磅	牛顿
1磅 =	1	4.44822
1牛顿 =	0.22481	1

表A.9　功或能换算

功或能	英尺·磅	焦耳
1英尺·磅 =	1	1.3557484
1焦耳 =	0.73756	1

表A.10　压强换算

压强	磅/平方英寸	帕斯卡
磅/平方英寸 =	1	6894.757
1帕斯卡 =	0.000145038	1

表A.11　转矩换算

转矩	寸－磅	尺－磅	牛顿米
1寸磅 =	1	0.083333	0.11298
1尺磅 =	12	1	1.35581
1牛顿米 =	8.85074	0.73756	1

术语表

本词汇表中，我们尽可能地简化了对术语的解释。为了帮助读者理解这些专业术语，我们提供了一些例子，这些例子涉及一些运动器材，例如标枪和排球。

加速度（acceleration）：速度变化率。运动员可以加速、减速或零加速。在零加速情况下，运动员可以是静止的或者是匀速移动的。

主动肌（agonist）：引起收缩或有助于产生动作的肌肉；可将其当作"推动者"。

翼型（airfoil）：机翼的横截面。翼型有各种形状。有些很宽，有些很窄，有些是对称的。它们的作用是制造升力。

攻角（angle of attack）：物体（如标枪或翼型）的长轴与流过的流体（如空气）之间的角度。在铁饼上，攻角是铁饼前缘相对于经过铁饼的气流升高或降低的角度。

角动量（angular momentum）：对于运动员来说，角动量由运动员的质量大小、质量分布（运动员的身体质量被拉伸或压缩的程度与运动员的旋转轴有关）和旋转速度决定。从力学的角度来说，任何物体的角动量都是由物体的质量乘以质量分布再乘以角速度得出。

角运动（angular motion）：循环或旋转运动。翻筋斗、扭动、翻滚、摆动、摇摆、螺旋和旋转都是角运动的形式。

角速度（angular velocity）：运动员或物体的旋转速度。包括旋转次数、旋转周期和旋转方向。例如，分针顺时针方向转动1分钟是360度。

拮抗肌（antagonist）：对抗收缩的肌肉。在体育运动中，拮抗肌位于主动肌的另一侧。

顶点（apex）：轨迹的最高点。在跳高或跳水中，顶点是运动员运动路线的最高点。

阿基米德原理（Archimedes' principle）：以希腊数学家阿基米德的名字命名。阿基米德原理的内容是"作用在物体上的浮力等于物体所分离的流体的重量"。如果一名运动员的重量大于他所挤出的水的重量，那么他就会下沉。相反，如果一名运动员的重量小于他所挤出的水的重量，他就会浮起来。

旋转轴（axis of rotation）：穿过物体或运动员旋转中心的假想线。当运动员在空中旋转时，运动员的旋转轴穿过运动员的重心。排球、棒球和标枪等无生命物体也有旋转轴。当与地面接触时，运动员的旋转轴和重心往往在不同的地方。

平衡（balance）：运动员为特定目的控制自己动作的能力。

平衡点（balance point）：两侧重量相等的点。

支撑面（base of support）：物体或运动员与承载面之间最外面的接触点形成的区域。支撑面不一定在物体的下方。

伯努利定律（Bernoulli's principle）：以瑞士数学家丹尼尔·伯努利的名字命名。伯努利定律指出"流体所施加的压力与其速度成反比"，因此，流体（如空气和水）施加的压力越小，它们移动得越快。相反，流体的流动速度越慢，所施加的压力就越大。

生物力学（biomechanics）：一门研究能量和力对生物运动影响的科学。

边界层（boundary layer）：在流体（如空气和水）中运动时接触物体或运动员表面的流体层。所有在空中运动的物体都有一个边界层。游泳运动员呼吸边界层的空气，使身体在水中移动。

浮动（buoyancy）：流体对完全或部分浸没在流体中的物体或运动员施加推力的倾向。在水、空气和其他气体中会产生浮动。

浮力（buoyant force）：被浸没的物体周围的流体施加在物体上的向上的力（即反重力）。另见阿基米德原理。

节奏（cadence）：单位时间的速率，即固定时间内动作发生的数量。

浮力中心（center of buoyancy）：浮力作用于浸没物体的点。运动员的浮力中心通常高于运动员的重心。

重心（center of gravity）：物体或运动员的质量和重量在各个方向上平衡的点。它也是重力集中的地方。男性的重心位置通常高于女性的。

离心力（centrifugal force）：当物体或运动员旋转时，自身的惯性不断地使其沿着直线运动，惯性的拉力与向心力对抗。在这种情况下，惯性力常常被称为离心力。离心力实际上是另一种形式的惯性。

向心力（centripetal force）：旋转物体作用于其旋转轴的力。

闭锁式技术（closed skills）：在可预测、可控的环境中完成的技能。例如花样游泳。

角动量守恒（conservation of angular momentum）：旋转物体或运动员会一直保持恒定的角动量进行旋转，除非增加或减少角动量的外部转矩。从塔台到水面的运动过程中，跳水运动员从起跳到与水面接触的角动量几乎相同。

线性动量守恒（conservation of linear momentum）：两个物体或两名运动员碰撞时，二者碰撞前的动量总量与碰撞后的动量总量相同。

保存（conserve）：如果某物没有增加或失去，即为保存状态。

减速（deceleration）：运动员或物体速度的降低。

密度（density）：单位体积物体的重量（或单位体积物体的质量）。特定空间中物质的量越大，密度就越大。肌肉和骨骼的密度比脂肪的密度大。

非重复性技术（discrete skills）：有明确的开始点和结束点；该技术通常是非重复性的。

动能耗散（dissipation of kinetic energy）：两个物体或两名运动员之间碰撞时，带来的动能都以某些方式耗散。物体和运动员在碰撞过程中相互做功使用掉一部分动能。动能也会随着热量和噪声的产生而分散。另见能量守恒定律。

阻力（drag）：物体或运动员通过流体（如水或空气）的相对运动所产生的力。

动力学（dynamics）：描述正在发生变化的运动。

偏心力（eccentric thrust）：不通过物体重心且容易引起旋转的力。体操运动员、跳水运动员和花样滑冰运动员旋转时都会使用偏心力。

弹性（elasticity）：物体变形后恢复原来形状的能力。高尔夫球、射箭用的弓和撑竿跳用的竿都极具弹性。

能量（energy）：在力学中，能量是指做机械功的能力。能量的类型包括热能、化学能、电能和机械能。一个物体或运动员拥有的能量越多，其移动或使其他物体变形的力就越大。

反馈（feedback）：对绩效的积极评价，包括改进建议。

一级杠杆（first-class lever）：位于力和阻力之间的杠杆。一级杠杆能够放大力、平衡力和阻力，以及放大速度和距离。一级杠杆改变方向；力向一个方向移动，阻力朝相反的方向移动。

柔韧性（flexibility）：运动员关节的活动范围。柔韧性也被用来描述物体的弯曲度。

跟随动作（follow-through）：在产生力的动作完成后进行的后续动作。循序渐进和安全的跟随动作会消耗运动员在运动时产生的动力和能量。

力（force）：倾向于改变物体运动状态或尺寸。运动员施力后不一定会产生运动。

力臂（force arm）：施力线与轴线之间的垂直距离。

力的向量（force vector）：表示所施加力的大小和方向的符号。力的向量通常用箭头表示。箭头的头部指示所施加力的方向，箭头的长度表示所施加力的大小。

发力动作（force-producing movements）：这些动作是运动员在完成一项技能时，用来产生力量的动作。

型阻（form drag）：运动员（或物体）通过流体时，接触流体的前部产生高压，且低压立即出现在运动员（或物体）的后部。高低压差越大，型阻越大。

摩擦力（friction）：与一个表面在另一个表面上运动的力相反的力。摩擦可以是各种形式的（如静摩擦、滑动和滚动摩擦）。

冠状轴（frontal axis）：从前部到后部的轴。在人体中，冠状轴会通过重心，从运动员的腹部到背部。在重心处，冠状轴与垂直轴（从头到脚）和矢状轴（从臀部一侧到臀部另一侧）相互垂直。

支点（fulcrum）：杠杆旋转的轴或铰链。

重力加速度（gravitational acceleration）：物体或运动员对地球的加速度。通常为9.8米/秒^2。

重力势能（gravitational potential energy）：重力势能是一个物体由于处于地球引力场中和地球表面上而具有的能量。物体的质量越大，离地球表面的高度越高，物体的重力势能就越大。跳水运动员站在10米跳板上比站在3米跳板上具有更多的重力势能。但是，站在3米跳板上的质量大的运动员可能比站在10米跳板上的质量小的运动员拥有更多的重力势能。

重力（gravity）：天体中心对有质量的物体的吸引力，如地球或月球。所有具有质量的物质都能产生重力。一般情况下，物体的质量越大，重力就越大。

地面反作用力（ground reaction force）：与作用在地面上的力大小相等、方向相反的力。一名运动员以一定的力压向地面，地面以大小相等、方向相反的力做出反应。

马力（horsepower）：由发明家詹姆斯·瓦特提出，在英国皇家测量系统中被用作测量功率的一种单位。1英制马力是一个物体或运动员在1秒内通过1英尺（1英尺＝0.3048米）的距离移动550磅（1磅＝0.454千克）的能力。1英制马力等于745.7瓦。

人体运动（human movement）：研究人体如何运动以及运动对人体的影响的学科。

流体静压（hydrostatic pressure）：流体（如空气或水）为支撑自身重量或浸入流体中的物体或运动员的重量而施加的力或面积。海平面高度上的气压约为101.325千帕。气压随着海拔的升高而降低。海水几乎是不可压缩的，每往水中下潜10米，压力就增加101.325千帕。此外，海洋表面的大气重量会增加101.325千帕。

撞击（impact）：两个或多个物体之间的碰撞。

冲量（impulse）：冲击力乘以作用力的时间。运动员肌肉力量的大小和施加这种力量的时间长短各不相同。

惯性（inertia）：物体或运动员保持静止或进行连续的匀速直线运动的倾向。惯性与质量直接相关。质量较大的运动员或物体比质量较小的运动员或物体具有更大的惯性。另见牛顿第一定律。

关键因素（key elements）：不同的身体动作结合在一起，构成一项运动技术的一个阶段。

运动学（kinematics）：描述人体的运动以及物体是怎样被移动的。

动能（kinetic energy）：物体或运动员由于运动而完成动作的能力。动能随着形体的质量和速度的增加而增加。

动力链原理（kinetic link）：模拟连环动作或鞭打动作。动力链原理用于标枪、棒球投掷等技术中，可以将轻质物体加速至一个极快的速度。优秀的投掷技术要求从一个肢体段到下一个肢体段的速度要逐渐增加，从最大的肢体段开始，到最小的肢体段结束。

动力学（kinetics）：描述产生运动的或由运动产生的力的学科。

层流（laminar flow）：流体中的一种流动形式，其特征是平滑的平行线（如木材中的层流）。当流体以非常低的速度通过物体和运动员时，就会出现层流。

能量守恒定律（law of the conservation of energy）：宇宙中的能量是恒定的，不可能被创造或毁灭，只能在形式上改变。当运动员放慢速度并放弃能量时，运动员的能量就会转化为其他形式，如热量、噪声以及运动员与他人或物体接触时产生的运动和变形。总能量保持不变。

杠杆（lever）：一种简单的工具，由围绕轴或绕轴旋转的刚性物体组成。在运动员的身体里，骨骼、关节和肌肉构成杠杆系统，一起工作。

升力（lift）：作用在流体中并垂直于流体中流动物体的力。升力并不总是向上的，它可以发生在任何方向上。

重心线（line of gravity）：从物体或运动员重心到地球表面的垂直线。重力线通常也被称为垂线。

线性和角运动学分析（linear and angular kinematic analysis）：对人体运动的分析，包括判断位置、移位、速度和加速度。

线性和角动力学（linear and angular kinetics）：一种测量力、惯性和能量的人体运动分析的学科。

线性运动（linear motion）：运动员或物体的直线运动。运动员或物体的所有部分以相同的速度朝着相同的方向运动，这种运动就称为线性运动。

线性稳定性（linear stability）：改变物体或运动员的运动方向的阻力。线性稳定性与物体或运动员的质量和惯性直接相关。

线性速度（linear velocity）：距离的变化量除以直线运动时间的变化量，通常以米/秒为单位。

长轴（longitudinal axis）：一条贯穿物体或运动员长度的假想线。体操运动员转动身体时会绕着长轴旋转。

马格努斯效应（Magnus effect）：以德国科学家古斯塔夫·马格努斯的名字命名。马格努斯效应即旋转物体（如棒球或足球）的轨迹向旋转方向运动。如果棒球的前部表面向左旋转，马格努斯效应会使棒球的轨迹向左弯曲。

马格努斯力（Magnus force）：物体（如棒球、足球或高尔夫球）旋转时产生的升力。另见马格努斯效应。

质量（mass）：物体或物质的量。一般情况下，一名体格健壮的运动员的质量较大。质量也是对物体或运动员惯性的度量。体格健壮的运动员比体格瘦弱的运动员具有更大的惯性。

力学（mechanics）：物理学的一个分支，研究能量和力对物体运动的影响。

米（meter）：以米制为基础的长度单位。1米约等于3.281英尺。

公制（metric system）：以米、升、克为长度、容量和重量（或质量）的单位的十进制测量系统。

动量（momentum）：运动量。物体的质量乘以它的速度。运动员的质量或速度的增加会引起运动员动量的增加。

负加速度（negative acceleration）：运动物体或运动员速度的降低。

牛顿（newton）：一种公制计量单位，为纪念艾萨克·牛顿（Isaac Newton）对科学的贡献而命名。作用在质量为1千克的物体上，使之产生1米/秒^{2}的加速度的力为1牛顿。

牛顿第一定律（惯性定律）（Newton's first law）：所有运动员和物体都有质量，因此都有惯性。他们的惰性表现为希望保持休息状态。如果对其施加一个力来使其运动，其惯性就会使其以相同的速度进行直线运动。（重力、摩擦力和空气阻力所施加的力自然会改变这种情况。）

牛顿第二定律（加速度定律）（Newton's second law）：物体或运动员的加速度与作用在物体上的力成正比，与物体的质量成反比。当同样的力施加在两名运动员身上时，较重的运动员比较轻的运动员的加速度小。

牛顿第三定律（作用力和反作用力定律）（Newton's third law）：当一个物体或运动员对另一个物体或运动员施力时，后者会对前者施加反作用力，这种力与前者施加的力大小相等、方向相反。无论对彼此施加力的是运动员还是无生命物体，产生的作用力和反作用力都适用于此定律。

观察（observation）：客观地监测和评估运动员的运动技能。

开放性技术（open skills）：在不可预测的环境中完成的技能。例如，对抗对手的技巧（如在摔跤、足球运动中），在多变的环境条件下的技巧（如在滑雪、游艇、冲浪运动中）。

阶段（phases）：一项技能中结合在一起的一组独立动作。跳远有以下几个阶段：助跑前的准备动作和心理准备；助跑；起跳；飞行中的动作；落地时的动作。

正加速度（positive acceleration）：运动物体或运动员速度的增加。

功率（power）：完成机械工作的速率。机械用功等于力乘以阻力移动的距离。功率等于用功总量除以所用时间。

压强（pressure）：对单位面积施加的力。压强与施力面积有关。与较小区域相比，对较大区域施加相同的力，其受到的压强较小。

抛体（projectile）：运动员或物体被抛射，使其沿着运动路径（或飞行路径）进行运动。

推进阻力（propulsive drag）：一种与物体或运动员运动方向相同的阻力。在游泳中，运动员移动他们的手和脚，使得他们的手和脚在移动时产生推力，有助于推动自身在水中前进。

定性（qualitative）：一种主观描述运动技能质量的方法。多为描述性，而非客观性。

定量（quantitative）：一种客观描述运动技能数量的方法。通常用数字来进行描述。

回转半径（radius of gyration）：从旋转轴到重心的距离。

角速度（rate of spin）：用来量化物体或运动员的旋转速度，通常以每秒的角度或每秒的弧度来衡量。

实时（real time）：事件发生时或事件完成后立即可用的结果或度量。

回弹（rebound）：一种可能由突然的撞击或碰撞引起的动作。回弹的类型取决于撞击的性质以及碰撞物体的弹性和运动。

相对运动（relative motion）：用于描述一个或多个物体或运动员通过对方时的相对运动。

信度（reliability）：描述度量的精确度或可靠性水平。

阻力（resistance）：一种倾向于阻碍或反对物体或运动员运动的反作用力。

阻力臂（resistance arm）：阻力所施加的力的作用点和旋转轴之间的垂直距离。

抗阻训练（resistance training）：一种身体训练的形式，其主要目的是通过提供一种更大的阻力（通常是重量）来使肌肉进行超负荷训练。

合力（resultant）：由多个力的向量组合而成的单个向量的合力。作用在一个物体上的几种力可以产生单一的等效力，这是它们共同作用的结果。

合力的向量（resultant force vector）：由几个力共同作用在一个物体上所产生的力的向量。

滚动摩擦（rolling friction）：圆形物体（如车轮）滚动到接触面上时产生的摩擦力。滚动摩擦常发生在齿轮、轴、变速器、链条和发动机中。

旋转惯性（rotary inertia）：也称为旋转阻力、转动惯量。物体或运动员最初抵抗旋转，然后在施加了转矩后有想要继续旋转的倾向。只要保持向心力就会一直沿着圆形路径运动。旋转惯性由质量和质量相对于旋转轴的分布距离决定。运动员在翻转时的旋转惯性比紧绷身体时的旋转惯性大。

旋转稳定性（rotary stability）：物体或运动员抵抗旋转或翻转的阻力；如果物体或运动员在旋转，旋转稳定性是对可能干扰其旋转的力和力矩的抵抗。旋转稳定性与旋转惯性直接相关。

标量测量（scalar measurement）：在选定的测量尺度上进行的测量，给出大小但不给出方向。例如，32千米/时是标量测量，仅表示速率。速度还会表示方向。

二级杠杆（second-class lever）：位于轴和力之间的杠杆。二级杠杆更倾向于放大力，而不是放大速度和距离。在二级杠杆中，力和阻力的运动方向是一致的。

次序（sequence）：运动的关键部分执行的次序，或者肌肉收缩产生运动的次序。

技术（skill）：一种旨在满足某项运动或特定活动要求的动作模式。

技术目的（skill objectives）：由于技术的表现而产生的目标或结果。运动规则决定技术目的。

滑动摩擦（sliding friction）：两个表面之间产生的摩擦力，这两个表面相互滑动（即移动）。

速率（speed）：运动员或物体在不考虑方向的情况下每单位时间运动的距离。例如，

16千米/时是没有指示方向的速率。

体育科学（sport science）：用来描述多学科领域，用科学的方法来理解和加强体育活动。

监测员（spotter）：在技术困难或危险阶段为运动员提供帮助，尤其是在体操运动中。

稳定性（stability）：抵抗阻力的干扰。运动员能够根据他们所要表现的技能的要求来增加或减少他们的稳定性。

支撑期（stance phase）：步态周期内，一只脚与地面接触的阶段。

静摩擦（static friction）：两个静止物体表面之间的摩擦力。静摩擦是在运动开始前两个物体之间存在的相反的阻力。静止的运动员和支撑面之间存在静摩擦。

静态（statics）：描述了以稳定状态运动的动作。

步长（step length）：一只脚与地面接触的位置到另一只脚与地面接触的位置的距离。

应变能（strain energy）：物体变形时储存在物体中的一种势能形式。弓箭手的弓和撑竿跳高的竿都储存着应变能。

力量（strength）：肌肉（或多个肌肉）在不考虑施力时间的情况下施加压力的能力。

步频（stride frequency）：单位时间内的步幅数；另请参见步伐速率。

复步长（stride length）：一只脚与地面接触的位置到同一只脚与地面接触的下一个位置的距离。

表面阻力（surface drag）：流体（如空气或水）接触通过流体的物体或运动员的表面时产生的阻力。

摆动期（swing phase）：在典型步态周期中被观察到的不与地面接触的阶段，通常是从脚趾离开地面到再次接触地面的阶段。

技术（technique）：一种常用的方法，通过使用某些技术来完成一项运动。在跳高运动中，背越式跳高技术已经过时。

步态特征（temporal gait characteristics）：步态生物力学测量的集合总称。

三级杠杆（third-class lever）：三级杠杆位于轴线和阻力之间。三级杠杆有利于速度和距离的放大。在三级杠杆中，力和阻力的运动方向是一致的。三级杠杆是人体内最常见的杠杆系统。

转矩（torque）：一种旋转、转动或扭曲的效果，由作用在离旋转轴一定距离处的力产生。旋转的开始总是需要施加转矩。

轨迹（trajectory）：物体或运动员的运动轨迹。

角动量转化（transfer of angular momentum）：与角动量守恒相似，关键的区别在于转化，角动量的转化突出了角动量如何从一个部分移动到另一个部分。

平移（translation）：在力学中，当一个物体的所有部分在同一时间段内移动相同的距离时，就会发生平移。这种情况并不常见，因为这意味着物体不会进行旋转运动。

矢状轴（transverse axis）：从一边到另一边的轴。在人体中，矢状轴穿过重心从臀部的一边到另一边。在重心处，矢状轴与垂直轴（从头到脚）和冠状轴（从前到后）相互垂直。

湍流（turbulent flow）：流体中受扰动的非层流流型。

恒定加速度（uniform acceleration）：不变的加速度，速度以一定的速率增加。

恒定减速度（uniform deceleration）：每单位时间内的速度有规律地降低。每经过1秒减速1.5米/秒的物体或运动员，其恒定减速度为-1.5米/秒。

效度（validity）：测量值与被测量值进行比较的程度（精确度）。

速度（velocity）：运动员或物体在给定方向上的运动速度。当方向改变时，速度可能会改变，也可能保持不变。

黏度（viscosity）：描述流体黏性和流体抵抗流动趋势的程度。

体积（volume）：物体或运动员占用的空间量。

涡旋（vortex）：也叫涡流。涡旋是一团又一团的流体，存在于液体（如水）和气体（如空气）中。

尾流（wake）：物体在流过流体时，在其后部边缘处留下的轨迹。船只、游泳者和飞机都会留下尾流。

波阻（wave drag）：波浪在两种流体界面上作用所产生的阻力。在体育运动中，波阻产生在空气和水相遇的地方。

重量（weight）：地球引力所施加的力。

准备姿势（windup）：运动员发力前的预备动作。准备姿势常用于描述击球或投掷技术。

功（work）：机械能的表达式。功由力乘物体或运动员移动的距离所得。跳水运动员爬上塔台时，因为他爬升了一定的距离，所以他做了功。

关于作者与译者

关于作者

布伦丹·伯克特（Brendan Burkett）博士是澳大利亚阳光海岸大学的教授，具有工程学学士、硕士学位和生物力学博士学位。他的教学方向为生物力学、运动训练学和运动表现改善，其研究大多关于人类健康和运动表现方面的技术发展。他已经在体育科学、生物力学和运动训练领域的期刊上发表了150多篇同行评审文章和180多篇会议论文。

作为一名国际级精英运动员，布伦丹·伯克特代表澳大利亚参加游泳比赛长达13年，曾获得残奥会冠军，并且是世界纪录保持者，还在英联邦运动会和澳大利亚全国锦标赛上获得过多枚奖牌。他曾担任1996年亚特兰大残奥会澳大利亚代表队的队长及2000年悉尼奥运会开幕式的旗手。在结束了作为运动员的职业生涯后，布伦丹·伯克特成为澳大利亚残奥会代表队的运动科学家，并参加了2002年、2006年、2010年、2010年和2014年的世锦赛，以及2004年、2008年、2012年和2016年的残奥会。从1988年到2016年，他连续参加了8届残奥会。

布伦丹·伯克特曾荣获多个奖项，包括澳大利亚体育奖和澳大利亚勋位勋章（OAM），并进入阳光海岸体育名人堂、昆士兰游泳名人堂和昆士兰体育名人堂。

关于译者

马运超，北京师范大学体育与运动学院副教授，博士生导师；北京市体育科学学会生物力学分会委员；中国系统仿真学会会员、体育系统仿真专业委员会委员；北京市第三批健康科普专家；先后多次为中国国家皮划艇队、中国国家赛艇队、清华大学射击队等进行训练攻关服务；在《体育科学》《北京体育大学学报》等期刊发表体育科学相关文章10余篇；曾荣获山东高等学校优秀科研成果奖二等奖1项、三等奖1项，山东软科学优秀成果奖三等奖1项；主要研究方向：运动生物力学、计算机在体育中的应用等。